UM MUNDO SEM LIMITE

Jean-Pierre Lebrun

UM MUNDO SEM LIMITE
ENSAIO PARA UMA CLÍNICA PSICANALÍTICA DO SOCIAL

Tradução
Sandra Regina Felgueiras

Editor
José Nazar

Companhia de Freud
editora

Copyright © Editions Erès 2001

TÍTULO ORIGINAL
Un Monde Sans Limite

Direitos de edição em língua portuguesa adquiridos pela
EDITORA CAMPO MATÊMICO
Proibida a reprodução total ou parcial

EDITORAÇÃO ELETRÔNICA
FA - Editoração Eletrônica

CAPA
Carolina Ferman

ILUSTRAÇÃO DE CAPA
Egon Schile - Agonia - 1912

TRADUÇÃO
Sandra Regina Felgueiras

EDITOR RESPONSÁVEL
José Nazar

CONSELHO EDITORIAL
*Bruno Palazzo Nazar
José Nazar
José Mário Simil Cordeiro
Maria Emília Lobato Lucindo
Teresa Palazzo Nazar
Ruth Ferreira Bastos*

Rio de Janeiro, 2013

FICHA CATALOGRÁFICA

L49m
    Lebrun, Jean-Pierre.
      [Un monde sans limite. Português]
      Um mundo sem limite : ensaio para uma clínica psicanalítica do social / Jean-Pierre Lebrun : editor : José Nazar ; tradução : Sandra Regina Felgueiras. – Rio de Janeiro : Companhia de Freud, 2004.
      218 p. ; 23 cm

      Tradução de : Un monde sans limite : essay pour une clinique psychanalytique du social.

    ISBN 85-85717-79-3

      1. Psicanálise social. 2. Ciências sociais e psicanálise. I. Nazar, José. II. Título

                               CDD-302

Companhia de Freud
editora

ENDEREÇO PARA CORRESPONDÊNCIA
Rua Barão Sertório, 48
Tel.: (21) 2273-9357
Rio Comprido - RJ
e-mail: ciadefreud@gmail.com

Índice

Prefácio 11

Introdução 13

I – A função do pai 23
    O Pai institui a alteridade 27
    Um Édipo a três ou a quatro 35
    Condições de exercício da função paterna 40
    Um mundo sem pai(s)? 44

II – O discurso da ciência 51
    O duplo nascimento da ciência 55
    Um terceiro momento da ciência 62

III – Um cientificismo comum 69
    Uma perda em mundo 70
    O nazismo como antecipação 73
    Tirania e totalitarismo 79
    As figuras do tirano 88
    A alavanca da família 92

IV – Um simbólico virtual 97
    Características da "marcação" social pela ciência 100

    O atolamento no imaginário 114
    Um simbólico virtual 119
    A desinscrição da diferença 126

V – Uma clínica do social 131
    A toxicomania 137
    As novas doenças da alma 140
    A adolesc-i-ência 148
    A perda da referência 150
    Uma desvalorização do político 157
    Uma bissexualidade social 161
    Uma clínica da pós-modernidade 164

VI – As leis da linguagem 171
    Da lei da linguagem às leis da fala 174
    Os suplementos de pensamento 184
    Voltar a dar lugar à enunciação
    Restabelecer a categoria do impossível
    Restaurar a faculdade de julgar
    A responsabilidade do psicanalista 199

Epílogo 207

*Meus agradecimentos vão primeiro para Martine,
que me escutou no que eu tinha que alcançar.
Agradeço a meus colegas da Association freudienne, e
de outros lugares, que me deram o testemunho
de seu interesse por essas questões.
Penso também em alguns outros
que não posso citar aqui. Mas é a meus filhos, Séverine, Antoine e Julien,
que dedico este livro, pois são eles que terão,
nesse "mundo sem limite", que encontrar seu caminho.*

*O passado não esclarecendo o futuro
O espírito caminha nas trevas*

Tocqueville

Prefácio

Nos primeiros dias de abril de 1945, em Londres, a galeria de pintura Lefèvre expõe obras de Henry Moore, Graham Sutherland e alguns outros pintores.

À direita da porta de entrada, estava exposto o quadro de um pintor ainda desconhecido, Francis Bacon, intitulado *Trois études de personnages au pied d'une crucifixion* [Três estudos de personagens ao pé de uma crucificação].

Esse tríptico, segundo o crítico John Russell, fez diversos visitantes debandarem: "Essas imagens [eram] de tal modo angustiantes que logo o espírito se bloqueava à sua visão. Sua anatomia era metade humana, metade animal, estavam enclausuradas num espaço de proporções estranhas, de teto baixo e sem abertura. Podiam morder, escavar e sugar, seus pescoços eram compridos como enguias; mas, além disso, o funcionamento delas permanecia misterioso. Tinham orelhas e bocas, mas pelo menos duas eram cegas. Uma delas [...] tinha grandes orelhas nos cantos da boca, orifício que ela podia abrir quase que em ângulo reto. Como a figura do centro, era, de maneira estranha, tanto um móvel quanto uma criatura viva. A única perna visível podia tanto ser um pé de sofá quanto uma parte de animal e a mancha de erva sobre a qual se postava parecia mais com uma cama de pregos que com a relva elegante de Oxford ou de Cambridge. As três figuras tinham em comum uma voracidade sem compaixão e uma fome automática e incontrolável, uma força de ódio ao mesmo tempo delirante e indiferenciada. Todas estavam como que imprensadas num canto, esperando apenas o momento em que poderiam fazer o espectador descer a seu nível.

Foi uma consternação geral. Não se sabia como nomeá-las e como exprimir o que se sentia a respeito delas. Eram consideradas como quimeras, monstros sem nenhuma ligação com as preocupações da época e como produto de uma imaginação tão excêntrica que não poderia exercer nenhuma influência duradoura. Esses espectros assistiam ao que considerávamos uma festa e a maior parte das pessoas simplesmente queria afastá-los. O título poderia ter ajudado, pois Bacon não deixava lugar para nenhum equívoco: não se assistia à Crucificação, mas a 'uma crucificação'"[1].

O que assim evocava, mesmo não sabendo, ou o que assim antecipava sobre nossa humanidade – ou nossa inumanidade – esse artista, à época ainda desconhecido, projetando na tela o que só podia se mostrar como produto de uma imaginação desenfreada?

É preciso lembrar que naquele mesmo momento a população milanesa desfilava diante do corpo de Mussolini e de Claretta Petacci, sua companheira, pendurados num gancho de açougueiro? Que os campos de Bergen-Belsen, Dachau e outros lugares sinistros estavam liberados e que as imagens improváveis dos abatedouros nazistas vinham bater nas retinas daqueles que ainda não sabiam que o horror inominável havia se tornado possível?

Hoje, Bacon está exposto no Centro Georges Pompidou: suas "crucificações" pagãs estão próximas de seus retratos de homem "desespeciado"[2] e, até sua morte, o autor julgava que, antes, nada de sua obra tinha valor[3], a tal ponto que nunca aceitou ver exposto nenhum quadro anterior: tudo se originava aí, tudo aí voltava.

Pierre Legendre, em seu *Crime du caporal Lortie* [Crime do soldado Lortie], se pergunta se a verdade, na espécie humana, é coisa de carne, se a verdade da filiação está do lado do corpo; ele qualifica o empreendimento nazista de "chegada de uma concepção açougueira da filiação"[4].

E se essas interrogações paralelas – as da história, da arte, do direito e da psicanálise – convergissem assim para questionar o que hoje ameaça a humanidade de "desespeciação", de saída da espécie humana?

---

[1] J. Russell, *Francis Bacon*, Paris, Edições Chêne, pp. 10-1.
[2] D. Anzieu e M. Monjauze, *Francis Bacon, ou le portrait de l'homme désespecé*, Paris, Archimbaud, 1993.
[3] Cf. o catálogo da exposição Francis Bacon no Centro Georges Pompidou, Paris, 1996, p. 84.
[4] P. Legendre, *Le crime du caporal Lortie*, Paris, Fayard, 1989, p. 19.

Introdução

Ninguém contestará que nosso social está, atualmente, profundamente modificado: ademais, sua evolução se dá de modo tão rápido que com freqüência nos sentimos impotentes quanto a identificar as articulações de onde procedem todas as mudanças a que assistimos.

Citemos, sem impor ordem, a mundialização da economia, a desafetação do político, o crescimento do individualismo, a crise do Estado providência, os excessos da tecnologia, o aumento da violência ao mesmo tempo que a evitação da conflitualidade, a escalada do juridismo...

Poderíamos abrir nossa exposição colocando uma série de enigmas: o que ligaria o recrudescimento das seitas e a questão do sangue contaminado, por exemplo? O que aproximaria a violência dos jovens e a escolha de Jean-Pierre Changeaux, presidente do Comitê de Ética francês, de fundar na biologia os fundamentos da ética? Que relação poderia existir entre a comercialização da pílula anticoncepcional e o crescimento visível de problemáticas de incesto, que relação haveria entre a ideologia *New Age* e o mundo virtual do computador ou os problemas colocados pela possibilidade do diagnóstico genético?

Assim colocadas, essas charadas poderiam parecer incongruentes; no entanto, sustentamos que, entre todos esses fatos díspares, há um fio comum: o mesmo, aliás, que nos poderá fazer apreender o que tornou possíveis as derrapagens totalitárias do século XX. Simultaneamente, temos que nos perguntar se desse surgimento tiramos verdadeiramente as lições.

De maneira algo diferente, poderíamos fazer nossa a constatação de Marcel Gauchet, a saber, o processo de dessimbolização que afeta nossas sociedades, e vê-lo operando tanto na arquitetura – "No passado, ninguém se fez a pergunta: como se constrói uma cidade? Fazia-se a cidade e, com efeito, ela era um universo simbólico. Nós, nós fazemos a pergunta, construímos *ex nihilo* uma cidade e não conseguimos fazer dela um espaço simbólico"[1] – quanto no desaparecimento de ritos e de papéis; para tornar sensível esse fenômeno, é suficiente evocar a evolução da família e suas conseqüências no destino da figura paterna.

A família sempre foi o caldeirão da vida social, o lugar onde se preparava para o futuro sujeito o acesso à sociedade de que fazia parte; no seio dessa família, que, então, nunca foi somente privada, mas desde sempre estreitamente articulada com o social, o papel do pai era representar a autoridade – idêntica àquela do topo da pirâmide social – e encarnar a figura de exceção pela qual transmitia a legitimidade na continuidade temporal.

A partir dos séculos XVIII-XIX, no entanto, e de um modo que desde então não pára de se intensificar, a família se organiza como visivelmente destacada desse trabalho de articulação com o social que acabamos de evocar, como se fechando sobre si mesma e só se estruturando em torno dos atores que a compõem. É o que um sociólogo como Louis Roussel identificou bem ao falar de "família desinstitucionalizada"[2]. "É uma família que não é mais regida como uma instituição, mas por um pacto privado. Uma família que resolve suas tensões por negociações internas. Uma família cuja finalidade é uma felicidade a um só tempo exigente e indefinida. Uma família em que, entre cônjuges, a reciprocidade das gratificações sexuais é uma expectativa essencial. Uma família igualitária em que a hierarquia desapareceu no casal e se esfuma entre gerações. Uma família em que a solidariedade é simultaneamente intensa e frágil. Para dizer em uma palavra, uma família que pretende poupar qualquer terceiro significativo"[3].

---

[1] M. Gauchet, seminário de Louvain-en-Woluwe, 11 de março de 1993, inédito.
[2] L. Roussel, *La famille incertaine*, Paris, Seuil, col. Points, 1989.
[3] L. Roussel, "La Famille demain", *Gruppo* 10, p. 19.

Introdução

Nesse movimento, o que, então, haveria de mais lógico senão assistir ao declínio tanto da autoridade quanto da legitimidade daquele que precisamente tinha o encargo de manter uma posição de terceiro, isto é, o pai?

É claro que poderíamos nos considerar satisfeitos com essa evolução e apreciar que os abusos do poder paterno sejam assim mantidos à distância, ao mesmo tempo que nos regozijarmos por um maior nível de justiça distributiva ter sido alcançado, mas, infelizmente, não podemos nos contentar com essa constatação otimista, como também não podemos, pura e simplesmente, nos satisfazer com os progressos da ciência. Temos também que encarar os efeitos de uma semelhante evolução e, por exemplo, identificar que, se uma das conseqüências da privatização da família é o declínio da identidade do pai, é, paralelamente, o caminho para a invasão da figura materna que é aberto. Sem entrar agora nos detalhes dessa evolução, devemos, com efeito, constatar, com Evelyne Sullerot – que não podemos colocar como suspeita demais de machismo –, que, "como a pedra angular sobre a qual se edificou o sistema patriarcal se quebrou, a mulher se tornou aquela que decide e aquela que põe no mundo. É ela quem escolhe o homem com o qual fará seu filho. É ela quem escolhe o momento que considera mais favorável para seu projeto. Ela se tornou, de alguma forma, simultaneamente pai e mãe na origem da criança[4]".

Uma tal evolução é geradora de crise e só podemos fazer nossas as frases de Lacan que, em 1932, quando de sua participação na *Encyclopédie fraançaise*, num artigo intitulado "Os complexos familiares na formação do indivíduo", propunha: "Não somos daqueles que se afligem com um pretenso afrouxamento do laço familiar [...]. Mas um grande número de efeitos psicológicos nos parece se originar em um declínio social da *imago* paterna [...]. Seja qual for o futuro, esse declínio constitui uma crise psicológica"[5]. Acrescentava: "Talvez seja a essa crise que devamos reportar a aparição da própria psicanálise". Meio século mais tarde, os sinais dessa crise não faltam[6].

---
[4] E. Sullerot, *Quels pères, quels fils?*, Paris, Fayard, 1992, p. 12.
[5] J. Lacan, *Les complexes familiaux dans la formation de l'individu* (1938), Paris, Navarin, 1984, p. 72.
[6] Remetemos, a esse respeito, à obra de Françoise Hurstel, *La déchirure paternelle*, Paris, PUF, 1996, com a qual concordamos em vários pontos de vista.

Para todas essas constatações, para todas essas questões as respostas e as interpretações não faltam, mas seu número e sua diversidade vêm, também, demonstrar sua fraqueza; todas as interpretações – econômica, antropológica, sociológica, etc – se sustentam pelo lugar de onde vêm, e como, aliás, poderia ser diferente? No mesmo movimento, entretanto, elas se especializaram e perderam sua articulação com o conjunto do campo social ao qual, no entanto, indubitavelmente se referem; todas emanam desses campos específicos que a proliferação dos saberes isolou, e o apelo à interdisciplinaridade só faz mascarar o fato de que elas não mais se articulam entre si. Não nos é preciso, então, ressaltar que a desinstitucionalização constatada na evolução da família tem sua contrapartida na parcelização dos conhecimentos? Não podemos ler nela a mesma ausência de coluna vertebral que a identificada no declínio da função paterna no seio da estrutura familiar?

Não estaríamos diante da dificuldade muito particular de não mais poder pensar o que nos acontece a não ser convocando disciplinas que teriam já, por si mesmas, esgotado o que tentariam identificar? Não estaria aí uma das razões maiores – se não a razão – de nosso embaraço para sair da superespecialização que conhecemos? Então, o que mais dizer de todas essas modificações, de onde dizer, melhor, como dizer de outro modo que já estando a elas submetidos? Depois, sobretudo, qual seria o mal responsável por esse desvio que teria assim sutilmente aferrolhado o acesso a uma possível identificação dele? Não se trata, evidentemente, de exigir de alguém que seja capaz de responder de maneira exaustiva a essa questão, mas convenhamos, entretanto, que precisamos sair dessa privatização do pensamento e dessa parcelização que percebemos no coração da evolução de nossa sociedade e que seria, então, responsável pelo que tentamos interpretar.

Em sua *Psicologia das massas e análise do eu*, Freud já se referia a uma obra de Paul Federn, intitulada *A sociedade sem pai*, publicada em 1919[7]. Quase cinqüenta anos mais tarde, Alexandre Mitscherlich anunciava a chega-

---

[7] S. Freud, *Essais de Psychanalyse*, Petite Bibliothèque, Payot, nº 44, nova tradução, 1981, p. 160.

da de "uma sociedade sem pais" e se perguntava: "Como a humanidade se livraria da questão sem projetar estruturas sociais próprias a tal ou qual grupo, por exemplo sua estrutura familiar com uma autoridade paterna incontestável, nos futuros critérios de uma organização mundial? Como se apresentará, então, uma sociedade sem pais, uma sociedade que não é controlada por um pai mítico e por seus representantes terrestres?"[8].

Teríamos nós, hoje, realizado essa configuração? Vivemos num mundo sem pais? Ou num mundo sem Pai? Não é a mesma coisa: de um lado, estaríamos num mundo sem papais, do outro, num mundo sem referência paterna, sem lugar para um Pai. Deixemos isso, no momento, na ambigüidade. Teremos que explicitar isso, na continuação, mas constatemos de imediato que vários problemas contemporâneos parecem se originar nessa dinâmica, ou seja, na erosão – se não for a desaparição – daquilo que constitui eixo de referência, e que isso se encontra tanto na evolução da estrutura familiar quanto na dos saberes. Estamos, então, diante da necessidade de elucidar o que estaria na origem dessa organização que caracteriza nosso social de hoje.

É por isso que iremos, de nossa parte, tentar trazer um esclarecimento para essas questões. O que nos autoriza a pretender sustentar uma fala que escaparia, mesmo que pouco, às obrigações que denunciamos aqui antes? O que diremos aqui, será como psicanalista que o proporemos, do lugar de nossa defrontação cotidiana com a clínica, por um lado, com a força dos ensinamentos de Freud, de Lacan e de alguns outros, por outro.

A defrontação com a clínica primeiro, no sentido em que o que faz a especificidade do psicanalista – contrariamente à do filósofo, por exemplo – é que ele fala a partir de seus encontros cotidianos com pacientes – aqueles que são chamados, a partir de Lacan, *analisantes* –, quer dizer, a partir de uma defrontação com um real que de imediato ele reconhece ser incapaz de dominar; seu saber tropeça sem parar diante da complexidade do que é um sujeito, bem certamente, mas também frente ao livre arbítrio deste; é o que já nos fez dizer[9] que o psicanalista é um terapeuta que não dispõe de seu

---

[8] A. Mitscherlich, *Vers la société sans pères*, Paris, Gallimard, Tel, p. 49.
[9] Cf., a esse propósito, J.-P. Lebrun, *De la maladie médicale*, Louvain-la-Neuve, De Boeck, 1993.

poder terapêutico e que está referido não somente ao registro da impotência, mas, sobretudo, ao da impossibilidade.

Ora, o que o psicanalista ouve nessa defrontação com a clínica individual é igualmente ouvido por ele como operando no social; o que ouve dos avatares do sujeito é do mesmo tipo que o que ouve dos avatares do social.

Alguns poderiam, evidentemente, espantar-se com o fato de passarmos tão rapidamente de uma clínica individual para uma articulação com o social; mas podemos lembrar que, nesses termos, Freud, quanto a ele, já havia precisado que: "A oposição entre a psicologia individual e a psicologia social, ou psicologia das massas, que pode nos parecer, à primeira vista, muito importante, perde muito de sua acuidade se a examinarmos a fundo [...]. A pesquisa psicanalítica nos ensinou que todas as tendências são a expressão das mesmas moções pulsionais que, nas relações entre os sexos, empurram para a união sexual e que, em outros casos, são desviadas desse alvo, ou impedidas de alcançá-lo, mas que não deixam de conservar bastante de sua natureza original para guardar uma identidade bem reconhecível"[10].

Aliás, foi o próprio Freud quem inaugurou as pesquisas psicanalíticas sobre o social e seus escritos sobre a psicologia coletiva ou sobre o *Mal-estar na civilização*[11] fazem parte, atualmente, da cultura comum.

O que talvez se conheça menos, ou, em todo caso, o que parece ainda não ter ultrapassado os círculos restritos dos psicanalistas é a leitura que o ensino de Lacan autoriza desse mesmo mal-estar na civilização. Para dizer tudo, talvez não seja integralmente do mesmo mal-estar que se trate, pois o social em que Freud navegava era o da Primeira Guerra Mundial e do entre-duas-guerras, ao passo que Lacan se situava diante da sociedade de depois de Hiroshima e Auschwitz.

Suas confrontações com os efeitos da civilização industrial não eram, então, certamente, idênticas e, se o primeiro podia compartilhar sem desconfiança o movimento cientificista de seu tempo, o segundo não podia desconhecer as devastações produzidas pela civilização tecnocientífica.

---

[10] S. Freud, "Psychologie des foules et analyse du moi", em *Essais de Psychanalyse*, nova tradução, Paris, Payot, 1981, p. 123.
[11] S. Freud, *Malaise dans la civilisation*, Paris, PUF, 1971.

Introdução

Muito além dessa conjuntura histórica, entretanto, é o próprio remanejamento da descoberta de Freud operado por Lacan que vai levá-lo a se posicionar diferentemente com relação ao mal-estar na civilização e a concebê-lo como se originando nos efeitos do discurso da ciência.

Mostrando que a mola propulsora da descoberta freudiana – o reconhecimento do inconsciente, da transferência e do primado da sexualidade – dizia respeito a fatos de linguagem e que essa capacidade linguageira era específica dos humanos que somos, Lacan, simultaneamente, permitiu apreender em que a ruína do saber do mestre antigo efetuada pelo saber científico implicava o mal-estar específico de nossa sociedade de hoje, pois esta se verifica incontornavelmente transformada pelo acabamento do discurso da ciência, que só emergiu há quatro séculos. É articulando a prevalência da tríade Real-Imaginário-Simbólico como constitutiva do registro humano que Lacan nos permite identificar a lei própria do ser falante, demonstrando, simultaneamente, o impasse da ciência, quando ela pretende ser um discurso objetivo, ao abrigo de qualquer dimensão de retórica.

Perguntando-se – como escrevia, em 1932, no artigo citado anteriormente – se a aparição da psicanálise não tinha diretamente a ver com a crise engendrada pelo declínio social da *imago* paterna, Lacan formulava, *de facto*, a hipótese de que a descoberta freudiana já era, em si, uma resposta às conseqüências do desenvolvimento do discurso da ciência. Não se trata, certamente, de pensar que, por isso, a psicanálise seria capaz de responder exaustivamente às dificuldades do social de hoje; entretanto, se sua hipótese se verificasse fundada, a psicanálise, como disciplina específica, disporia, em seu seio, de que questionar o que seria induzido pelo desenvolvimento da civilização científica.

Em todo caso, é nesse sentido que Lacan prosseguirá seu trabalho: assim, dirá, em 1966, que "a psicanálise é essencialmente o que reintroduz na consideração científica o Nome-do-Pai"[12] e, em 1973, que "a psicanálise [...] é um discurso sem o qual o discurso da ciência não pode se manter pelo ser que a ela teve acesso há mais de três séculos; aliás, o discurso da ciência tem conseqüências irrespiráveis para o que se chama humanidade. A psica-

---

[12] J. Lacan, "La science et la Vérité", em *Écrits*, Paris, Seuil, p. 874.

nálise é o pulmão artificial graças ao qual se tenta assumir o que é preciso encontrar de gozo no falar para que a história continue"[13].

Sem querer antecipar aqui a continuação, precisemos, entretanto, que, se essa tarefa pode ser considerada como a da psicanálise, é porque ela se dá o encargo de reintroduzir a dimensão do sujeito, não de um sujeito unificado no ato da fala, mas de um sujeito dividido entre seu dizer e seu dito, entre saber e verdade, entre enunciado e enunciação. Para a psicanálise, de fato, um *dito* não existe fora de um *dizer*, o enunciado remete sempre à enunciação, ao passo que, para a ciência realizada de hoje, como a desenvolveremos mais adiante, o enunciado precisamente visa fazer desaparecer a enunciação, o dito visa apagar o dizer, o saber que vale para todos, apagar a verdade singular.

É por essa razão que sustentamos, parafraseando o que dizia Nietzsche do filósofo, a saber, que era "um médico da civilização", que o psicanalista pode ser considerado como um médico da civilização científica.

Assim, é com a força desses ensinamentos, por um lado, e da clínica cotidiana, por outro, que tentaremos apreender os fenômenos sociais atuais. Sustentamos que a psicanálise pode diretamente esclarecer o "mal-estar na civilização" de hoje, identificando em que nosso social, marcado pelos implícitos do discurso tecnocientífico, secreta uma adesão não conhecida a "um mundo sem limite" e autoriza, assim, a contravenção das leis da fala que nos especificam como humanos.

O que será posto à luz serão tanto os mecanismos que operam em nossa sociedade assim marcada – desabono da função paterna, infiltração por um simbólico virtual, abalo da responsabilidade e desinscrição da referência – quanto as conseqüências, para cada um, do fascínio pelo método científico – elisão da enunciação, desaparição do sentido do limite, perda da faculdade de julgar. E os sintomas que daí resultam.

Nós nos perguntaremos, também, se o que alguns chamam de "novas patologias da alma" – o que recobre tanto as toxicomanias quanto os estados ditos limites, ou a colocação do corpo em jogo – e se os fatos de sociedade que constatamos – tais como a multiplicação das seitas, o recru-

---

[13] J. Lacan, "Déclaration à France-Culture à propos du 28ᵉ congrès de psychanalyse", Paris, julho de 1973, em *Le Coq Héron*, 1974, nº 45-46, p. 5.

INTRODUÇÃO

descimento da transgressão dos interditos do incesto e do assassinato, ou, ainda, a exclusão social – não são atualizações de uma recusa de assumir as conseqüências do fato de ser falante.

A novidade dessas patologias diria respeito, então, à possibilidade específica que um social subvertido pelo desenvolvimento da ciência proporciona ao sujeito: "aproveitar" implícitos promovidos pelo discurso tecnocientífico para aí encontrar álibi para contravir as leis da linguagem e as implicações do que falar quer dizer.

I

A FUNÇÃO DO PAI

A história recente da paternidade deixa bem poucas dúvidas sobre o declínio dos pais que acabamos de evocar: o conjunto do sistema patriarcal, com efeito, sem nenhuma dúvida, vacilou. Podemos tomar como prova disso o que constatamos na evolução do direito a partir do fim do século XVIII, a saber, uma progressiva limitação do poder paterno, para chegar a sua pura e simples absorção no conceito de autoridade parental.

O poder paterno do direito monárquico foi abolido pela Revolução Francesa: em 1793, Beurler redige um "Discurso e projeto de lei sobre as relações que devem subsistir entre as crianças e os autores de seus dias, substituindo direitos conhecidos sob o título usurpado de Poder Paterno". Cambacérès enuncia, em seu discurso sobre o primeiro projeto de Código Civil da Convenção: "Não há mais poder paterno!". Entretanto, o Código Napoleão o restaurará, mas o manterá nos limites apropriados aos costumes: o despotismo do pai é descartado ao mesmo tempo que a autoridade paterna é conservada[1].

O processo de abalo da autoridade paterna é, entretanto, esboçado: sempre na França, é promovida, em 1874, uma lei sobre a mortalidade infantil segundo a qual um pai pode ser tornado responsável pela morte de seu filho. No mesmo ano, a autoridade pública se dá o direito, em certas circunstâncias consideradas abusivas, de considerar um pai como falho e se

---

[1] Cf., a esse respeito, J. Delumeau e D. Roche, *Histoire des pères et de la paternité*, Paris, Larousse, 1990.

colocar como substituto da autoridade paterna, organizando a colocação em abrigo de menores. Em 1889, tem efeito a lei sobre a decadência paterna, na medida em que um pai pode ser reconhecido indigno de ainda exercer sua autoridade. Em 1898, é promulgada uma lei sobre os eventuais maus-tratos infligidos por um pai a seu filho. Em 1912, é legalizado o reconhecimento em pesquisa de paternidade, levando, assim, à eventualidade de um desmentido de paternidade e, em 1935, a "correção paterna" é definitivamente suprimida.

Se esses poucos momentos da evolução do direito da família testemunham, sem ambigüidade, a possibilidade de recolocar em questão a autoridade paterna, é igualmente notável que isso nos leve, progressivamente, a que a autoridade paterna se veja em breve invalidada, chegando, sem toque de clarim nem nostalgia, em 1970, a sua substituição pelo conceito de autoridade parental.

Em seus estudos jurídicos referentes às reformas do direito da filiação, Marie-Thérèse Meulders faz valer "a modificação profunda – e, provavelmente, completamente nova na história – que interveio" nessa noção; assim, mostra que, se na base do laço de filiação se encontra a comunhão de sangue, "o exame das regras de filiação e de parentesco através das sociedades humanas, inclusive e, talvez, sobretudo as mais arcaicas, revela uniformemente que essa imagem da comunhão de sangue como suporte do parentesco é enganosa [...]. Que, se o parentesco se funda, na maior parte das vezes, em realidades biológicas, toda sociedade humana, de forma uniformemente variada, se dá o poder de reconhecer ou não, de modelar, de configurar, ou de desfigurar esse dado natural a ponto de, por vezes, obliterar completamente, ou, ao contrário, estabelecer uma relação de parentesco verdadeiro ali onde ela realmente falta"[2]. Em outras palavras, que o que é específico do direito da filiação é que se fundamenta não tanto no biológico quanto no simbólico. Essa lembrança lhe permite, a seguir, mostrar a mudança notável e recente produzida sob a influência das ciências biológicas a pretexto de que permitiriam decriptar o enigma da paternidade. "As

---

[2] M.-T. Meulders, "Fondements nouveaux du concept de filiation", *Annales de droit de Louvain*, 1973, p. 292.

novas disposições jurídicas atestam a vontade de permitir à criança se ligar a seu *verdadeiro* pai, só autorizando a desaparição da presunção de legitimidade inicial quando a criança é assegurada de recobrar uma outra legitimidade, ou um laço de filiação paterna novo que conduza, muito verossimilmente, a uma legitimação por casamento subseqüente"[3].

Da mesma forma, sob os auspícios das novas possibilidades oferecidas pelas descobertas científicas – entre outras, as genéticas –, preconiza-se um dito suplemento de verdade ao promover a paternidade como fundada no genitor; mas, conforme afirma Irène Théry: "Crer que se pode fundar a segurança da filiação no fato biológico é uma das ilusões maiores de nosso tempo"[4]. Isso é confundir *produzir carne humana* e *instituir filiação*[5] e, assim fazendo, trata-se, antes, de um retorno para aquilo de que o direito da filiação havia permitido se distanciar; este direito, com efeito, atestava que a paternidade não era tanto questão de hereditariedade quanto de palavra e que pai e genitor de modo algum deviam ser assimilados.

Uma outra característica da evolução do direito, também muito bem identificada por Marie-Thérèse Meulders, é o conjunto das conseqüências do estabelecimento da co-responsabilidade parental. Aqui, há dois traços maiores a reter: primeiro, que essa modificação, ao pôr fim à perspectiva de não-igualdade que organizava as relações entre o pai e a mãe durante a história das sociedades humanas, acarretou a desaparição do conceito de autoridade em proveito daquele de responsabilidade, assim deixando entrever que, dali por diante, os deveres dos pais são superiores a seus poderes, estes cada vez mais diminuindo frente aos direitos subjetivos da criança; depois, que essa mesma modificação tem um efeito que poderíamos pensar paradoxal, a saber, "que opera uma inversão de situação que assegura uma preponderância de fato, se não de direito, em proveito da mãe"[6] e, portanto, em detrimento do pai.

---

[3] Ibid., p. 318.
[4] I. Théry, "Différence des sexes et différence des générations", *Esprit*, nº 227, dezembro de 1996, p. 86.
[5] Segundo as afirmações de P. Legendre, *L'inestimable objet de la transmission. Étude du principe généalogique en Occident*, Paris, Fayard, 1986.
[6] M.-T. Meulders, "Vers la co-responsabilité parentale dans la famille européenne", *Revue trimestrielle du droit familial*, 1991, p. 27.

Esses novos desenvolvimentos do direito, com todas as conseqüências que têm em nossa vida cotidiana, atestam esse declínio dos pais que evocamos; melhor, ainda, noticiam a confusão entre pai e genitor, que parece retomar a primazia, entre a função paterna e o personagem que exerce essa função, entre registro do real – a genética – e registro do simbólico – a filiação jurídica.

Podemos, nessa matéria, facilmente identificar que uma tal evolução não teria sido pensável sem os progressos da ciência, na medida em que o que é invocado é a verdade científica certa do genitor, convocada a vir substituir a verdade psíquica incerta da paternidade[7]. Tudo se passa como se poder se referir à verdade biológica permitisse colocar impasse à dimensão de incerteza, no entanto inscrita há muito tempo na história da paternidade – *mater certissima, pater semper incertus est* –, e constituísse, por isso mesmo, uma fascinante tentação; mas é fazer pouco de que, no seio da noção de paternidade, se encontra alojado o coração mesmo do que constitui nossa humanidade e de que um sujeito não pode excluir de seu destino a dimensão da incerteza sem abolir a si mesmo como singularidade subjetiva.

"Ser pai", contrariamente a "ser genitor", supõe o acesso à dimensão simbólica, à linguagem. Mais, ainda, pensar o "ser pai" tem diretamente a ver com a instalação da realidade psíquica do sujeito.

Com efeito, o que a psicanálise põe à luz, como afirma Lacan, é que "a função ser pai de modo algum é pensável na experiência humana sem a categoria do significante. A soma dos fatos – copular com uma mulher, depois, que ela porte alguma coisa em seu ventre durante um certo tempo, o fato de que esse produto acabe por ser ejetado – nunca chegará a constituir a noção do que é ser pai. [...]. É preciso que a elaboração da noção de ser pai tenha sido, por um trabalho que se produziu por todo um jogo de trocas culturais, levada ao estado de significante primeiro e que esse significante tenha sua consistência e seu estatuto"[8].

Em outras palavras, para que o termo "pai" adquira o sentido que lhe damos é necessária a experiência da linguagem. A partir daí, coloca-se a questão de saber como o pai vai se presentificar para o sujeito, se é verdade

---

[7] Cf., a esse propósito, *Vérité scientifique, vérité psychique et droits de la filiation*, sob a direção de Lucette Khaïat, Toulouse, Érès, 1995.
[8] J. Lacan, *Le Séminaire*, livro III (1955-1956), *Les Psychoses*, Paris, Seuil, 1981, p. 329.

que a linguagem o constitui ao mesmo tempo que é por ele que vai ser constituída.

O Pai institui a alteridade

Se nos fosse preciso definir simplesmente o que é um pai, poderíamos dizer que é o primeiro *estranho*, que é e sempre será o estranho no mais familiar, e isso para-além de quaisquer afinidades e companheirismos que possam existir entre o pai e seu filho. É essa alteridade irredutível que o define e da qual ele nunca se afastará inteiramente; ele é e permanecerá sendo um outro radical. Sem dúvida, não podemos dizer o mesmo da mãe, e é bem por isso que podemos também definir o pai dizendo que é outro que a mãe; com efeito, se podemos também dizer que a mãe é outra que a criança, nos é preciso reconhecer que também podemos dizê-la mesma; a mãe é esse outro mesmo de que será preciso que a criança se separe para se tornar sujeito e, nesse trajeto, é atribuído ao pai, esse outro outro, vir fazer contrapeso.

Isso apenas designa de outra maneira aquilo que, a partir de Freud, foi identificado como complexo de Édipo: este é reconhecido como exercendo um papel fundamental na estruturação da personalidade de um sujeito, na medida em que nele se identificam operando os sentimentos amorosos e hostis da criança em relação aos pais assim como o processo que conduzirá ao desaparecimento deles em proveito da instalação das identificações. Precisemos, simplesmente, que a leitura que fazemos para nós, hoje, habitualmente, do Édipo a partir de Freud pode ser levada mais longe com o ensino de Lacan. Com efeito, se, para Freud, o papel de separar a criança da mãe é devolvido ao pai e, por isso, pode se instalar a seu respeito um fervor nostálgico, para Lacan, a tarefa devolvida ao pai no mito edipiano só adquire essa significação porque já é conseqüência da instalação da linguagem.

Lembremos que foi através da leitura de *Hamlet*[9], a tragédia de Shakespeare, que Lacan isolou uma interpretação estrutural do voto

---

[9] Remetemos, a esse propósito, a nossas intervenções: "La trahison du père", em *Le Bulletin freudien*, nº 18, 1992; "La mélancolie du père", *Le Bulletin freudien*, nº 16-17, 1991; "La jalousie du deuil dans le social", *Le Trimestre psychanalytique*, nº 2, 1995.

edipiano, referindo-o não tanto à história familiar, mas ao campo mesmo da palavra.

Ali onde Freud faz consistir o desejo da mãe como desejo da criança, por parte da mãe, Lacan nos leva a entender o desejo da mãe igualmente no sentido subjetivo do genitivo, o que induz que o voto incestuoso seja também o voto de ser possuído por ela, por seus significantes, de ficar colado nela. Toda a tragédia de Hamlet é lida por Lacan como a persistência dessa devoração que viria lhe tornar impossível efetuar seu ato. De Hamlet "se diz que não quer. Ele diz que não pode. É que não pode querer"[10].

De qualquer modo, Hamlet não pode sustentar seu ato porque permanece aprisionado no desejo de sua mãe, permanece "fixado". Quando chega a fazê-la ceder, a impor-lhe seu próprio desejo, muito rápido inverte o leme, preferindo o aprisionamento nas palavras do outro; a persistência da fixação incestuosa de Hamlet pode aqui ser lida como colamento nas falas maternas.

Notemos que, por uma tal fixação, o que é poupado ao príncipe da Dinamarca é o próprio mal-estar de ter que, na incerteza, sustentar seu desejo. É particularmente interessante indicar que isso já estava articulado na geração precedente: com efeito, Lacan postula que a rainha Gertrudes não consente na falta do objeto de seu desejo; ao contrário, para ela, um objeto simplesmente sucede um outro, Cláudio, o pai de Hamlet, e, assim, "os restos do repasto fúnebre foram servidos frios nas comemorações das núpcias"; em uma palavra, a voracidade da mãe de Hamlet significaria que de modo algum ela fez o luto do objeto, que trata seu desejo somente como uma necessidade e que temos o direito de supor que, do lado materno, é essa ausência de luto que constitui o leito da devoração do desejo do filho, impedindo o arrimo de seu desejo no reconhecimento da falta materna.

Paralelamente, o pai de Hamlet pode ser apresentado como um cavaleiro do amor cortês que coloca sua mulher nas nuvens e até suplica a Hamlet que "não faça nada contra ela". Um tal pai, longe de atacar a mãe, a partir

---

[10] J. Lacan, *Le Séminaire*, livro VI (1958-1959), *Le désir et son interprétation*, inédito, sessão de 11 de março de 1959.

daí antes deixa para seu filho o encargo de realizar a tarefa que não pôde cumprir.

Torna-se possível, então, representarmos em que a economia pulsional de Hamlet é assim tributária da articulação das disposições psíquicas de seu pai e de sua mãe, a ponto de constituir o impasse de assumir sua própria incerteza, trabalho psíquico, entretanto, indispensável para que possa tomar seu lugar em sua genealogia. Sua tragédia, portanto, é bem aquela da dificuldade de assumir sua tarefa e sua procrastinação é definível, a partir de Freud e Lacan – nisso inovadores da crítica shakespeareana –, como dificuldade de efetuação do desejo, relativamente a sua "neurose infantil". É por isso que Hamlet é, como escreve Starobinski, "o protótipo da anomalia que consiste em não sair vitorioso da fase edipiana"[11].

Isso nos leva a considerar que o desejo humano não se constitui tanto na saída de um conflito edipiano imaginário com figuras parentais simetricamente situadas – no caso, renunciar ao amor pela mãe e ao ódio pelo pai –, mas num processo simbólico, a partir de dois desejos assimetricamente posicionados: o da mãe como primeiro outro do sujeito e o do pai como outro que a mãe.

Em outras palavras, a realidade psíquica do sujeito se organiza a partir da confrontação com a assimetria de base da conjuntura familiar, que apenas representa a estrutura da linguagem. Com efeito, é o Outro como lugar da linguagem que é presentificado pela mãe e é no interior desse sistema linguageiro que deverá ter lugar a operação que introduzirá o futuro sujeito em poder sustentar seu desejo singular, não sendo outro a não ser o pai o agente dessa operação, pai que terá o encargo de conduzir a possibilidade de uma outra intervenção no lugar onde a mãe consente em ser faltante.

Se sustentamos que a mãe ocupa lugar de primeiro representante do Outro para a criança, temos que ler aqui o que Freud dizia da castração materna como presentificando a falta do lugar da linguagem. Não podemos, com efeito, "falar a fala". É impossível para nós sair da linguagem para

---

[11] J. Starobinski, "Hamlet et Freud", prefácio a E. Jones, *Hamlet et Œdipe*, Paris, Gallimard, 1967, p. XXXIII.

dizer a linguagem. Ademais, não temos, em nosso sistema linguageiro, um outro sistema que viria dirigi-lo; o que é sustentado por Lacan em sua fórmula "Não há metalinguagem". Ou seja, não há linguagem que diga a verdade sobre a linguagem, ou, ainda, "Não há Outro do Outro", e Lacan acrescenta, aliás, que está mesmo aí "o grande segredo da psicanálise"[12].

Com efeito, o pai, mesmo que seja um outro que o outro materno, não é, por isso, o Outro do Outro, pois não pode servir de garantia última para a linguagem, já que ele mesmo é a ela submetido. O sistema linguageiro, "definitório" de nossa humanidade, implica, portanto, um lugar que não possa ser "garantido" por ninguém, nem mesmo por ele mesmo, ainda que, paradoxalmente, seja apenas com ele mesmo que poderá contar para se sustentar; é seu ponto de impossibilidade que é também um ponto de inconsistência.

Representemos aqui nossa afirmação dizendo que esse ponto não pode ficar aberto, hiante; convém que, de uma certa forma, esse orifício seja cicatrizado, que se torne um umbigo para que se produza um arranjo que não deixe o futuro sujeito completamente à deriva com relação ao sistema linguageiro, ou em risco de ser engolfado no mundo materno.

É nesse lugar que, precisamente, se manterá o pai. Também é nesse lugar que os homens coletivamente designam os mitos. Entendamos estes últimos precisamente como uma maneira de fazer entrar na linguagem o que não pode ser apreendido nela, como uma maneira de colonizar essa hiância. Aliás, é função da mitologia assegurar uma espécie de genealogia, reconstituir com palavras a questão sempre irresolúvel da origem.

Assim, o sistema linguageiro comporta, como todo sistema formal, um ponto sem garantia; mas, como não podemos estar fora-linguagem, esse lugar está condenado a não encontrar em nenhum outro lugar a dita garantia. Por ser definitoriamente submetido ao sistema linguageiro, o sujeito deverá considerar esse furo da estrutura. Será para fazer isso que, coletivamente, esboçará o mito, como maneira de fazer esse furo entrar – à força, se se quiser – na linguagem. Paralelamente, é nesse lugar que virá se

---

[12] J. Lacan, *Le Séminaire*, livro VI (1958-1959), *Le désir et son interprétation*, inédito, sessão de 8 de abril de 1959.

alojar o pai, como o ao-menos-um que deverá sustentar o fato de ocupar auto-referencialmente o lugar dessa impossibilidade sem esquecer que essa auto-referência é sempre uma impostura.

Podemos, então, perfeitamente dizer que o pai se apresenta da mesma forma que o mito, ou seja, como a elaboração que permite debruar as bordas do furo implicado pelo ato de falar.

Para ilustrar o que dizemos, tragamos de volta nosso encontro fortuito com um trabalhador da companhia de água e esgoto que nos perguntou se sabíamos por que as bocas de esgoto eram redondas. Ele nos disse: "Porque, se fossem quadradas, as tampas passariam pelo buraco*".

Essa historieta, completamente anódina, nos leva a pensar que, com relação ao furo, trata-se de nos tomarmos de uma certa maneira em relação a ele, por falta de que as tampas antes ameaçam ser engolfadas por ele que assegurar sua relativa obturação. Convém, para que uma peça possa ser posta no furo e assim servir de tampa, que o furo e a tampa estejam numa certa relação: o furo deve ser organizado de uma certa maneira para que seja apenas um ponto de fuga impossível de suturar; da mesma forma, convém que o que serve de tampão seja disposto de uma certa maneira para permitir evitar o efeito *maelström***.

Sublinhemos imediatamente que estamos lidando com um duplo movimento: de um lado, necessidade de apelar ao pai para se organizar diante do vazio originário, a fim de não deixar hiante um furo no qual se arriscaria ser engolfado; de um outro lado, não obturar esse furo de maneira tal que seja completamente eludido; ele é como a casa vazia do jogo de "resta um" ou de passa-passa que permite que o jogo possa acontecer.

Se o pai, portanto, tem o encargo de vir deter um possível engolfamento, também tem a função de permitir uma relativa confrontação com o vazio, de tornar praticável a convivência com sua existência. Para fazer isso, vemos claramente que deve simultaneamente estar ali não estando ali demais. Podemos, aliás, evocar aqui o que, na realidade psíquica, designamos com o termo "traumático", a saber, real sem pai, real que não estaria coloni-

---

* "Furo" e "buraco" são possíveis traduções da mesma palavra em francês, *trou*. (NT)
** Corrente turbilhonar marinha. (NT)

zado pelas palavras; em troca, um pai que tivesse resposta para tudo e que tudo ocultasse seria um pai sem o qual o sujeito nunca poderia passar; nesse sentido, não seria mais, afinal, que uma segunda mãe – além do mais tóxica, porque nada lhe fazendo falta.

A intervenção paterna que evocamos aqui é inteiramente identificável nos primeiros momentos da criança, do *infans*, "aquele que não é falante". Quando a criança entra no círculo familiar, acontece-lhe chorar, e a mãe dirá, no primeiro dia, que a criança está triste, no dia seguinte, que está passando mal, no outro lhe perguntará por que chora. No quarto lhe dirá ainda outra coisa, e todas as palavras que forem ditas irão "definir" essa criança; vão etiquetá-la, vão dizer o que ela é.

Podemos perfeitamente entender "o pai" como aquele que vem dizer "Não, ela não é tudo o que você diz dela!", ou "Sim, mas...") ou seja, dar à criança as armas que lhe permitem fazer de modo a que não haja adequação entre o que sua mãe diz e o que ela é como sujeito. Isso banalmente só remete à clínica cotidiana, por exemplo, a das dificuldades anoréxicas. Algumas mães sem parar dizem à criança: "Come tudo. Come. Come!". Será muito importante que um pai[13] intervenha um dia, dizendo, à mesa: "Deixa ela em paz". Essa simples intervenção paterna poderá perfeitamente salvar a criança da anorexia, porque se o outro, a mãe, que é colocada em lugar de grande Outro, diz durante o dia a uma criança "Come, come", sem que nenhum contrapeso paterno venha funcionar, só restará a esta recusar se alimentar para refazer o furo indispensável ao sistema[14].

---

[13] É evidente aqui que de nenhuma forma isso visa o genitor, nem mesmo o pai desempenhando função, mas qualquer terceiro para a mãe.

[14] Não podemos nos impedir de citar aqui, na mesma ordem de idéias, essa pequena passagem dos *Cahiers de M. L. Brigge*, de R. M. Rilke, em que o autor, depois de ter lembrado que a Senhora Margareth Brigge sempre fora uma mulher velha inabordável, evoca a única vez em que o avô se saíra bem em seu empreendimento: "Uma única vez ele havia sustentado à mesa sua opinião contrária a de sua mulher. Já fazia muito tempo; mas assim mesmo sempre se repetia aquela história, maliciosamente e em segredo; praticamente sempre havia, em todos os lugares, alguém que ainda não a tinha ouvido. Afirmava-se que, numa certa época, a mulher do camareiro podia se encolerizar por causa de uma simples mancha de vinho na toalha de mesa e que, em qualquer ocasião que se fosse considerado culpado por uma tal mancha, não se escapava mais e isso era logo revelado a todos pela censura muito violenta que ela derramava sobre seu autor. Semelhante coisa

Se o primeiro representante do Outro, a mãe, fornece significantes a um sujeito, etiqueta-o com "suas primeiras palavras" e leva a pensar que o sujeito poderia ser identificado a um ou outro desses significantes, a intervenção do pai consiste em relativizar o alcance, de todo modo, em sustentar que o sujeito de jeito algum deve ser colocado sob o estandarte de tal ou qual significante, que ele se situa, antes, "entre" todos esses significantes e, melhor ainda, em atestar que à mãe falta o significante que diz quem é o sujeito. Isso por estrutura, pois, com efeito, no Outro linguageiro, falta o significante que dá conta do que é o sujeito. É somente "entre os significantes" que se encontra o sujeito, na medida em que é representado por um significante para um outro significante. Por isso, se abandona a certeza, sempre enganosa, de saber com precisão quem é, isso acontece pela incerteza que, esta, fundará sua chance de se sustentar como sujeito.

O pai tem, portanto, o encargo de fornecer à criança o que lhe permite pôr obstáculo à devoração pela mãe; era exatamente isso que Lacan dizia quando precisava: "O papel da mãe é o desejo da mãe. É capital. O desejo da mãe não é algo que se possa agüentar assim, que lhes seja indiferente. Isso acarreta todos os estragos. Um grande crocodilo em cuja boca vocês estão – é isso a mãe. Não se sabe o que lhe pode acontecer, num golpe ele pode fechar a boca. É isso o desejo da mãe. Então, tentei explicar que havia algo que era tranqüilizador. Digo coisas simples, improviso, devo dizer. Há um rolo, de pedra, certamente, que está em potência no nível da

---

aconteceu num dia em que se tinha como hóspedes pessoas distintas. Algumas inocentes manchas cuja importância ela exagerava serviram de pretexto a acusações sarcásticas, e o avô inutilmente se esforçou para chamá-la à ordem, com pequenos sinais e interrupções brincalhonas; ela teimosamente prosseguia com suas reprovações, que ela teve, é verdade, no instante seguinte, que interromper no meio da frase. Aconteceu, com efeito, uma coisa inaudita e completamente incompreensível. O camareiro pediu o vinho tinto que, justamente, rodava pela mesa e, em meio à atenção geral, estava ele mesmo enchendo seu copo. Exceto que, coisa estranha, não parou de vertê-lo após ter enchido o copo há muito tempo e, no silêncio crescente, continuava a vertê-lo lenta e prudentemente, até que mamãe, que não podia mais se conter, explodiu em gargalhadas e jogou, assim, toda a coisa na conta da brincadeira. Todos assim aliviados fizeram coro e o camareiro levantou os olhos e estendeu a garrafa para o empregado doméstico". R. M. Rilke, *Œuvres complètes*, tomo I, Prosa, Paris, Seuil, 1966, p. 627.

boca, isso detém, isso põe uma cunha. É o que chamamos o Falo. É o rolo que os protege se, num golpe, ela se fechar"[15].

Trata-se, portanto, de ler em que Lacan faz consistir a intervenção paterna, ou seja, o que ele chamou "a metáfora do Nome-do-Pai" e a produção, por esta, da significação fálica. O pai, como significante que substitui o significante materno, arrima a falta do significante no Outro ao produzir o significante da falta do Outro, a saber, o Falo; ao mesmo tempo, permite que se inicie o luto da completude, vindo o significante do Falo, de toda forma, simbolizar a totalidade que se tornou impossível pelo fato de falar e invalidar, por isso, qualquer operação que visasse vir preencher a falta no Outro.

"Minha mãe sempre me trata como uma boca a ser alimentada... mas eu sei que não sou isso!", precisava uma paciente, por outro lado bem em dificuldade de abandonar a certeza materna, presentificada por um amor cuja falta lhe fazia, a cada vez, perder o caminho de seu desejo. Essa paciente estava habituada a sustentar seu desejo por um apoio enganador na identificação fálica imaginária, ou seja, na adequação ao que a mãe dizia dela, mas esse apoio era enganador precisamente porque o falo já indica a ausência do todo e aquilo em que era preciso que ela consentisse era em tomar apoio na falta de adequação, única maneira de poder desejar.

Vemos bem, pois, que se trata, com Lacan, de ler em referência à linguagem o que Freud, quanto a ele, chamava o reconhecimento da castração materna; pois, efetivamente, se o sujeito pudesse ser esse significante da falta do Outro, estaria completamente sujeitado, e isso não lhe deixaria mais nenhuma possibilidade de liberdade. Somos, de todo modo, alienados aos significantes do Outro que nos constituem, mas, graças a esse pequeno recuo, não estamos, por isso, sujeitados. É esse pouco de jogo que nos deixa a desejar; é esse "deixa a desejar" que torna possível o desejo.

---

[15] J. Lacan, *Le Séminaire*, livro XVII, *L'envers de la psychanalyse*, Paris, Seuil, 1991, p. 129.

Um Édipo a três ou a quatro

Sublinhemos que tudo isso nos faz perceber a identidade estrutural entre interdito do incesto, linguagem e complexo de Édipo, este sendo apenas, então, a retomada, no nível individual e familiar, da Lei humana universal que é a proibição do incesto. Para além da representação de Épinal da criança amorosa de mamãe e desejosa de afastar papai, é a instalação da realidade psíquica que é visada pelo mito: o pai vem colocar o afastamento na primeira relação simétrica da mãe com a criança e introduzir, assim, o registro assimétrico do terceiro.

Podemos, então, melhor ainda apreender a equivalência entre esse movimento de interdição do incesto e a faculdade linguageira como potencialidade de distanciamento ao mesmo tempo que como renúncia à imediatez. Com efeito, "interdizer o incesto" equivale, necessariamente, a descolar do universo das coisas – metaforizado pelo corpo a corpo com a mãe – para entrar no das palavras – metaforizado pela relação com o pai. Se a palavra é a morte da coisa, podemos também dizer que a palavra é colocada em ato por um "interdito do incesto com a coisa". O mundo das palavras impõe o desengolfamento do mundo das coisas.

Em suma, o fato da linguagem é, em si mesmo, operação do interdito do incesto e, pois, também consentimento no reconhecimento da impossível congruência entre palavras e coisas, consideração de uma fundamental e irredutível indisponibilidade que a mãe representa para cada um de nós: "A mãe é interdita porque a satisfação do desejo da Mãe significa o fim e a abolição de todo o mundo da demanda"[16]. Assim, o interdito do incesto – tanto coletiva quanto individualmente – introduz na função linguageira, na medida em que é instalação de uma indisponibilidade irredutível – em outras palavras, também, em que a categoria do impossível tenha seu estatuto lógico – que permite que a palavra se articule. É a esse título que podemos, então, falar de "Lei da linguagem".

Mas vamos ainda mais longe e observemos que, se o mundo das palavras implica uma distância do mundo das coisas, ao mesmo tempo que

---

[16] M. Safouan, *Le structuralisme en psychanalyse*, Paris, Seuil, coleção Points, 1968, p. 48.

uma passagem do contínuo ao descontínuo, a renúncia à imediatez que isso supõe deverá se repetir no seio mesmo desse mundo das palavras: uma vez que a criança – o *in-fans*, etimologicamente, aquele que não é falante – consentiu em entrar nesse sistema linguageiro que supõe que ela tenha renunciado a ser-toda nas coisas, lhe será preciso novamente aceitar essa renúncia, a de pretender ser-toda nas palavras; é essa renúncia reduplicada que os psicanalistas chamam "castração", respectivamente primária e secundária, correspondendo o movimento de não consentir nessa perda à persistência do voto de cumprimento incestuoso ou de onipotência infantil.

Assim, portanto, podemos ver o que diferencia Lacan de Freud: ali onde Freud permanece numa lógica a três elementos, pode-se dizer que Lacan se situa numa lógica a quatro elementos. Para Freud, o Édipo se mantém em torno do pai, da mãe e do sujeito, o pai se redobrando, de todo modo, como pai originário, sobre o qual é difícil precisar se está antes da Lei ou se está na Lei da linguagem; na leitura freudiana, não é suficientemente precisado se a posição de ao-menos-um do pai recobre uma transgressão, uma exceção que confirma a onipotência, um fora-da-lei, de todo modo, ou se se trata de uma exceção cuja existência não tem outro objetivo que fundar a regra. Durante o trajeto freudiano, as duas figuras se encontram misturadas entre si e, assim, tornam difícil seu exame minucioso.

É a partir do momento em que Lacan leva adiante a Lei da linguagem que um quarto termo é introduzido, a saber, o significante do falo. O trabalho do pai será, então, representar – no sentido do representante comercial – essa Lei da linguagem que lhe preexiste. Tanto posicionando-a quanto, sobretudo, testemunhando a maneira como ele mesmo se posicionou em relação a ela. O que faz a Lei é, a partir de então, menos o pai que o falo – a linguagem – de que o pai é o revelador.

Em suma, o que assim podemos conceber é que a leitura habitual que se faz da aventura edipiana como sendo um "não toque!" do pai para a criança em relação à mãe é a versão mítica de um fato de estrutura, o de um "não tudo!" lembrado pelo pai à criança e à mãe, um "não tudo" do qual ele não poderá se fazer o representante homologado a não ser que ele mesmo tenha nisso consentido.

No entanto, se o Nome-do-Pai vem não somente pôr um "não toque!" entre a mãe e a criança, mas também aí inscrever um "não tudo!", apresenta-se a questão de saber por qual viés esse "não tudo!" continua a se presentificar para o pai. Seguramente podemos responder que depende de sua própria história e de como ele mesmo suportou ser recusado na posição de tudo para sua mãe, mas merece ser posta a questão de saber como isso se atualiza no roteiro edipiano.

Podemos entender o Nome-do-Pai como o que vem dizer à mãe "Não tudo nas coisas!", como o que vem aferrolhar a impossibilidade de congruência entre mundo das palavras e mundo das coisas. Mas esse Nome-do-Pai, se assim instala a significação fálica, ameaça passar enganosamente como um "tudo nas palavras!"; poderíamos, com efeito, entender assim: "Daqui por diante, será nas palavras, tudo nas palavras!". Em suma, a certeza perdida no registro das coisas poderia ser recuperada no registro das palavras! Pois bem, não! Esse "tudo nas palavras!" deverá, por sua vez, fazer-se barrar por um "não tudo nas palavras!"; com efeito, ainda que estejamos condenados a nos dizer, a ser nas palavras, logo, sejamos considerados como tendo renunciado a ser nas coisas, estamos também condenados a não poder nos dizer inteiramente: pelo fato mesmo de dizer, tudo dizer é impossível.

Se é o pai que vem dizer "não tudo nas coisas!" à mãe, quem virá significar "não tudo nas palavras!" ao pai? Não deixa de ter interesse constatar que é o encargo da mãe, mas como mulher; é como mulher que ela vem dizer ao pai "não tudo nas palavras!" e é enquanto o pai está interessado nessa mulher que ele consente em ser homem – e não somente pai –, que aceita esse "não tudo nas palavras!". Vemos, assim, instalar-se um módulo lógico que permite a um sujeito saber fazer com a falta, estando esta articulada de duas formas, já que é, simultaneamente, "não tudo nas coisas!" e "não tudo nas palavras!".

Lembremos que esse módulo inscreve, pois, duas versões do não-todo, o que os psicanalistas habitualmente chamam castração primária e castração secundária, ou seja, a dupla operação necessária para que sujeito advenha.

Com efeito, é preciso que notemos que a castração primária é essencialmente instalada pela mãe, na medida em que é por se referir a um outro que ela que o Nome-do-Pai pode ser reconhecido em seu lugar. O reconhecimento que ela tem da presença de um terceiro dá base suficiente para que se instale a castração para o sujeito. É suficiente, pois, a esse respeito, que haja "pai na mãe", que haja função paterna assumida pela mãe.

No que se refere à castração secundária, em troca, é necessário que pai real intervenha, pois é ao pai real que é efetivamente deferida a função proeminente no complexo de castração. Lembremos, nesse sentido, a relação original do sujeito com a mãe, a etapa que se qualifica de pré-edipiana. A criança se encontra numa relação de engodo com a mãe: ela a engoda ao mesmo tempo que se engoda: está na ilusão recíproca. Esse engodo se constitui como um duplo "deixar crer". A mãe se engoda deixando a criança crer que é tudo para ela, que é a "oitava maravilha do mundo", mas a criança também se engoda ao se deixar crer que essa oitava maravilha do mundo é ela! Durante esse período indispensável para a maturação da criança, esta se encontra na posição de acreditar que é tudo para sua mãe, que se encontra num paraíso imaginário, ou, melhor, numa saturação imaginária – de onde o transitivismo – em que somente a relação em espelho vem lhe dar, assim como à mãe, inteira e mútua satisfação.

Infelizmente – ou, melhor, felizmente –, vai se introduzir um descolamento dessa aparência lua-de-mel, descolamento que, do ponto de vista da mãe, sempre já estava lá – a não ser que nos encontremos na psicose –, mas que, do ponto de vista da criança, acontecerá quando se der conta de que não é tudo para a mãe; seja porque a criança vai perceber que a mãe está ocupada alhures, que deseja uma coisa diferente da criança, seja por um acontecimento mais circunstanciado, como, por exemplo, o nascimento de uma outra criança, ou o surgimento de suas próprias pulsões. Com efeito, o fato, por exemplo, de ser confrontada com suas próprias pulsões vem abalar a referência que a criança havia constituído para si ao se sustentar como engodo para sua mãe; doravante, não é mais suficiente satisfazer o outro, é preciso que também ela, a criança, encontre sua satisfação; esse descolamento acarreta, correlativamente, a angústia de não mais saber quem é; por não mais ser somente tudo para o outro, a criança se encontra reduzida a nada; é essa angústia que deverá ser atravessada para poder se livrar do engolfamento no desejo da mãe.

A esse respeito, nos dirá Lacan, "a situação é literalmente sem saída em si mesma, a não ser a saída que se chama complexo de castração"; e indica, então, o caráter fundamental do liame entre o complexo de castração e a intervenção do pai real; em outras palavras, é preciso, quanto a isso, que intervenha um pai real que dê a última cartada necessária à criança para que ela possa liberar-se de seu engajamento com a mãe, engajamento tanto mais sem saída porquanto a crença de engodo terá sido, de ambas as partes, mantida.

O que é importante é que, nesse momento, a intervenção paterna real virá fazer prevalecer a ordem simbólica em relação à ordem imaginária, que, até esse momento, organizava a relação mãe-criança, uma ordem simbólica cujas premissas já estavam colocadas – em nome do fato de que a mãe remetia ao menos a outra coisa que ela mesma, ou, melhor, ao pai –, mas que se trata, agora, de instalar de uma maneira definitiva; para fazer isso, a intervenção do pai real deverá retirar das mãos da criança a questão da relação, tirando-lhe a esperança de encontrar qualquer possibilidade de regulá-la somente pelo registro imaginário. Vai se tratar de que ele a faça entender que não há nenhum interesse em permanecer naquela posição, pois, de qualquer modo, a questão nunca esteve naquele lugar, sendo dado que, no registro em que acontecia verdadeiramente a operação, alguém já ocupava o lugar cobiçado.

Podemos, portanto, bem ver a dupla intervenção do pai na evolução natural da criança. Num primeiro nível, ela está nas margens da mãe, é o que sustenta a intervenção da mãe, mas, fundamentalmente, não é dela que depende o lugar terceiro; é, antes, do caso que a mãe fez dele. Por outro lado, é dela, e dela somente, que vai depender que o terceiro se inscreva definitivamente, dando-se uma tal instalação pelo aferrolhamento de um possível retrocesso do sujeito; essa operação necessita da intervenção do pai real, porque permite, assim, que se instale a castração como solução para o transitivismo da relação mãe-criança, isso não só para a inscrição do terceiro, mas para que o destino dessa inscrição não esteja mais apenas nas mãos do sujeito. A intervenção do pai real é, portanto, importante, não tanto porque presentifica para o sujeito que mãe já tem dono e que, nesse sentido, isso põe fim a qualquer esperança de tirar gozo daí; simultaneamente, é a consentir na impossibilidade própria da linguagem que ela leva a criança. É, evidentemente, também a esse respeito que poderá, eventualmente, sobrevir a carência do pai real, na medida em que aquele que faz seu ofício não sustente a função nesse sentido.

Restará ainda, para a criança, validar essa operação[17], o que ocorrerá na adolescência, na medida em que o sujeito deverá aceitar não mais contar com a intervenção efetiva de um pai real para consentir na castração; é que, doravante, deverá ser suficiente só o que foi inscrito em sua realidade psíquica para sustentar seu trajeto: ela pode, doravante, passar sem o pai e isso lhe será possível se se servir da saída que o pai lhe terá, a seu tempo, significado.

Condições de exercício da função paterna

Podemos, agora, identificar os impasses do que acabamos de descrever: no que se refere à mãe, em princípio, conhecemos os avatares clínicos – que podem chegar até a uma devastação – de uma posição exclusivamente materna. É sempre assumindo sua parte de função paterna que uma mãe introduz o pai e, por isso, suspende para a criança a hipoteca da pura e simples serviência.

É essa mãe que Lacan chamará de Mãe Simbólica, na medida em que não traz para a criança uma presença plena, mas introduz na falta, ainda que seja pela alternância de sua presença e de sua ausência.

Todo o peso do primeiro tempo do Édipo é, portanto, portado pela mãe e o pai só aparece nele como "velado, na medida em que ainda não aparecido, mas existente na realidade mundana, porque, no mundo, reina a Lei do símbolo"[18]. Somente o último tempo do Édipo verá o pai "revelado" como aquele que tem "a chave" da situação edipiana, a título de portador da Lei da linguagem, assegurando, de todo modo, a partir daí, o revezamento do "pai na mãe" do primeiro momento edipiano –, assentando, por isso, a criança "fora da mãe".

É essa intervenção de um pai "fora da mãe" que a mãe, precisamente, não pode trazer. Como significam, muito corretamente, Jean Bergès e

---

[17] Tomamos essa palavra de Jean-Jacques Rassial, cf. *O adolescente e o psicanalista*, Companhia de Freud, Rio de Janeiro, 1999.
[18] J. Lacan, *Le Séminaire*, livro V (1957-1958), *Les formations de l'inconscient*, inédito, sessão de 15 de janeiro de 1958.

Gabriel Balbo: "O que sempre falta à mãe [...] é poder pretender ser o real que corresponde ao Nome-do-Pai"[19]. Uma especificidade única se origina no pai e, se a mãe pode ser operante em muitos sentidos como função paterna, é necessário avaliar que "toda" a função paterna não lhe é acessível e que, nesse sentido, a intervenção de um pai real se mostra indispensável – ainda que pontualmente –, na medida em que constitui a única saída possível da situação edipiana.

A função do pai deve, de todo modo, operar duas vezes: numa primeira vez sua função é a de ser, como pai simbólico, agente da castração primária, segundo a operação da metáfora paterna, e, assim, permitir que se produza a significação fálica; nesse sentido, é somente como nome, como símbolo, que o pai assume sua função e, nisso, é tributário do desejo da mãe: "Não há verdadeira autoridade paterna a não ser a recebida de uma mulher", diz Philippe Julien; ele acrescenta: "Afirmar que o pai como Nome é fundado pela mãe não quer dizer que o pai seja designado por ela para cumprir esse papel, para cumprir tal tarefa. Isso não é exaltar o estar a serviço"[20]. Essa função paterna deverá entrar em jogo uma segunda vez com relação à castração secundária, encargo que cabe, agora, à categoria do pai real; aqui, é como ser vivo de carne e osso que ele intervirá e sua intervenção só se sustentará por seu desejo próprio.

Lembremos que podemos articular a falta da função paterna simbólica com a psicose; com efeito, sucintamente, podemos identificar que é a armação linguageira ou significante que é constitutiva do mundo de um sujeito e que, na psicose, podemos hipotetizar uma lesão dessa armação que consiste em que, para o sujeito, um significante capital falte; esse significante é o Nome-do-Pai, que falta não segundo o modo do recalque, mas segundo o modo da foraclusão, ou seja, nunca tendo sido inscrito para o sujeito em sua realidade psíquica.

---

[19] J. Bergès e G. Balbo, *L'enfant et la psychanalyse*, Paris, Masson, 1994, p. 127.
[20] P. Julien, *Le Manteu de Noé, essai sur la paternité*, Tournai, Desclée de Brouwer, pp. 36-40. "É exatamente aí que o mestre resiste com todas as forças: ele gostaria de ser pai sem mulher e ter uma filiação a partir dele somente, sendo a mulher reduzida a uma pura matriz biológica".

No entanto, na medida em que não estejamos no registro da psicose, ou seja, no qual o Nome-do-Pai não está inscrito, de imediato estamos lidando com uma tríade mãe-criança-falo – este último já presentificando toda a dimensão da linguagem –, consistindo o trabalho do pai, a partir daí, em tirar a criança da identificação com o falo materno, em, de algum modo, se fazer "preferir" à mãe para permitir que a criança possa encontrar saída para o Édipo.

Portanto, é essencial para nosso propósito marcar que, do ponto de vista da realidade psíquica, a função paterna tem necessidade, para se exercer, de dois elementos pelo menos: em primeiro lugar, lhe é preciso a palavra de uma mulher, é preciso que uma palavra seja dita pela mãe sobre o que sustenta o lugar do pai, condição indispensável para que o pai simbólico opere; não se trata, aqui, de dizer quem é o genitor, ainda que, na maioria dos casos, genitor e pai coincidam, mas de que a mãe signifique quem outro lhe serve de referência. Depois, é preciso que aquele que sustentará para a criança ser o pai real intervenha em carne e osso para atualizar concretamente essa terceiridade, e é o fato de efetivamente sustentar a criança em seu trajeto que assegura o que habitualmente se entende por papel do pai.

O fato de que hoje em dia isso se realize concretamente em creches ou de outro modo não tem importância, porque a função do pai não se mantém por suas capacidades de ser uma segunda boa mãe; não é que não possa maternar a criança, se isso lhe agradar, mas não está aí a tarefa em relação à qual sua função de pai será julgada; é em sustentar ser um outro que a mãe que reside seu trabalho de pai e, sem dúvida, uma das maneiras que pode ser mais operante é sendo outro para ela, aquele a quem ela se refere pelo fato mesmo do desejo que ele lhe dirige e em que ela consente.

É aqui que vamos encontrar nossas preocupações sociais do início deste capítulo, pois, para que essa tarefa seja assumível por um pai, não é suficiente que a mãe nele reconheça essa referência; é preciso ainda uma outra característica, que é um traço no qual não é habitual insistir, mas que é, entretanto, fundamental: é que é preciso que essa função do pai – e não somente aquele que a ocupa, ou o dito genitor – seja ratificada pelo social. É preciso "um lugar para o pai"[21]. Em outras palavras, é preciso que o social

---

[21] De acordo com o título de uma obra de Aldo Naouri, publicada pelas edições Seuil, em 1985.

venha homologar o que é sustentado no seio do recinto privado. A sociedade deve estar congruente com aquele que sustenta o lugar ao intervir como pai real tanto em relação à criança quanto em relação à mãe.

Peguemos um exemplo para esclarecer isso: quando, no Marrocos, uma menina-mãe vai declarar seu filho à municipalidade, lhe é proibido dar seu próprio patronímico à criança e é o empregado da administração municipal que escolhe o nome que ela vai ter. O que pode haver de mais paradigmático para indicar que o social se autoriza, pelo viés de seu representante, a interdizer que um filho seja apenas da mãe? Em outras palavras, inscreve imediatamente, se a mãe não o pode fazer, um lugar para o pai. Nesse costume legalizado, ali onde o Estado constata que não há ninguém para vir ocupar o lugar de tirar essa criança da saia da mãe, ele toma para si a questão. Assim fazendo, valida diretamente o lugar do pai, aquele do pai que essa criança não tem, mas também aquele de todos os pais em função, pois autentifica que bem há, ali, trabalho do pai: levar uma criança a uma possibilidade diferente da de ser a criança só da mãe.

Encontramos eco para nossas considerações no trabalho de Aldo Naouri, que afirma: "Em qualquer lugar e em qualquer circunstância, a função paterna exige ser sustentada por um meio, sob pena de produzir situações que não podem ser geridas. Um pai não pode, com efeito, decretar-se pai. Se o fizer, podemos estar certos de que provocará danos consideráveis na sua descendência. No entanto, se o corpo social o abandona e decide deixá-lo confrontar-se sozinho com a propensão incestuosa materna, ele o reduz à impotência, abrindo caminho para uma violência que amplamente ultrapassará o quadro estrito da família"[22].

Assim, uma das condições essenciais para que o pai possa manter seu lugar na relação com a mãe e fazer contrapeso para ajudar uma criança a encontrar seu próprio lugar no seio dessa configuração familiar e linguageira é que o social sustente a pertinência de sua intervenção. É, pois, de um sutil equilíbrio entre investimento materno, contrapeso paterno e trabalho de consentir em "crescer" a criança que se trata; não será surpreendente constatar

---

[22] A. Naouri, *Le couple et l'enfant*, Paris, Odile Jacob, 1995, pp. 188-9.

que a modificação de uma ou outra das forças presentes poderá hipotecar o futuro dessa operação de subjetivação.

A título de exemplo, evoquemos, em continuidade a Charles Melman, os avatares da clínica do pai adotivo, daquele que não é reconhecido "naturalmente" como podendo exercer essa função: "É verossímil que uma das dificuldades do pai que exerce um poder de reconhecimento, não mais natural, dessa vez, mas voluntário, quando adota o filho de um outro leito, pois bem, é claro que um dos elementos da dificuldade dele, desse pai, é, com freqüência, o caso das adoções que conhecemos, ele pode pensar que, justamente, ele próprio não foi adotado pelo grande Outro e imaginamos o risco de insistência que pode então haver, frente a seu filho adotado, para justamente tentar forçar, tentar fazer reconhecer por seu filho adotivo o que para ele não pôde acontecer assim 'naturalmente' no Outro"[23].

De todo modo, não haver sido investido no Outro dessa função de pai vai levar esse pai a superinvestir sua intervenção, não sem conseqüência deplorável para aquele que, a partir daí, se sentirá, sobretudo, objeto de seu gozo. De todo modo, estará lidando com um pai que quer ser um pai, sendo esse "querer" um excesso quanto à função paterna.

Um mundo sem pai(s)?

Podemos agora retomar a questão levantada em nossa introdução, ou seja, a de saber se vivemos num mundo sem pais ou num mundo sem Pai, num mundo sem papais ou num mundo sem referência paterna, sem lugar para o Pai. Não podemos dizer que vivemos num mundo sem papais, muito ao contrário! Com efeito, se é costumeiro, hoje em dia, ouvir vozes se queixando da ausência ou da demissão dos pais, se não de sua abdicação, não é inútil nos perguntarmos se é uma realidade ou se é, antes, uma imagem enganosa; apontemos, primeiro, que a ausência dos pais foi sempre sua característica, que ela não é, pois, verdadeiramente, uma novidade; depois, que, olhando isso mais de perto, numerosos exemplos vêm indicar o anseio

---

[23] Ch. Melman, *Refoulement et déterminisme des névroses*, seminário de 16 de novembro de 1989, Paris, Publicações da Association freudienne.

dos pais de manter ou reconquistar esse lugar dito abandonado; assim, hoje em dia, muitos pais divorciados reivindicam, com grande alarido, o direito de continuar a se ocupar de seu filho, vários pais constituíram associações de pais para fazer valer direitos que eles dizem achincalhados. E, no seio da família, novos pais são papais mais que nunca presentes.

Trata-se, portanto, de não nos deixarmos enganar por imagens simplistas: assim, sempre Louis Roussel, sociólogo da família, afirma: "Ainda uma palavra sobre o papel dos pais na educação. Eles abdicaram, diz-se. Eis que é rapidamente dito. Não são eles mais presentes do que nunca perto de qualquer criancinha? Cuidam dela; acariciam-na, agasalham-na, dão banho nela. Sempre com ternura e competência cada vez maior". Ele logo acrescenta, entretanto: "Eles não são, sobretudo, os auxiliares devotados da mãe? É que as funções maternantes são, em nossa cultura, as únicas verdadeiramente evidentes: trate-se de saúde, de distração, de adaptação à vida, de desejo acolhido, é a mãe a referência. Ela tem, pois, um papel preponderante. Que resta ao pai como discurso próprio?"[24].

O que seria designado pela dita ausência ou abdicação dos pais viria a ser, antes, um deslizamento do papel do pai na direção do ideal da mãe, chegando, por vezes, à confusão dos lugares. As reivindicações dos pais de hoje em dia significam, antes, sem que eles nem mesmo percebam, o voto de postular, por falta de melhor, ser uma repetição da mãe.

Assim ocorrendo, é todo um equilíbrio que está em ruptura, pois o pai não vem mais fazer contrapeso à importância da mãe e a possibilidade de dialética que daí resulta para a criança não é mais a mesma; tudo se passa, com efeito, como se a confrontação com essa assimetria parental, cuja importância vimos, não se apresentasse mais da mesma forma.

Podemos pensar que o amor materno é, em sua estrutura, sem condição, a saber, que é da natureza desse amor amar a criança como ela é, sem esperar dela outra coisa que ser, mas que, em troca, o amor paterno só pode ser dispensado com a condição de que a criança consinta em sair do campo materno para ir tomar seu lugar de homem ou de mulher no social; pode-

---

[24] L. Roussel, "La Famille demain", *Gruppo* 10, p. 20.

mos, a partir disso, perceber que uma modificação das forças em presença vai subverter o equilíbrio em vigor no casal parental tradicional.

Podemos também compreender, como constatava Marie-Thérèse Meulders, que, por isso, a evolução de nosso direito e a substituição da autoridade paterna pela autoridade parental só possam chegar a uma preponderância de fato da mãe; com efeito, se o jogo das posições parentais, sempre dissimétrico, logo, também desigual, não desagradava aqueles que querem uma justiça total, se esse jogo se equilibrava ao encontrar, face ao poder materno essencialmente real, um poder paterno sobretudo simbólico, o fato de dar a cada um o mesmo poder só equivale, *de facto*, a juntar uma parte do poder simbólico do pai ao poder real da mãe e, portanto, a lhe dar prevalência.

Não devemos, então, nos surpreender com o fato de que o efeito da introdução do conceito de autoridade parental caminhe finalmente no sentido da dessimbolização que evocamos com Marcel Gauchet. Um não é o Outro e, apagando essa diferença, furtando-nos à confrontação com essa disparidade originária, tiramos de nós a possibilidade de suportar nossos conflitos. Foi porque, no início de nossa existência, cada um de nós foi confrontado com a dissimetria do casal parental que houve as chaves necessárias para poder se confrontar com o que não é da ordem do mesmo.

Mostramos em que residia a intervenção do pai, daquele cujo declínio, atualmente, reconhecemos: a ele cabe o encargo de assumir ser um outro que a mãe, de lhe fazer contrapeso. Assim sendo, é, para a realidade psíquica de um sujeito, primeiro a própria linguagem que pode se instalar – Nome-do-Pai ou *pai simbólico* e inscrição da castração primária –, depois, nessa cena da linguagem, o desejo próprio do sujeito que pode emergir – intervenção do *pai real* e instalação da castração secundária –, por fim, o sujeito que deverá consentir em assumir as conseqüências de falar – passar sem o pai com a condição de se servir dele – e assim operar a validação do conjunto do processo. Essa última operação se dá, sobretudo, na adolescência, a partir do ponto a que a organização havia chegado no fim da fase edipiana da infância.

Notemos que, nesse processo, também tomará lugar o pai imaginário, aquele que a criança inventa para si, pai ideal do qual poderá guardar a nostalgia paralisante, ou pai terrível de que poderá continuar a se queixar, acusando-o de ser responsável por seu mal-estar de sujeito, o que também será paralisante. Se a criança secreta esse pai imaginário, é para fazer uma ponte entre a onipotência do pai simbólico e a impotência relativa do pai real. No entanto, se essa intervenção é mantida, ela assinala que a criança não faz o luto da coincidência entre pai simbólico e pai real, que não aceita que o pai que ela tem não esteja à altura de Deus! Aquilo que o pai imaginário permite poupar é que a intervenção do pai real não pode, por estrutura, estar à altura da do pai simbólico: nenhum papai pode reeditar a operação em que a linguagem teve sucesso, ou seja, passar do mundo das coisas para o das palavras.

A criança deve registrar essa impossibilidade, para um pai real, de estar à altura do pai simbólico. Uma tal problemática poderia ser chamada "Nome do Pai em falta": se o pai vem a circunscrever o furo e a produzir a significação fálica como "peça a ser posta", trata-se, depois de ter dado a volta, de considerar que esse próprio pai é castrado! Então, teríamos nós pura e simplesmente voltado ao mesmo lugar? É o que poderíamos pensar. No entanto, a questão é fazer, desse ponto de impasse, um novo ponto de partida; esse limite do pai, longe de ser um erro, é, antes, o que o caracteriza: Lacan falará do pai como um justo meio-deus"[25].

O pai é esse justo meio-deus na medida em que é tanto representante do Pai simbólico, capaz de presidir à mais elevada das modificações, pois que sustenta a substituição da coisa pela palavra, e ocupante do lugar de pai real, quer dizer, também capaz de sustentar a praticabilidade da incompetência em assumir essa posição, de estar sempre em falta em relação a ela. Então, se a vacilação do pai pode dizer respeito a sua impotência em estar à altura de sua tarefa, sua patologia também pode ser a conseqüência de sua inaptidão para suportar o universal do que se verifica como uma impossibilidade. Ora, será esse "erro" do pai real que abrirá o caminho para o sujeito para que possa passar sem o pai, incapaz que teria sido se este houvesse estado à altura do pai simbólico.

---

[25] J. Lacan, *Le Séminaire*, livro XXII (1975-1976), *RSI*, inédito, sessão de 21 de janeiro de 1975. Ele acrescenta: "Quer dizer, que a causa disso seja uma mulher que lhe seja adquirida para lhe fazer filhos e que, com estes, queira ou não, ele tenha cuidado paterno".

A instalação dessas três operações — castração primária, castração secundária e validação — e o enodamento desses três registros — pai simbólico, pai imaginário e pai real — são equivalentes a nada mais que permitir à criança tornar-se um sujeito, em outras palavras, entrar na Lei da Linguagem, e o pai tem o encargo essencial de presentificar, representando-a, a organização simbólica que nos caracteriza como humanos.

Notemos que, em nossa civilização, essa representatividade garantida pelo Pai pode ser atribuída à influência do monoteísmo. Nesse sentido, não é dito que a maneira preponderante pela qual o Pai da religião ocupou esse lugar seja a única possível, nem que seja, de repente, universal. É, entretanto, a maneira singular pela qual nossa sociedade ocidental faz suas as obrigações da estrutura da linguagem; pois, assim apelando ao Pai da religião, deu consistência ao indispensável lugar para o terceiro ao preço de lhe encontrar uma resposta forçada. Aliás, é evidente que, mesmo que isso possa ser considerado uma crença ilusória, estamos longe, em nosso período de desencantamento com o mundo — mesmo que seja, sem dúvida, uma preocupação maior[26] —, de ter encontrado um meio tão eficaz de assegurar o reconhecimento, no entanto indispensável, desse lugar. Reconhecer a relatividade desse Pai da religião não nos poupa, então, por isso, de nos interrogarmos sobre as conseqüências da modificação do lugar do Pai em nossa história, pois que o declínio do religioso assinala, simultaneamente, o estiolamento do mecanismo que nosso social havia instalado para assegurar a transmissão da organização simbólica específica do que nos faz humanos.

Mostrar o que perdemos na passagem do pai da religião para o experto da ciência não necessariamente implicará a nostalgia do religioso tal como era antes da ciência moderna e, paralelamente, mostrar o que ganhamos nessa mesma passagem não deverá implicar, *ipso facto*, o denegrimento de toda autoridade enunciadora.

Hoje em dia, o lugar para o pai está invalidado e engendra o declínio evocado: algo que tornou caduco esse lugar para o pai deve ter acontecido no social. Apresenta-se a questão de identificar mais precisamente o que, no nosso mundo contemporâneo, teve início. O que designam, exatamen-

---

[26] Cf., a esse respeito, L. Ferry, *L'homme-Dieu ou le sens de la vie*, Paris, Grasset, 1996.

te, os que falam do declínio dos pais? É o declínio do pai simbólico ou o declínio do pai real? Ou o atingimento simultâneo de vários registros? Podemos, com efeito, já dizer que, se é do declínio do pai simbólico que se trata, isso terá como conseqüência tornar mais difícil a intervenção do pai real; e não é isso que constatamos nas paternidades plurais, nas recomposições familiares, nas uniões livres, ou, ainda, nas famílias desenraizadas? Em todos esses quadros, a deslegitimação do lugar torna perigoso garantir-se nele e obriga aquele que o ocupa a se justificar incessantemente, o que, de modo algum, lhe facilita a tarefa! Mas a que ou a quem atribuir a responsabilidade por essa configuração?

Mostramos que, no que se refere ao que está ligado à evolução jurídica do conceito de paternidade, foi o progresso da ciência – no caso, genética – que subverteu a autoridade do pai, e isso deveria nos deixar com uma pulga atrás da orelha, pois o que pudemos identificar com a apreensão psicanalítica da paternidade é que, para que haja pai simbólico, é preciso simplesmente uma referência a um terceiro, ao passo que, para que haja pai real, é preciso que o terceiro se presentifique em carne e osso; para que haja pai simbólico, é preciso e é suficiente que haja dito, enunciado, que, por ser incontestável, constitua terceiro, ao passo que, para que haja pai real, é preciso que haja dizer, sujeito que se engaje numa enunciação.

Ora, se o discurso da ciência subverteu o da religião, ao se constituir como um conjunto coerente de enunciados que pode, doravante, constituir autoridade no posto e lugar da enunciação divina, observemos que é um sistema somente simbólico que assim substitui uma intervenção presumida real de um enunciador; é, então, no nível social, uma nova configuração que se apresenta como meio circundante para o sujeito. É a identificar as características dessa mutação que será preciso que nos atrelemos para dar a razão da clínica do social com a qual estamos, hoje, confrontados.

II

O DISCURSO DA CIÊNCIA

Nossa hipótese é que foi a sobrevinda do discurso da ciência e, sobretudo, sua realização atual que subverteu profundamente, de uma maneira inédita e freqüentemente desconhecida dela mesma, o equilíbrio até então em jogo na família, cena da elaboração da realidade psíquica do sujeito e caldeirão da vida social, e que isso tornou difícil, então, o exercício da função paterna.

Precisemos, entretanto, imediatamente, que não se trata, aqui, de desacreditar a ciência em nossas falas; as hipóteses que tentaremos fundamentar não se prendem à ciência como tal, mas às conseqüências dos implícitos que carreia com ela no social e que este não cessa de esposar cegamente; assim, antes faríamos nossa a distinção de Nietzsche, quando dizia: "Não é a vitória da ciência que caracteriza nosso século [XIX], mas a vitória do método científico sobre a ciência"[1].

A título de modelo desse efeito subversivo produzido pelo discurso da ciência, podemos evocar uma pequena história referente ao problema do tempo. Antes da revolução astronômica de Galileu, Copérnico e Kepler, a Terra era definida como uma superfície circular cujo centro era Jerusalém. O Sol se deslocava, então, segundo uma trajetória circular, perpendicular à superfície da Terra. Ele se levantava no este para se deitar no oeste e continuava seu périplo "nas águas de baixo", até sua reaparição pela manhã, no este. A hora também era a mesma para todos os homens; o Sol se levantava

---

[1] Nietzsche, *La volonté de puissance*, LGF, 1991.

e se deitava no mesmo momento para todos. As descobertas do século XVI virão, evidentemente, virar de cabeça para baixo essa harmonia; a ciência abalará essa organização, que tinha o mérito de autentificar um referente único, pois a questão doravante posta – a partir do momento em que se leva em conta que é a Terra que gira em torno do Sol, não o inverso – era a de saber qual era a hora de referência.

Em 1600, ocorreu em Praga um colóquio científico, com o estímulo de Rodolfo II de Hasbourg, do qual participaram as sumidades da época para tentar responder a essa questão. Ela ficará, entretanto, sem resposta, pois, já que ninguém se autorizava a determinar de maneira científica um meridiano que pudesse servir de marco referencial, seria preciso esperar uma decisão arbitrária que só seria tomada perto de três séculos mais tarde, em 1884, em Greenwich[2]! Imaginemos por um instante o caos em se teriam encontrado aqueles que tivessem que organizar comunicações intercontinentais; é hoje, com efeito, que essas conseqüências da ciência nos concernem em nossa vida cotidiana; só a partir das viagens rápidas ou da utilização sistemática do telefone pudemos efetivamente nos encontrar em dificuldade por causa das defasagens horárias. Mas, felizmente, o consenso de Greenwich nos protege do que, sem a aceitação dessa decisão, entretanto arbitrária, nos teria valido uma grandiosa desordem.

Essa pequena história nos dá a medida do abalo das referências suscitado pela substituição da *Weltanschauung* da religião por aquela da ciência. Por que, aliás, não indicar que tal era também, sem dúvida, a questão verdadeira do *affaire* Galileu? Isso, que bem pode ser interpretado *a posteriori* como o estigma da novidade, ganha força no afrontamento entre duas leituras do mundo: para além do conflito entre um homem de religião e um homem de ciência, era a primeira vez que a autoridade da Igreja era contrariada pela da ciência. Como precisa Isabelle Stengers, "Galileu e sua luta contra Roma foram suscitados pelo acontecimento constituído pela possibilidade de afirmar 'isso é científico'"[3]. Para além de um simples conflito de

---

[2] Devemos essa história a D. Lemler, "Du Golem initiatique au robot domestique, d'un avatar du discours scientifique", *Apertura*, vol. 2, 1988.
[3] I. Stengers, *L'invention des sciences modernes*, Paris, La Découverte, p. 87.

pessoas, havia o conflito de duas concepções diferentes quanto ao que legitima a autoridade nessa questão. O processo Galileu assinala o crepúsculo da legitimidade que a onipotência de Deus autorizava, em proveito da nova legitimidade permitida pela cientificidade; o início do fim de uma legitimidade fundada na autoridade do enunciador em benefício de uma legitimidade fundada na autoridade concedida pela coerência interna dos enunciados.

Assim, o desenvolvimento da ciência moderna abala o lugar da autoridade religiosa e produz um novo laço social, cujo motor, doravante, o que comanda, não é mais a enunciação do mestre, seu dizer, mas um saber de enunciados, um conjunto acéfalo de ditos. Podemos, assim, apreender o que se verificará congruente com a afirmação de Claude Lefort, caracterizando o mundo contemporâneo: "A figura do mestre tende a se apagar para dar lugar à de um agente de transmissão de conhecimentos"[4]. Aliás, é bem do que nos queixamos hoje em dia em nossas universidades, não ter mais mestres capazes de fornecer referências e, logo, ensinar a aprender, mas somente uma proliferação de competências capazes de comunicar as noções – mesmo as mais agudas – de suas disciplinas respectivas e "gerir" suas conseqüências.

Podemos, então, dizer que, no nosso mundo, é o saber que funciona como bússola e que o que é assim promovido é uma modalidade de laço social que substitui a relação mestre-sujeito, uma relação saber (acéfalo)-sujeito. Isso não deixaria de ter conseqüências que nos será preciso identificar.

Para voltar a nossa hipótese segundo a qual a sobrevinda do discurso da ciência subverteu a possibilidade do exercício da função paterna, convém que precisemos o que chamamos discurso da ciência. Queremos designar, com esse termo "discurso", o que organiza o laço social uma vez que a ciência adquiriu desenvolvimentos tais que modificou a legitimidade da autoridade do mestre no sentido que acabamos de evocar. Insistamos que não se trata, aqui, de confundir a ciência, as ciências, o científico e o discurso da ciência. É preciso, com efeito, claramente diferenciar a ciência como procedimento de conhecimento e discurso da ciência como laço social

---

[4] C. Lefort, "Formation et autoritité, l'éducacion humaniste", em *Écrire, à l'épreuve du politique*, Calmann-Lévy, 1992, p. 222.

inaugurado pela existência desse tipo de conhecimento, inclusive a forma pela qual ele se adquire e é adquirido. As ciências, quanto a elas, são apenas o conjunto dos conhecimentos assim elaborados, segundo o procedimento da ciência, nos mais diversos domínios. Enfim, no que diz respeito ao cientista, ele, evidentemente, visa o indivíduo que consagra sua atividade a desenvolver o conhecimento da ciência.

A distinção importante para a seqüência é, evidentemente, a que separa ciência e discurso da ciência. Alguns poderiam pensar que seria melhor que distinguíssemos ciência e ideologia da ciência, mas essa distinção, já conhecida em outras partes, não nos parece recobrir o mesmo campo. A ideologia implica um deslizamento a partir de uma ciência que se poderia qualificar de "justa"; é uma derrapagem com relação ao justo limite que a ciência supõe; em troca, falar de discurso da ciência não visa somente uma derrapagem, como veremos; isso precisa que é por estrutura que a ciência se presta a uma possibilidade específica de violação da Lei da linguagem – e, simultaneamente, sem que saiba, a ciência a promove – e que seu procedimento de conhecimento implica, de imediato, um funcionamento em ressonância com o bordejamento de um sujeito por relação ao limite. Em seguida, falar antes de discurso que de ideologia deixa entender que se tornou parte integrante do social de nossos dias, que não se trata somente de uma produção ilusória localizável, mas, antes, de uma infiltração difusa que subverte o conjunto do tecido social.

A título de exemplo, poderíamos dizer que o discurso da religião – em outras palavras, não a religião como tal – pode ser lido no adágio bem conhecido: "É preciso manter a igreja no centro da cidade!". Não há necessidade de invocar Deus para fazer isso. Mas é bem preciso constatar que os efeitos da marcação do social pela religião devem ser constatados na organização monocêntrica e vertical da sociedade. Em contraponto, o laço social induzido pelo desenvolvimento da ciência promoverá uma organização pluricêntrica e horizontal do campo social. A igreja não será mais a única a indicar o centro da cidade, as butiques de saber serão múltiplas e equivalentes entre si.

Será esse impacto do desenvolvimento da ciência moderna até seus progressos atuais que tentaremos esclarecer um pouco, e o essencial da especificidade de nossa contribuição como psicanalista será, precisamente, mostrar que esse desenvolvimento veicula, em seu seio, aquilo de que se aproveita o sujeito para não ter que assumir as conseqüências do que falar implica, que não se trata nisso somente de um abuso atribuível ao cientista, mas que, ao contrário, isso acontece porque o método científico é estruturado de tal forma que engendra, *de facto*, com sua produção, um cientificismo comum que nos exigirá um verdadeiro trabalho para que possamos dele nos afastar.

Aqui retomaremos de bom grado os termos de François Lurçat "social-ciência" ou "social-cientificidade", pelos quais ele designa precisamente os efeitos no social do que fazemos a ciência representar: um papel de autoridade que ela de fato não tem. Assim, por exemplo, "práticas sociais que, valendo-se do prestígio da ciência, fazem reconhecer e financiar trabalhos em que a busca da verdade está ausente e cujo único objetivo é a caça dos créditos e da publicidade"[5]. Novamente, porém, em sua leitura, aliás extremamente judiciosa, da ideologia fisicalista da maioria dos cientistas e da utilização abusiva que podem fazer da autoridade da ciência, é em termos de abuso que analisa isso, eludindo que é a especificidade do conhecimento científico que autoriza esse tipo de deslizamento.

Tentemos, então, agora, identificar as molas propulsoras implicadas pelo procedimento da ciência e que a autorizam, em seu próprio movimento, a promover o que temos o costume de chamar ideologia da ciência.

O DUPLO NASCIMENTO DA CIÊNCIA

É costumeiro dizer que a ciência nasceu duas vezes, uma primeira vez na Grécia, no século VI antes de Cristo, e uma segunda vez na Idade Clássica. Os gregos foram os primeiros a querer dar conta racionalmente dos fatos e, assim, liberar-se de qualquer referência ao irracional, mas será preciso esperar mais de vinte séculos para que seu projeto possa começar, verdadeiramente, a se realizar.

---

[5] F. Lurçat, *L'autorité de la science*, Paris, Edições Cerf, 1995, p. 41.

Inaugurada pelas especulações de Tales, segundo Geoffrey Lloyd[6], a ciência grega implica a descoberta da natureza assim como a prática da crítica e da discussão racional. Essa posição, sem implicar o ateísmo, já exigia, entretanto, que deixássemos os deuses à porta; assim, para falar do relâmpago, não é mais preciso referir-se à cólera de Zeus, mas considerá-lo como um fenômeno natural. Quanto à prática da crítica racional, ela passa, evidentemente, pela discussão das idéias entre pares.

Num trabalho particularmente esclarecedor, Francis Wolff nos lembra em que se fundava a ciência no pensamento grego, a saber, que, se a *episteme* devesse ser um sistema dedutivo, ela se definiria também como uma modalidade de discurso, a saber, uma modalidade segundo a qual alguém se dirigiria a um outro. Ele nos indica que o voto dos gregos era visar uma *episteme* como um discurso no qual teria desaparecido qualquer traço de interlocutividade. "O discurso da ciência pode se mostrar como um discurso objetivo, pois despoja o locutor e o interlocutor do que os constitui como sujeitos e, ao assim fazer, separa o *logos* de toda a sua dimensão interlocutiva. [...]. Eis por que era tão fácil esquecer que a ciência era, primeiro, um discurso e que a *ratio*, primeiro, o *logos*. Esse esquecimento já está inscrito na própria exigência epistêmica, que nada mais é que a exigência dessa negação. É que a ciência é exatamente o discurso menos discurso de todos, aquele que tende a se negar como discurso, aquele que se define como só sendo discurso da ciência sob a condição de ser o menos possível discurso"[7].

Devemos, portanto, constatar que, desde sua primeira elaboração no século VI de antes de nossa era, a ciência, para chegar a seus fins, desejava se desembaraçar de sua dimensão de retórica; desejava que a linguagem só fosse utilitária, que só lhe servisse para comunicar suas descobertas; assim fazendo, o que visava era bem liberar-se de sua dívida com respeito ao que falar implica. De imediato, pois, os gregos teriam feito o voto de alcançar um saber no qual a dimensão de interlocutividade teria podido ser expulsa.

---

[6] G. Lloyd, *Les débuts de la science grecque, de Thalès a Aristote*, Maspéro, 1974.
[7] F. Wolff, "Le discours de la science dans la pensée grecque", em *Le Trimestre psychanalytique*, 1991, nº 1, número consagrado à Ciência, pp. 29-30.

Tinham a pretensão de um discurso que não estaria contaminado pela subjetividade dos locutores.

Sabemos, também, que será preciso esperar a Idade Clássica – habitualmente identificada como segundo momento do nascimento da ciência – para que o voto da ciência grega seja alcançado e que se inicie a era da ciência moderna: mas, para que esta possa se instalar, indiquemos que terá sido preciso apoiar-se no *cogito* de Descartes[8] para se autorizar a se fundar somente nela mesma e não na coisa existente, como também não em Deus.

Com efeito, lembremos que o *Discurso do método*, publicado em 1637, consistia em um prefácio para um novo método científico; novo porque se afastava das posições que o precediam; por exemplo, a de Montaigne. Este constata a vaidade do saber e faz da dúvida um estado permanente do qual não pode sair, o que o levará ao ceticismo que o define. No entanto, ali onde Montaigne sofre a dúvida, Descartes vai exercê-la. Ali onde a dúvida de Montaigne é um estado, a de Descartes é uma escolha. O que ele inaugura é buscar um ponto de certeza para a construção das ciências; o que quer é "estabelecer algo de certo e constante nas ciências", e é a esse título que maximiza a dúvida de Montaigne: dúvida que começa a aplicar nas idéias que vêm da tradição e dos sentidos, opondo-lhes as únicas que têm o mérito de ser claras, as idéias matemáticas.

Assim, a ciência se constitui não mais pelas percepções, mas pelas próprias idéias. É feita, então, a ruptura com a posição epistemológica de Aristóteles, para quem a prioridade continuava concedida à coisa existente. Esse primeiro passo sustentado por Descartes, sobre o qual se organizará o desenvolvimento da ciência moderna, desmente a concepção corrente que temos da ciência – e seu desenvolvimento progressivo –, a de que, ao des-

---

[8] Em *Entretiens sur Descartes*, Alexandre Koyré nos lembra o quanto "é extremamente difícil nos darmos conta da importância e da novidade da obra de Descartes: uma das mais profundas revoluções intelectuais, até mesmo espirituais, que a humanidade conheceu, conquista decisiva do espírito pelo humano, vitória dura e árdua que leva o homem na direção da liberação espiritual, na direção da razão e da verdade. Ainda mais difícil, senão totalmente impossível, é imaginarmos a impressão produzida pelo *Discours* naqueles que o liam – há três séculos – pela primeira vez". A. Koyré, *Introduction à la lecture de Platon*, seguida de *Entretiens sur Descartes*, p. 164, Paris, Gallimard, coleção Les Essais, 1962.

nudar seu objeto, ela chegaria, nesse movimento de desvelamento, ao conhecimento do real. Aquilo em que Descartes inova é que decreta que, "para conhecer o real, é preciso começar por fechar os olhos, tapar os ouvidos, renunciar ao tocar; é preciso, ao contrário, voltarmo-nos para nós mesmos e buscar, em nosso entendimento, idéias que sejam claras para ele"[9].

Assim, o procedimento de Descartes nos autoriza, mas também nos obriga a abstrair nosso senso comum, aquilo que podemos identificar por nossos sentidos, e, em troca, nos obriga a só nos referirmos a nosso entendimento.

É isso que permitirá a Lacan afirmar que o procedimento de Descartes não é um procedimento de verdade; com efeito, foi exatamente graças a Descartes e, antes dele, Galileu que se produziu o nascimento do que Heidegger chamou de "projeto matemático da natureza"; essa idéia aparece pela primeira vez em 1623, quando Galileu afirma que a natureza é descrita em linguagem matemática. Trata-se, aí, de uma petição de princípio, escolha antecipada de matematização do mundo, de redução da cientificidade das ciências ao horizonte matemático, e é nesse sentido da história que se localiza o caráter decisivo do corte com os gregos que levará a uma outra figura da verdade, aquela que Max Plank resumirá, ao afirmar: "É verdadeiro o que é demonstrável". O procedimento do *Discurso do método* ressoa com aquele do *Diálogo sobre os dois maiores sistemas do mundo* e inaugura o da ciência, e, por isso, o da civilização científica, pois o que ela funda é a possibilidade de um saber que não está mais estorvado pela questão da verdade: é um saber sem verdade.

Lacan precisa que "o procedimento de Descartes não é um procedimento de verdade; o que indica, o que constitui sua fecundidade é que, justamente, ele se propôs uma visada, um fim que é o de uma certeza, mas que, no que se refere à verdade, se desencarrega dela no grande Outro, em Deus, para dizer tudo. Não há nenhuma necessidade interna à verdade, a própria verdade de que dois e dois são quatro é a verdade porque Deus quis que assim fosse. É a rejeição da verdade para fora da dialética do sujeito e do

---

[9] A Koyré, *Introduction à la lecture de Platon*, seguida de *Entretiens sur Descartes*, op. cit., p. 218.

saber que é, propriamente falando, o nervo da fecundidade do procedimento cartesiano, pois Descartes pode ainda, durante um certo tempo, conservar, ele, pensador, a golilha da segurança tradicional das verdades eternas, elas são assim porque Deus assim quer. No entanto, de certa forma, também se desembaraça dela e, pela via aberta, a ciência entra e progride, constituindo um saber que não tem mais que se embaraçar com seus fundamentos de verdade. [...]. O procedimento de Descartes não se agüentaria um instante se não houvesse essa enorme acumulação que seguiu o saber, um saber sempre ligado, tomado como que num agarramento ao fato crítico, porque o ponto de partida desse saber está ligado às possibilidades de constituir a verdade; chamarei esse saber de antes de Descartes um estado pré-acumulativo do saber; a partir de Descartes, o saber, o da ciência, se constitui sob o modo de produção do saber"[10].

Doravante, saber e verdade estão disjuntos e o saber, por não ser mais obrigado a incessantemente se confrontar com o que o funda, pode ser capitalizado. O saber pode, doravante, sem colocar em perigo sua validade, "esquecer" a questão da verdade. O procedimento de Descartes implica, pois, um movimento de auto-suficiência que, por não ser estorvado pela dimensão da verdade, pôde se tornar operante.

Até então, era preciso retornar à confrontação com a coisa existente como estando na origem do saber, no lugar em que o saber se ancorava na relação com a verdade. É evidente que um tal movimento era paralisante e que foi por dele se liberar que pôde se constituir o saber da ciência moderna. O que constitui a força e a potência do procedimento científico moderno é, pois, haver podido liberar-se de sua relação com a verdade da enunciação e, a partir daí, poder se tomar como sua própria origem para progredir. Acrescentemos que, no rasto, essa própria liberação termina por ser esquecida; veremos operar aí a substituição enganosa de um ponto de origem que, por estrutura, escapa por um ponto de origem tangível. Assim, não somente a ciência pode "esquecer" o lugar de onde vem, mas sua constituição como conjunto de conhecimentos se organiza com base na neces-

---

[10] J. Lacan, *Le Séminaire*, livro XII, *Problèmes cruciaux pour la psychanalyse* (1964-1965), inédito, sessão de 10 de junho de 1965.

sidade de um tal esquecimento, o que pôde fazer com que Jean-Marc Lévy-Leblond dissesse "que geralmente se fala de cientificidade quando lidamos com um saber cujas origens estão apagadas"[11]. Espontaneamente, pois, o procedimento da ciência moderna a leva desinscrever o que a funda, pois é desse esquecimento que tira seu poder operatório, e deverá consentir num trabalho suplementar de desconstrução para reposicionar corretamente seu ponto de origem.

Para dizer simplesmente, o procedimento da ciência moderna compreende um implícito inteiramente fundamental, sobre o qual devemos insistir, o de poder reunir saber e verdade, por não ter mais que se preocupar com a relação com a verdade, salvo dizendo que a verdade é demonstrável, quer dizer, voltar a falar da verdade em termos de saber. Este, que se tornou colonizador da verdade, terá constantemente de se lembrar de por qual golpe de força se instituiu, deverá incessantemente voltar a identificar a falha que o constitui, sob pena – mesmo com seu desconhecimento – de se tornar todo saber, de pensar inocentemente que é possível assimilar vida e saber.

O procedimento que Descartes autoriza por seu *cogito* é o de não se apoiar a não ser em seu próprio entendimento, para logo esquecer esse passo originário. Assim é conquistada a certeza sobre a qual o saber pode se construir e até ser acumulado. É por esse mesmo duplo movimento que procede o homem da ciência moderna: enunciar o que afirma para logo esquecer que houve enunciação e reter apenas os enunciados que produziu. Em outras palavras, apagar o dizer para só guardar os ditos suscetíveis de serem transmitidos; é a partir dessa possibilidade que eles se verificam acumuláveis, ao ponto de novos enunciados tornarem caducos os precedentes. Nesse movimento, deve ser "esquecido" que o que produziu esse enunciado foi uma bricolagem, uma confrontação com um real, uma enunciação, um sujeito. A ciência se encarrega, então, de esquecer o "dizer" para só reter o "dito". É nesse sentido que o discurso da ciência moderna, inaugurado por Descartes, é a realização do que já os gregos queriam, quando

---

[11] J.-M. Lévy-Leblond, *L'Esprit de sel: science, culture, politique,* Fayard, 1981, citado por G. Fourez em *La Construction des sciences,* Bruxelas, De Boeck, 1988.

visavam pela *episteme* um discurso esvaziado de qualquer traço de interlocutividade. No entanto, pelo fato dessa organização, o procedimento da ciência moderna comporta um implícito maior, a saber, a subversão das relações entre os registros do Real e do Simbólico.

Os gregos tentavam dar conta racionalmente – em outras palavras, com a ajuda do simbólico – dos fenômenos naturais que observavam – em outras palavras, um real. No entanto, evidentemente, os poucos meios de que dispunham, por um lado, e, sobretudo, o método – o procedimento de Descartes – de que não dispunham os obrigavam a incessantemente serem confrontados com o real; por isso, este ficava prevalente e não era possível que se deixasse esquecer.

Uma vez estabelecido o *cogito*, quando Galileu encontrou suas garantias nas matemáticas e não mais na percepção dos fatos, o movimento do procedimento é logo esquecido e o que, de maneira enganosa, aparece na origem é o simbólico – no caso, matemático.

É exatamente a tentação que será inscrita no coração do desenvolvimento da ciência moderna: com efeito, ali onde, antes de seu nascimento, Real e Simbólico estavam intrincados, o que "o projeto matemático da natureza" instala é um Simbólico que, sozinho, doravante, eludindo a enunciação, pretende dar conta do real; ele esquece o real de onde sai e reposiciona um real para além de seu jogo de escrita – um real com o qual, a partir de então, a ciência não pára de querer coincidir, "esquecendo" a intrincação da qual, no entanto, procede. Seguramente, não pode chegar a isso, é uma impossibilidade estrutural, mas pode posicionar-se como esperando isso e afirmar que, se não chegar agora, amanhã o poderá, e, assim, reduz essa impossibilidade, levando-a para impotência.

Queremos sublinhar que o que a empurra para esse deslizamento é, portanto, de uma forma ou de outra, interno a seu procedimento e não pode ser atribuído única e exclusivamente à derrapagem da ideologia científica. É essa característica que faz com que, espontaneamente, a ciência tenha uma pretensão totalizadora e que seja preciso um contrapeso para manter o espectro totalitário à distância, do mesmo modo que é preciso o contrapeso da intervenção do pai para não deixar que se desenvolva o empreendimento da mãe. Ainda mais porque funciona como eco dessa pretensão totalizadora, em todo sujeito, um sentimento de onipotência infantil e, tão logo o sujeito prefira perenizar esse sentimento, encontrará um aliado certo nessa desnaturação da impossibilidade em impotência.

O nascimento da ciência moderna como matemático-experimental supõe, então, a extração de um simbólico, mas, ao fazer isso, coloca esse simbólico em posição originária; é o que se repetirá em cada ato do cientista; em cada um dos procedimentos da ciência, tudo o que está implicado no *cogito* se reproduz. No entanto, cortando-se assim de sua umbilicação no real, organizando a elisão da enunciação ao mesmo tempo que a do enunciador, a ciência ameaça, a cada vez, tomar-se por seu próprio começo; ela se presta, a cada um de seus avanços, a "deixar crer" que é capaz de se autofundar; é esse convite à autofundação – abusiva e enganosa – que faz com que carregue espontaneamente, em si, uma pretensão totalizadora, e é isso que faz com que tenha estado ligada e que sempre tenha ligação – como veremos mais adiante – com o risco totalitário. Não se trata, no entanto, aqui, de denegrir esse implícito, já que a força da atividade científica diz respeito a essa disposição de método: foi porque o procedimento científico moderno pôde separar – nem que fosse num momento inaugural, o do *cogito* – Simbólico e Real e se afastar de sua relação com a Verdade que a ciência pôde – e pode, ainda – se constituir como corpo de conhecimentos e que a transformação progressiva deste em aptidão científica lhe permitiu e ainda hoje permite chegar à eficácia que lhe reconhecemos.

Um terceiro momento da ciência

O que precede nos dá a medida do abalo de referências suscitado pela colocação da ciência em posição de domínio. Mas os desenvolvimentos da ciência continuaram; devemos, hoje, identificar um terceiro momento em sua escalada, aquele em que nosso mundo está contaminado pelos efeitos desse progresso: assim, nosso entorno cotidiano está inteiramente povoado por objetos produzidos por essa ciência, do forno de microondas ao computador, passando pela televisão e pela pílula anticoncepcional. Nesse sentido, Lacan lembrava: "Não se deve, de toda forma, esquecer que a característica de nossa ciência não é ter introduzido um conhecimento do mundo melhor e mais amplo, mas ter feito surgir no mundo coisas que de nenhum modo existiam no nível de nossa percepção"[12].

Situar essa terceira cesura pode ser feito segundo vários eixos; assim, poderíamos colocar a cesura seguindo as afirmações de Jacques Sadoul em sua *Histoire de la science-fiction moderne* [História da ficção científica moderna], quando observa a mutação desse gênero literário: "O apogeu da ficção científica clássica durou até 1945: o *Homo triomphans* servido pelas máquinas amigas e pela ciência fiel ia conquistar o universo. Quando a bomba atômica foi largada sobre Hiroshima, o mito da ciência 'boa' e amiga do homem desabou. Isso foi ainda mais sentido pelos autores de ficção científica porquanto acreditaram sinceramente nele, mais, talvez, que o conjunto dos intelectuais, além dos próprios cientistas. Numerosas e sombrias narrativas de mundos pós-atômicos surgem, então, sob a pluma de autores até ali otimistas: sabe-se, doravante, que os sábios loucos não são os mais perigosos"[13].

Podemos, com efeito, situar esse terceiro momento da ciência quando seus progressos revelaram não ser unívocos, quando os benefícios dos quais lhe podíamos dar o crédito não andavam mais sem dever avaliar os perigos e, pois, também as ameaças que ela comportava. Mas é preciso convir que isso não expõe bem a mudança trazida pelo que vamos identificar como o terceiro momento da ciência, pois, após Hiroshima, foi primeiro uma tomada de consciência que se operou, ligada à realização de uma possibilidade nova, antes que a uma mudança no meio social.

Antes, situaríamos a cesura com o primeiro passo do homem na lua, quer dizer, quando as descobertas da ciência foram tais que pudemos constituir um meio inteiramente artificial que nos permitiu abandonar os parâmetros de nossa vida habitual. Devemos, aqui, refletir sobre o fato de que, no contexto de uma cabine espacial, todo encontro espontâneo com o mundo se mostra portador de morte, o que não deixa de induzir, queira-se ou não, uma dependência nova com relação à tecnologia. Aliás, é a partir de tais fatos que devemos voltar a pensar nossa dependência implícita com

---

[12] J. Lacan, *L'envers de la psychanalyse*, p. 184.
[13] J. Sadoul, *Histoire de la science-fiction moderne, 1911-1984*, Paris, Robert Laffont, 1984, p. 22.

relação ao técnico em nosso universo cotidiano, na medida em que, no nosso meio contemporâneo, podemos nos colocar a questão de saber de que objeto natural, de que relação espontânea com o mundo ainda dispomos.

Uma outra característica dessa viagem à lua é que punha fim ao que, por muito tempo, foi o último sonho não realizado da humanidade; lembremos que, dentre todas as profecias de Júlio Verne, era a única que ainda não tinha sido cumprida. A partir do passeio de Armstrong no solo lunar, esse último sonho se tornou realidade e o que, até ali, havia sido pensado como impossível se tornou possível. Por isso, era a própria categoria do impossível que parecia poder ser expulsa, sendo levada, doravante, ao que, então, não era mais que uma impotência, sobre a qual se poderia pensar que, cedo ou tarde, seria possível eliminar. Os novos poderes da ciência traziam a confusão entre deslocar o limite do possível e expulsar o lugar do impossível.

Se, num primeiro momento, indicamos esses dois traços característicos do terceiro momento do nascimento da ciência – elisão da categoria do impossível e perda de uma relação espontânea com o mundo –, foi para, de imediato, fazer entender o que o cumprimento deste vai implicar, a saber, o risco de perder o sentido do limite e do que chamamos senso comum ou bom senso.

Estaríamos, entretanto, muito pouco inspirados se deixássemos acreditar que se trataria, aí, de conseqüências inelutáveis da chegada do discurso da ciência, pois, ainda hoje, o cientista – aquele que faz bricolagem em seu laboratório e que termina por produzir enunciados que fazem a ciência avançar – incessantemente se defronta com o impossível e nem por isso perde sua relação espontânea com o mundo; mas devemos, justamente, avaliar integralmente o fato de que seu objetivo só é considerado como exitoso quando ele produziu um enunciado que pode dispensar sua enunciação, quando chegou a excluir-se completamente como sujeito daquilo que produziu; não é surpreendente, então, que sejam aqueles que se beneficiam de seu trabalho de cientista que estejam mais inclinados a tomar esses enunciados como favas contadas.

Portanto, é a um momento que implica três gerações que assistimos: primeiro, produção de enunciados que impõem ao enunciador excluir-se como sujeito, segundo, retomada desses enunciados por alguns que não têm mais que assumir essa exclusão, que, verdadeiramente, não pagaram o preço desse trabalho, e, terceiro, utilização, ou, melhor, consumo. Podemos pensar que são esse movimento em três fases e seu completamento que darão configuração a nosso mundo assim "marcado" pelo discurso da ciência. Podemos aqui evocar, de imediato, um parentesco possível com o que todos conhecemos, a saber, essas famílias nas quais o avô fez fortuna, o pai goza dela e só resta ao filho dilapidá-la.

Hipotetizamos que será esse coração da ciência – chamemo-la pós-moderna – que contaminará o que vai funcionar sob seus auspícios e que esse terceiro momento na constituição da ciência coincidirá com sua realização, ao mesmo tempo que com a infiltração difusa do social pelos implícitos que ela veicula.

De uma outra forma, poderíamos dizer que, se o segundo momento da ciência se constituiu – por causa do *cogito* – ao se poder apagar a dimensão da enunciação em proveito da produção apenas de enunciados, nos é preciso avaliar que, na geração seguinte, foi o vestígio desse apagamento que desapareceu, deixando aberta a via para a proliferação de enunciados que não mais testemunham, em seu seio, que a dimensão da enunciação esteve presente. A falha, a falta sempre no coração do simbólico humano não terão sido somente expulsas, mas o vestígio dessa expulsão terá sofrido a mesma sorte.

A partir disso, podemos distinguir discurso do homem de ciência – o da primeira geração, aquela em que a enunciação ainda está presente, mas em que já existe o voto de fazê-la desaparecer –, discurso científico – no qual prima o apagamento da enunciação e no qual é promovida a autoridade dos enunciados apenas – e, por fim, discurso técnico – em que lidamos apenas com enunciados, sem o vestígio do apagamento da enunciação que, no entanto, inaugurou a seqüência desses discursos.

O que nosso neologismo bastante atual "tecnociência" designa não significa, precisamente, essa submissão da ciência ao que constitui a essência da técnica? Isso não equivale a afirmar que é na realização técnica da ciência que se encontra o que a especifica? É empurrando até ao extremo seus pressupostos que a ciência chega à técnica, mas é chegando à técnica que revela seus implícitos. Tornando-se moderna, primeiro, "tecnociência", depois, a ciência, como atividade simbólica, se dava como encargo, no início, dar conta racionalmente da realidade, mas, tendo seu acabamento no que chamamos seu terceiro momento, uma inversão foi produzida: se, ontem, a ciência colaborava para apreender a natureza, hoje é a natureza que está totalmente marcada pelo desenvolvimento da ciência e somos nós, sujeitos, que arriscamos estar sob a autoridade dela, porque o apagamento da enunciação requerido pelo método científico chegou, no nível da terceira geração, à desaparição da enunciação, que é a propriedade mais específica do que é um sujeito.

Será essa possibilidade de eludir a enunciação e, mesmo, de completar essa elisão, chegando a desinscrevê-la no momento técnico, que autorizará o "deixar crer" na onipotência da ciência; não podemos mais, a partir daí, nos contentar com interpretar a deriva ideológica da ciência onipotente como exclusivamente resultante de um abuso de crença do utilizador ou do homem das ruas, pois devemos lê-la como o relançamento mútuo do voto de onipotência sempre inscrito na realidade psíquica de um sujeito e da redução de pensamento inscrita na modalidade mesma de constituição da ciência moderna.

Aquilo sobre o que devemos aqui insistir é que não é suficiente, como habitualmente é feito, invocar o discernimento entre verdadeira ciência e falsa ciência, entre atividade e resultado da ciência. Não basta evocar o exemplo bastante conhecido da faca: a invenção da faca é boa ou má? Ela permite o melhor e o pior! Essa argumentação é bastante conhecida, mas de modo algum leva em consideração a realidade e a importância do problema exposto.

Assim, quando François Lurçat, no rasto da reflexão husserliana, lembra a diferença irredutível entre o mundo da ciência e o mundo da vida, só pode constatar, com inquietação, que, "se essa diferença é a própria evidência, o inquietante é que se esteja [hoje] obrigado a afirmá-la e justificá-la". Ora, está bem aí a especificidade do problema, é que, espontaneamente, o método científico encoraja o apagamento dessa diferença. A questão toda é identificar o que, em seu próprio método, engendra essa derrapagem, antes que continuar a não querer saber que é em seu seio que mora o perigo. Ora, por falta de haver delimitado essa especificidade estrutural do método científico, François Lurçat não poderá se diferenciar corretamente da posição de outro cientista – no caso, Claude Allègre[14] – que, quanto a ele, reivindica pura e simplesmente voltar à "verdadeira ciência", para contrapor-se à escalada do irracionalismo de hoje em dia. Tanto quanto o defensor da ciência pode fazê-lo em nome de a verdadeira ciência ser virgem e neutra e de se tratar, simplesmente, de escapar a sua utilização ideológica por alguns, tanto quanto não foi identificado com pertinência que o método científico traz em si mesmo a possibilidade de chegar à confusão entre a ciência e a vida, também não foi possível escolher entre o cientista recrutado pelo que chamamos de cientificismo comum e aquele que percebe que os avatares do totalitarismo histórico estão estreitamente ligados com o desenvolvimento da ciência.

Sem dúvida alguma, o que é pressentido por um cientista como François Lurçat, quando afirma: "O que me desola, o que me inquieta, a palavra é muito fraca, é que os cientistas, nossos contemporâneos, não tiraram as lições dessa experiência [da Shoah]"[15].

Alguns poderiam ficar surpresos ao verem evocarmos aqui um totalitarismo histórico como conseqüência do terceiro momento da ciência, mas é que a dimensão implícita da ciência, que se refere a sua pretensão totalizante, se encontra sem freios no desenvolvimento técnico, e é por isso que a ciência – que em si é totalizante, sem, por isso, ser totalitária por profissão – carrega, entretanto, nela a ameaça do totalitarismo.

Porque esse terceiro momento da ciência não tem as mesmas conseqüências quanto aos riscos envolvidos; com efeito, o cientificismo, como habitualmente o entendemos, deve ser identificado como a doença do segundo momento da ciência, quando a autoridade daquele que se enuncia ainda tem bastante peso para poder objetar à pura e simples submissão aos enunciados. Quando é alcançado o terceiro momento da ciência, uma vez que o tecnocientífico "rola por si mesmo", que impõe suas leis próprias veiculando implicitamente seus pressupostos e altera, por isso, tanto o bom senso comum quanto o sentido do limite, o perigo não é mais somente o

---

[14] C. Allègre, *La défaite de Platon*, Paris, Fayard, 1995.
[15] F. Lurçat, "Promesses et menaces de la science", em *Alliage*, n° 27, verão de 1996, p. 4.

cientificismo; é preciso que identifiquemos o perigo corrido por uma tal organização como o risco do totalitarismo, que, no caso, qualificaremos de pragmático.

Por totalitarismo pragmático deve-se entender a autonomia adquirida por um sistema organizado em torno de uma lógica que pretende dar conta racionalmente de tudo, a tal ponto que chegaria – sem deliberadamente querer, mas também não querendo saber – a não mais deixar lugar para o sujeito. A disposição do discurso tecnocientífico para ser esse sistema simbólico que pretende dar conta do real e a partir do qual, como parece que se deixa crer, tudo se origina o deixa inteiramente congruente com tornar-se esse sistema.

Seria cômodo assimilar esse eventual totalitarismo de hoje em dia a uma nova figura do cientificismo e pensar que ser vigilante – e humanista, por exemplo – será suficiente para não se deixar tomar por esse reducionismo, mas é precisamente uma tal crença que nos é preciso voltar a interrogar: o cientificismo, com efeito, supõe sempre um enunciador que se deixaria levar até uma enunciação abusiva de algum modo, ao passo que aquilo de que tentamos aqui dar conta é dos efeitos de uma elisão da enunciação como modalidade constituinte do laço social. Quando o saber se sedimentou e se tornou anônimo pelo fato do cumprimento, na terceira geração, da elisão da enunciação, quando foi situado na posição de mestre, sua progressão não segue mais o cajado de ninguém. Ela é como que deixada a si mesma, acéfala, auto-engendrando-se e engrenando, por isso, efeitos imprevistos, entre os quais o menor não é nos fazer andar. Não é assim que podemos interpretar o funcionamento de todos esses objetos de consumo que aspiram nosso desejo, mais que o inspiram? Podemos ler de outro modo os avatares de nossa obrigação de hiperprodução, tais como o surgimento e o desenvolvimento da doença da vaca louca? Não é a que nos levam espontaneamente a economia de mercado neoliberal e sua competitividade desvairada?

Não há, nesse caso, nenhuma ideologia destrutiva ou malévola, mas somente conseqüências de um consentimento quase cego exclusivamente no funcionamento. Podemos, entretanto, ver como, na história, o totalitarismo nazista pôde ser a realização antecipadora da mecânica totalitária pragmática que evocamos agora, ao associar a intenção ideológica e o funcionalismo do sistema.

III

Um cientificismo comum

Foi a promoção da exclusão da enunciação em proveito de puros e simples enunciados que permitiu aos nazistas servirem-se – como fizeram – da ciência racial; eles, manifestamente, "aproveitaram-se" do fato de que os enunciados da ciência permitem, àqueles que os usam, desconhecer a dimensão da enunciação, legitimando, então, que uma adesão a um enunciado assassino pode ser realizada "inocentemente", com o álibi de se submeter a um programa científico de bem-estar social.

Isso, então, só pode nos levar a fazer, com Gérard Haddad, a pergunta: "O nazismo não é o sinal prelúdio da fantasia suicida que habita o sujeito da ciência?"[1].

Se nos autorizamos a sustentar aqui essa pergunta é porque buscamos identificar em que o acabamento do sistema totalitário nazista é tributário do movimento inaugurado pelas modificações introduzidas no discurso social com o surgimento da ciência moderna e como, por isso, o risco dessa derrapagem faz parte, doravante, de nossa condição humana, ainda que o desenvolvimento da ciência de modo algum tenha se mantido engolido por tais serviços.

Para escapar a esse destino funesto, "o pensamento científico" deve consentir num suplemento de pensamento a fim eliminar a hipótese que seu procedimento carrega em si, espontaneamente. Por falta de realizar com um novo afã esse trabalho de suplemento de pensamento para levar em conta,

---

[1] G. Haddad, *Les Biblioclastes*, Paris, Grasset, 1990, p. 232.

com o mesmo rigor, o que a submissão ao método científico excluiu, nos será preciso constatar a congruência entre o não-pensamento, ou o pensamento sem suplemento de pensar próprio da ciência e o empreendimento totalitário. Devemos saber que a subversão do discurso do mestre operada pelo discurso da ciência não tem efeitos somente nos fatos, mas condiciona o quadro mesmo no qual se exerce o pensamento.

Na medida em que isso não é objeto de uma análise rigorosa, a marcação de nosso meio social torna frágeis as tentativas dos cientistas de se prevenir das aberrações eventuais da ciência pela reflexão ética. Assim, se hoje em dia é freqüente e judiciosamente lembrado que a atividade científica é uma atividade humana como as outras e até que os cientistas são homens como todo mundo, e que, a esse título, bem podem se enganar – por exemplo, Jean-Pierre Changeux[2], lembrando que "o cientista é um homem, falível como qualquer outro" –, não resta menos que pode se dar o impasse quanto às implicações da atividade científica em si mesma e quanto às conseqüências da marca que inflige ao social; atividade que, independentemente do utilizador, promove, por causa de sua própria natureza, o fato de subsumir o limite estrutural inerente à ordem humana no encantamento dos últimos progressos da racionalidade.

Uma perda em mundo

Antes de ir adiante, leiamos em Hannah Arendt, em eco a nossas preocupações, o que ela chama de "perda em mundo"; lembremos que é o conceito que ela introduz numa obra traduzida sob o título de *Condition de l'homme moderne* [Condição do homem moderno] e publicada em 1958. Ela afirma, nessa obra, que a modernidade se caracteriza por "uma perda em mundo" radical; a alienação moderna toma a dupla figura do enclausuramento do sujeito em si mesmo e de sua propulsão para esse fora do mundo que é o universo; tudo isso fazia, aliás, Anne-Marie Roviello, leitora rigorosa de Hannah Arendt, dizer que "o homem moderno se situa entre solipsismo e

---

[2] J.-P. Changeux, "Les garde-fous de la science", entrevista com J. Daniel, *Le Nouvel observateur*.

universalismo como entre as duas faces de uma mesma medalha"[3]. Hannah Arendt prossegue, precisando que foi o fato de se inscrever no discurso da ciência que fez com que o homem perdesse sua relação com o mundo, com que perdesse o senso comum, e constata a primeira efetuação dessa perda na utilização do telescópio por Galileu.

Hannah Arendt é conhecida, sobretudo, por seus trabalhos sobre o totalitarismo; eles se escalonam até 1951, ano da publicação, nos Estados Unidos, das *Origines du totalitarisme* [Origens do totalitarismo]. Na última parte de sua trilogia, *Le système totalitaire* [O sistema totalitário], a autora faz do campo de concentração o paradigma acabado do universo totalitário. Afirma que uma das características fundamentais do sistema concentracionário não é o fato de que "tudo é permitido", mas de que "tudo é possível"! Entre os traços específicos da ideologia totalitária, Arendt dará um destaque particular à capacidade do homem do sistema totalitário de se cortar da experiência que, no entanto, dá consistência e sentido ao pensamento. Essa emancipação do pensamento com relação a si mesmo, que equivale a uma saída da condição humana, será paga com um pesado tributo: a ruína da faculdade de julgar. "A impotência em pensar é, para Hannah Arendt, com efeito, correlativa a uma incapacidade de sofrer experiências. No mundo do *non-sens* que é o sistema totalitário, a ideologia não se define tanto pelos conteúdos de pensamento, por uma visão, ainda que dogmática, do mundo, mas por uma cegueira ativa e radical do pensamento no mundo"[4].

Anne-Marie Roviello lembra as afirmações da autora do *Sistema totalitário*, para a qual "o sujeito ideal do regime totalitário não é nem o nazista convicto nem o comunista convicto, mas o homem para quem a distinção entre fato e ficção e a distinção entre verdadeiro e falso não existem mais"[5].

Com efeito, é na ideologia totalitária que Hannah Arendt vê o arremate de uma ruptura do pensamento com sua própria origem. Anne-Marie Roviello ainda precisa: "O próprio da ideologia totalitária, o que a distin-

---

[3] A.-M. Roviello, "L'homme moderne entre solipsisme et le point d'Archimède", em *Hannah Arendt et la modernité*, Paris, Vrin, 1992, pp. 143-55.
[4] Ibid., p. 155.
[5] H. Arendt, *Le système totalitaire*, Paris, Point-Seuil, p. 224.

gue de maneira essencial das outras ideologias é que ela não é simplesmente discurso mentiroso sobre o real, mas que leva a conseqüência até o transbordamento dos limites do discurso para impor realmente sua própria coerência ao real. [...]. A auto-afirmação do poder absoluto do pensamento se realiza na auto-afirmação do poder absoluto de uma ação que não conhece mais nenhum limite. A ação total se emancipa de tudo o que pode constituir resistência"[6].

Cerca de sete anos mais tarde, em seu livro *Condição do homem moderno*, Hannah Arendt estende o conjunto de suas análises concernentes ao sistema concentracionário ao mundo moderno em geral e mostra a *hubris* (o excesso) que caracteriza este último; a ruptura com o sentido comum que ela também funda na chegada da dúvida cartesiana se enoda com a ruptura do sentido dos limites. O aforismo "tudo é possível" se torna o traço que caracteriza nossas sociedades modernas, na medida "em que estamos realizando coisas que todas as épocas consideravam como prerrogativa exclusiva da ação divina"[7].

Em 1963, quando assiste ao processo de Eichmann em Jerusalém como enviada especial do *New Yorker*, não vê nele uma daquelas grandes feras que foram vistas em Nuremberg, mas um personagem altamente banal. Representante comercial medíocre, aderindo muito cedo ao partido nazista, Eichmann se tornará esse alto funcionário da exterminação, esse "homem inteligente e extremamente disciplinado, totalmente integrado numa hierarquia, incapaz de pensar e de se pensar fora dela, ainda com mais forte razão contra ela"[8]. A esse título, Hannah Arendt faz dele um paradigma do sujeito – ou do a-sujeito – do sistema totalitário, um sujeito que se demitiu de sua posição de sujeito porque se demitiu de sua faculdade de julgar. É essa "ruína da faculdade de julgar" que ela tornará responsável pela "banalidade do mal" – o que, de modo algum, equivale a um mal que seria banal –, a saber, pelo fato de que "o mal é, na maior parte do tempo, o feito de pessoas que nunca se decidiram a ser boas ou más, a realizar ou

---

[6] A.-M. Roviello, *Sens commun et modernité chez Hannah Arendt*, Bruxelas, Ousia, 1987, p. 156.
[7] H. Arendt, *Condition de l'homme moderne*, op. cit., p. 339.
[8] R. Errera, "Eichmann, un procès inachevé", *Critique*, nº 241, 1964, p. 267.

não o mal"⁹. Assim, pois, o que Hannah Arendt põe em evidência ao seguir esse processo é que, no sistema totalitário, aparecem um criminoso e um mal novos, daqueles que só podemos conceber em seu contexto, pois esse meio se verifica indispensável para expô-los. Não se trata de um sujeito maléfico, mas de um sujeito que se demite de sua posição de sujeito, que se submete totalmente ao sistema que o comanda, que não se autoriza a pensar, que não pensa mais; é um sujeito que se demite de sua enunciação e se contenta em ser congruente com os enunciados aos quais consentiu em se sujeitar.

Encontra-se, assim, na leitura de Hannah Arendt, uma convergência entre sistema totalitário e sujeito que se demite de sua enunciação; o que inaugura essa configuração é a possibilidade, para um sujeito, de ser aliviado do mal-estar da incerteza inerente ao fato de pensar e de sustentar seu desejo em sua singularidade, remetendo exclusivamente aos enunciados.

O NAZISMO COMO ANTECIPAÇÃO

Lembremos que a especificidade da ideologia nazista era se referir à ciência, encontrar sua justificativa na biologia racial. Foi essa referência à legitimidade científica que autorizou, primeiro, a criação das estações ditas de eutanásia, depois, a exterminação de judeus e ciganos, mas também os experimentos de Mengele com gêmeos ou os de Rascher com a hipotermia[10]. Até há pouco tempo, para dar conta de todas essas derrapagens, respondia-se seja que ali se tratava de uma pseudociência, seja que a comunidade científica, profundamente apolítica, havia sido desviada de seu reto caminho pela ideologia. Das duas maneiras, a ciência saía intacta e branca como a neve dos acontecimentos; só teria sido a vítima de um empreendimento que a teria falsificado. Por um lado, a ciência era uma verdadeira ciência, mas uma ciência da qual abusaram; por outro, era uma falsa ciência.

Tais afirmações são, entretanto, hoje em dia, seriamente colocadas em questão; assim, no que se refere à ciência nazista como falsa ciência,

---

[9] H. Arendt, *La vie de l'esprit*, tomo I, La Pensée, Paris, PUF, p. 205.
[10] Ver, a esse propósito, P. Thuillier, "Les expérimentations nazies sur l'hypothermie", *La Recherche*, nº 227, dezembro de 1990.

Benno Müller-Hill, a propósito do trabalho dos cientistas e dos médicos, em sua obra consagrada à ciência nazista, se pergunta: "Os trabalhos experimentais realizados pelos professores Hallervorden e von Verschuer que descrevi neste livro devem ser recusados porque constituem uma má ciência ou são 'não-científicos', ou porque foram efetuados com maus objetos? Retrospectivamente, esses trabalhos experimentais, como a maior parte dos outros, têm muito pouca importância. Mas se tivessem sido realizados com camundongos, dizer que esses trabalhos eram más experiências seria uma injustiça. O problema essencial é que os cientistas praticaram essas experiências com seres desapossados de seus direitos".

Olhando isso mais de perto, parece, pois, bastante simplista acusar a ciência nazista de ser uma falsa ciência e ter sido somente abusada, simplesmente porque se deve, então, constatar que os abusados eram também os abusadores: os cientistas altamente colaboraram no programa do regime e aqui a causa da derrapagem é identificada em sua falta de ética e exclui, ainda que para alguns seja o caso, uma incompetência científica.

No mesmo sentido, os trabalhos de Josianne Olff-Nathan demonstram claramente e confirmam que "os sábios nazistas não eram loucos e que a ciência deles pertencia exatamente a esse tipo de atividade que sempre nomeamos ciência"[11]. Ela faz progredir a questão, ao se perguntar: "A ciência foi uma vítima inocente das perseguições nazistas, ou, ao contrário, aliou-se ao vencedor? Neste caso, foi por oportunismo ou por convicção? Questão mais ambiciosa ainda: a ciência, como tal, desempenhou algum papel – e qual – no desenvolvimento do nazismo e que lugar este teve para ela?".

Josianne Olff-Nathan irá ainda mais longe em seu questionamento quando acrescentar, à guisa de conclusão da apresentação do volume coletivo que dirigiu: "Para além das lassidões individuais, dos pequenos ou maiores comprometimentos da vida cotidiana que não permitem distinguir os cientistas dos outros cidadãos, é a ciência como sistema que é colocada em questão"[12].

---

[11] J. Olff-Nathan, "Science des fous ou folie de la science", em *Cliniques méditerranéennes*, nº 41/42, 1994.
[12] J. Olff-Nathan, *La science sous le Troisième Reich*, op. cit., p. 29.

Um cientificismo comum

Quanto a nós, desejamos falar sobre o que são as especificidades do método científico e a marcação do laço social que ele instaura, que autorizaram um tal comprometimento. Em outro lugar[13], desenvolvemos amplamente essa hipótese para explicar a participação dos médicos no nazismo.

Lembremos que os médicos eram a corporação mais representada no seio das instâncias do partido nazista; as cifras, quanto a isso, são eloqüentes: 45% do corpo médico (50% para os médicos homens) eram membros do partido nacional socialista, contra 22% para os professores; 23% eram membros dos SA contra 11% dos professores; 7,3% dos médicos eram membros dos SS, contra 1% para a população ativa[14]. Por outro lado, não houve uma colaboração efetiva dos médicos somente nas instâncias oficiais do nazismo, mas também na organização e no empreendimento dos campos de exterminação – 200 médicos alemães participaram do trabalho de "seleção" nos campos[15] (ou seja, cerca de 1 médico para 300) –, tudo isso contradizendo, evidentemente, a tese do acontecimento isolado ou acidental.

Devemos também saber que antes do horror dos campos de exterminação houve, entre 1939 e 1941, uma política dita "de eutanásia", no caso, o programa T4[16], que consistia em organizar a supressão de "vidas que não valiam a pena ser vividas": doentes mentais, débeis, pessoas com prejuízos e inválidos. Do fim de 1939 até agosto de 1941, segundo as cifras de Nuremberg, houve 275 000 "vidas que não valiam a pena ser vividas" suprimidas. Na direção das "estações de eutanásia" estavam médicos que organizavam a seleção das vítimas, procediam à execução delas e enviavam cartas com falsas justificativas para as famílias. Notemos que nenhum dos médicos implicados nesse programa T4 foi "obrigado" a proceder a essa

---

[13] Ver, a esse propósito, J.-P. Lebrun, *De la maladie médicale*, Louvain-la-Neuve, 1993 (particularmente o capítulo IX, "Penser la médecine après Auschwitz") e "La participation des médecins au nazisme", *Revue nouvelle*, julho-agosto de 1996.

[14] Essas cifras são citadas no estudo que se tornou autoridade, o de M. Kater, *The Nazi Party*, Cambridge, Mass, 1983.

[15] Ver, a esse propósito, E. Kogon, H. Langbein, A. Ruckerl, *Les chambres à gaz, secret d'État*, Paris, Minuit, 1984.

[16] O programa T4 (assim nomeado por referência ao endereço do serviço central instalado em Berlim em Tiergardenstrasse nº 4) consistia em organizar a supressão de "vidas que não valiam a pena ser vividas".

prática; foi, sempre, com absoluta liberdade que aderiram a essa política e que consentiram em pô-la a operar.

Os fatos, atualmente, não deixam mais nenhuma dúvida e colocam a questão fundamental de saber como médicos puderam participar de um tal comportamento antimédico e tornar-se, assim, assassinos[17]. O que é bem resumido pelo qüiproquó acontecido quando do processo Eichmann: seu advogado, Servatius, que também era advogado do médico nazista Brandt – iniciador do programa T4 – em Nuremberg, insistiu com o juiz para falar da morte por gás como um "procedimento médico". O juiz pensou que o advogado havia cometido um lapso e se dirigiu a ele significando-lhe dever ter se enganado. Servatius respondeu negativamente, acrescentando: "Era um procedimento médico, já que médicos o fizeram funcionar".

Como interpretar tais fatos? O caráter delicado dessa questão impõe que precisemos como não desejamos que sejam interpretados. Primeiro, não queremos nem devemos dizer que a profissão de médico seria uma profissão nazista. Depois, também não se trata de considerar que, já que os médicos que participaram do nazismo o fizeram como alemães tomados pelo distúrbio daquela época, isso só colocaria em questão o mundo médico do além-Reno e que uma tal derrapagem não nos diria respeito. Não se pode, em caso algum, ceder a esses simplismos. Em troca, temos que nos interrogar sobre o que pôde fazer com que médicos da metade do século XX pudessem aderir tão maciçamente à ideologia nazista e assim colaborar ativamente na exterminação.

A resposta que mais simplesmente vem à cabeça é, evidentemente, invocar "o fascínio do nazismo"[18]. Não se trata, aqui, de negar a existência de um tal fenômeno, mas isso apenas desloca a questão: o que tanto pôde fascinar o senhor todo-mundo no nazismo? Nossa questão mais específica não seria, aliás, resolvida por isso: por que, numa proporção bem maior que a média, os médicos ficaram assim fascinados? Em primeiro lugar, podemos elaborar mais as molas propulsoras de um tal fascínio?

---

[17] Ver, a esse propósito, R. G. Lifton, *Les médecins nazis*, Paris, R. Laffont, 1989.
[18] Segundo o título da obra de P. Reichel, *La Fascination du nazisme*, Paris, Odile Jacob, 1993.

Voltemos ao que constitui a especificidade da ideologia nazista. Esta pretende encontrar a justificativa para seu programa na ciência, em particular na "biologia racial"; segundo as afirmações de Benoît Nassin ao se referir aos textos da época, "o nacional-socialismo poderia ser considerado como uma biologia aplicada, uma raciologia aplicada"[19]. Assim, Jean-Pierre Faye e Anne-Marie Vilaine, em *La déraison antisémite* [A desrazão anti-semita], podem, a partir daí, distinguir a especificidade do anti-semitismo nazista e afirmar que "a mutação do antigo judaísmo confessional em anti-semitismo moderno é, justamente, um enorme deslocamento de linguagem que transforma o antagonismo. Reprova-se a presença deles não mais porque são de religião judaica, mas em razão de características antropológicas e econômicas. Tal é a mutação de linguagem que nomeia a si mesma como anti-semita. O anti-semitismo se torna, de toda forma, científico. Científico, cientificista, em todo caso. Esse pseudocientificismo, é isso o anti-semitismo"[20].

Deixemos aberta, no momento, a questão de saber se se trata aí de verdadeira ciência, de cientificismo ou de pseudocientificismo, mas constatemos que o remetimento à ciência está nas afirmações do próprio Hitler, e desde seus primeiros escritos: assim, num texto datado de 16 de setembro de 1919, no qual, pela primeira vez, parece, se exprime por escrito com relação aos judeus, ele afirma: "O anti-semitismo como movimento político não deve nem pode ser determinado por elementos sentimentais, mas, ao contrário, pelo conhecimento dos fatos. [...] o judaísmo é totalmente raça e não associação religiosa, sua ação se transforma, por suas conseqüências, numa tuberculose de raças dos povos. Daí se segue: o anti-semitismo fundado em motivos puramente sentimentais encontrará sua expressão última sob a forma de pogrons. O anti-semitismo segundo a razão deve, quanto a si, conduzir ao combate legislativo planificado contra os privilégios dos judeus e à eliminação desses privilégios. Seu alvo último deve, imutavelmente, ser a eliminação dos judeus em geral"[21].

---

[19] B. Nassin, "Anthropologie raciale et national-socialisme: heurs et malheurs de paradigme de la race", em *La science sous le Troisième Reich*, op. cit., p. 198.
[20] J.-P. Faye, A.-M. de Vilaine, *La déraison antisémite et son langage*, Actes-Sud, 1993, p. 25.
[21] Frases citadas em Miedzianagora e Jofer, *Objectif extermination*, Bruxelas, Labor, 1994, p. 29.

Em resumo, o nazismo implica passar de um racismo visceral para um racismo cientificamente justificado; não se trata mais de uma relação de defrontação guerreira, mas de uma relação de purificação biológica. O que é visado nessa mudança é a instalação de uma nova legitimação – no caso, científica – para autorizar a eliminação daqueles e daquelas que podem ser identificados como a causa do mal social. Notemos, a esse propósito, que Hitler freqüentemente introduz vocabulário médico em suas exortações com relação aos judeus; assim, fala de "contaminação, de eliminação do pus, de envenenamento do sangue, de infecção pestilenta, de tuberculose", etc, e, além disso, a significação literal do *Heil Hitler!* nada mais é que "Que Hitler esteja em boa saúde!". É, pois, a medicina como racionalidade científica que é convocada para tentar conjurar a doença do sistema social.

Era bem, pois, de poder se demitir de sua enunciação que se tratava, e de se aproveitar, para fazer isso, da dita legitimidade autorizada pela ciência. Tal é exatamente a razão fundamental pela qual podemos falar de uma continuidade entre os problemas colocados pela ciência nazista, os da medicina atual[22] e os da nossa sociedade pós-moderna no total.

Se o crime de Eichmann pôde ser identificado como o de não pensar, o de se demitir de sua enunciação, se demitir de sua faculdade de julgar e de discernir, apresenta-se a questão de saber se, no nosso meio social, um tal tipo de crime não pode ser encontrado cada vez mais! Tudo isso poderia parecer muito distante de nossas preocupações atuais, mas basta ler a obra de Anne-Marie Casteret, *L'affaire du sang* [A questão do sangue][23], ou assistir ao telefilme *Facteur VIII*[24], os dois dedicados à questão da transmissão da AIDS por sangue contaminado, para avaliar que há um fio condutor entre o comportamento de Eichmann e o *affaire* "Garetta". Como não perceber isso nas afirmações deste último quando, diante de seis dirigentes do Centro Nacional de Transfusão de Sangue, precisa, para justificar sua

---

[22] Se ainda faltassem argumentos, bastaria se referir às recentes revelações de experiências feitas pelos médicos americanos com "as cobaias humanas do plutônio", cf. R. Bell, *La Recherche*, nº 275, abril de 1995, pp. 384-93.
[23] A.-M. Casteret, *L'affaire du sang*, Paris, La Découverte, 1992.
[24] Excelente telefilme de ficção dedicado à questão do sangue contaminado, roteiro de B. Dega e S. Giusti.

decisão de deixar, no mercado destinado aos hemofílicos, estoques de produtos que sabe estarem contaminados: "Cabe às autoridades de tutela assumir suas responsabilidades e, eventualmente, proibir ceder esses produtos, com as graves conseqüências financeiras que isso comporta"[25]? Aqui, a ideologia nazista não está, evidentemente, em vigor; foi substituída pela lógica econômica exclusivamente – o que chamamos um totalitarismo pragmático –, mas, assim fazendo, é da mesma demissão como sujeito que se trata, e as justificativas desse criminoso sem intenção assassina se mostram do mesmo tipo que aquelas que invocava aquele que, quando de seu processo, se referia aos preceitos morais kantianos. Anne-Marie Casteret não escreve, aliás, que "não foram as verdadeiras incertezas, mas exatamente as falsas certezas que (nessa questão) influenciaram o comportamento dos médicos"? Também não é nesse sentido que vão as conclusões do recente relatório do alto comitê da Saúde Pública sobre "os problemas de saúde pública e de organização de produtos humanos e de seus produtos de substituição", quando precisa, sempre com relação a essa questão do sangue contaminado, que ela corresponde "a um drama muito menos chamativo, mas revelador de disfuncionamentos muito mais graves de nosso sistema de atendimento. [...]. A comunidade médica não acreditou muito na possibilidade da clínica e superestimou muito o poder da biologia. À espera de um teste miraculoso e infalível, nos esquecemos das possibilidades práticas e eficazes do diálogo intersubjetivo com o doador"[26]?

Podemos, pois, sustentar que a participação dos médicos no nazismo não deixa de ter ligação com os implícitos dos métodos da ciência e com os efeitos, no social, da promoção de um enunciado cuja enunciação foi apagada.

Tirania e totalitarismo

Que lições podemos ainda tirar do totalitarismo histórico como sendo a antecipação do que está em germe no procedimento da ciência? Muito

---

[25] Citado por B. Bantman, "Michel Garetta, l'homme du 'blood business'", *Libération*, caderno especial nº 11, "Le sang contaminé", maio de 1993.
[26] Cf. *Le Monde*, sexta-feira, 24 de março de 1995.

particularmente, já que esse era o nosso interesse do início, como se articula o sistema totalitário – no caso, o nazismo – com essa questão do pai e da família? Como, também, esse sistema chegou a encantar um povo que de repente não era, como se fosse preciso lembrar, mal intencionado[27]? E uma questão paralela: como conciliar a idéia segundo a qual constatamos o declínio do pai em nossas sociedades com a encarnação dessa "figura paterna" – se é que é uma! – por um *Führer*, no caso, Hitler?

Primeiro especifiquemos o sistema totalitário e depois o diferenciemos da tirania. Para fazer isso, podemos remeter ao esquema da sexuação introduzido por Lacan no seminário *Mais, ainda*, mais particularmente a sua parte superior, que nos permite identificar os dois funcionamentos diferentes dos grupos, aqueles constituídos com líder e aqueles sem líder. Como lembrança, essa distinção havia sido introduzida pelo próprio Freud, quando precisava: "Gostaríamos muito de colocar um acento particular numa distinção que foi, antes, negligenciada por nossos autores; quero falar da distinção entre massas sem chefe e massas com chefe"[28].

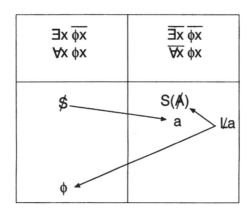

---

[27] Cf., sobre esse assunto, por exemplo, H. Kruger, *Le bon Allemand*, Paris, Nyssen, 1984.
[28] S. Freud, "Psychologie des foules et analyse du moi", 1921, em *Essais de psychanalyse*, op. cit., p. 153.

Para o ponto de vista que nos interessa aqui, lembremos sucintamente como podemos ler a parte superior desse esquema[29]: vemos, à esquerda, do lado dos homens, que existe ao menos um que diz não à castração, que escapa a ela e, por isso, todos dizem sim, todos estão submetidos. Do lado direito, do lado das mulheres, não existe nenhuma que diga não à castração, que escape a ela, mas, por isso, não há grupo de mulheres, há somente uma e uma, cada uma, por outro lado, não estando toda na castração. Se essa organização determina, segundo Lacan, o grupo dos homens e o fato de que não haja grupo das mulheres, isso pode também ser lido como correspondendo, respectivamente, ao grupo com líder e ao grupo sem líder, sem figura de exceção, sem pai.

Lembremos, igualmente, que Lacan construiu essas fórmulas quânticas subvertendo o quadrado de Aristóteles e inventando as fórmulas da direita, que não estão presentes no quadrado lógico dos enunciados como os havia retomado Apuleio. Precisemos também que, para poder produzir tais fórmulas, Lacan retomou o trabalho de Peirce sobre as aporias do quadrado lógico. Isso lhe permitiu mostrar a necessidade de fundar a universal afirmativa – todos os homens são mortais – na exclusão da particular negativa – não há homem que não seja mortal. Assim, a classe dos mamíferos, por exemplo, não se funda na totalidade dos vertebrados que possuem mamas, mas na exclusão de um vertebrado que não as possua. É preciso isolar um traço "mama" e, depois, ser situado com relação a ele, ou seja, "Não pode ocorrer de a mama faltar", eis o que constitui a classe dos mamíferos. A classe dos traços verticais, por exemplo, não se manteria a não ser pelo fato de que ao menos um traço não seja vertical.

Lacan, assim, teria passado de uma lógica na qual a exceção confirma a regra para uma lógica na qual a exceção funda a regra, o que permite introduzir uma dialética entre a exceção e os outros – entre o ao-menos-um e os outros – a partir da qual pensar o campo direito, específico da organização das mulheres, se torna possível de outra maneira que tratando-o como o que se define somente, de modo negativo, por relação à organização dos homens.

---

[29] Para um desenvolvimento mais amplo referente a essas fórmulas, só podemos remeter a nosso artigo "Généalogie des formules de la sexuation", em *Le Bulletin freudien*, nº 11, fevereiro de 1989, pp. 5-28.

Para que isso seja possível, é em termos de lugar que a exceção deve ser entendida; é preciso que o lugar simbólico da exceção exista para que a identidade do grupo possa se constituir, mas, ficando no dar àquele que ocupa esse lugar uma consistência imaginária de identidade, viremos colocar um tampão, impedindo que se possa colocar a questão do feminino de outra forma que em termos de não-masculino.

Aliás, é isso que encontramos na clínica cotidiana em relação ao pai, esse ao-menos-um na família, que, se tomar muita consistência, vem obturar a questão da feminilidade, ao passo que também é verificado que a ocupação desse lugar se mostra indispensável para que a questão possa ser articulada.

O trabalho de Lacan, nesse sentido, é, pois, exemplar em seu trajeto e paralelo ao de Freud. Este identificou o início da organização de um grupo e da vida social a partir do mito de *Totem e tabu*: um pai de exceção, onipotente, possuindo imaginariamente todos os poderes; seria, portanto, um pai fora-da-lei, gozador de todas as mulheres, que marcaria o início de toda vida social. Seus filhos conseguem se livrar dele para depois estabelecer, entre eles, um pacto fundador. Progressivamente, no percurso de sua obra, Freud tentou esvaziar essa onipotência do pai da horda primitiva em proveito de uma outra figura: a do ao-menos-um. Essa evolução chega a fazer, em seu último texto, *Moisés e o monoteísmo*, Moisés ocupar esse lugar de ao-menos-um, assim fundando a judeidade naquele que não é judeu, pois Moisés era egípcio.

A evolução de Jacques Lacan esposa o mesmo percurso: passagem de um pai consistente, imaginariamente potente, a um ao-menos-um que só vale porque ocupa um lugar de exceção. Lacan começa, com efeito, por demonstrar a importância do Nome-do-Pai – como indutor da metáfora paterna e da significação fálica a partir da qual cada um se inscreve na linguagem – para, depois, progressivamente, esvaziar a consistência do Nome-do-Pai, pluralizando-o nos nomes do pai e para, por fim, chegar, no esquema da sexuação, a esse lugar de exceção, a que ele não seja mais que um traço de diferença[30].

---

[30] Cf., a esse propósito, E. Porge, *Os nomes do pai em Jacques Lacan*. Rio de Janeiro, Companhia de Freud, 1998.

Um cientificismo comum

Com isso chegamos, pois, a nos perguntar se, na história, existe uma evolução a propósito dessa estruturação dos grupos humanos segundo essa dupla modalidade, com e sem líder, dos quais dariam conta, a partir daí, as fórmulas da sexuação.

Podemos assinalar que o primeiro poder, de acordo com Freud em *Totem e tabu*, é o que é exercido pelo chefe da horda. Em outras palavras, devemos perceber que tudo se passa como se os grupos humanos fossem, primeiro, essencialmente organizados exclusivamente segundo a parte esquerda do esquema da sexuação, ou seja, segundo um esquema hierarquizado.

Nesses grupos, só o chefe pode ocupar esse lugar do ao-menos-um, estando os outros na oposição pura e simples, na heterogeneidade entre a exceção e aqueles que estão submetidos à regra. Segundo a mesma lógica – a lógica do exclusivamente Todo –, as mulheres vêm no lugar daqueles que são, todos, submetidos aos homens, a esses ao-menos-um, e, portanto, estão condenadas ao silêncio no que diz respeito a sua participação no poder na vida social.

Com efeito, uma tal relação – não dialética, de pura e simples oposição – entre o ao-menos-um e os outros – o que é válido também para entre homens e mulheres ou entre chefe e outros – foi o funcionamento lógico mais habitual de nossas sociedades ocidentais. Mesmo que esse ao-menos-um tenha sido depois, durante muito tempo, considerado como representante de Deus e que, por isso, a transmissão da ocupação desse lugar estivesse submetida a uma regulamentação bastante estrita, como, por exemplo, a lei sálica na realeza francesa[31].

É numa tal perspectiva que podemos afirmar que, para além das comemorações, 1789 é uma data decisiva: com efeito, a Revolução Francesa desloca o lugar do poder de maneira radical, fazendo-o migrar de um chefe, origem da cadeia – de um ao-menos-um heterogêneo aos outros –, e, pois, eclipsando o vazio pelo qual ele se mantém, ao mesmo tempo que ocultan-

---

[31] Corpo de lei referente à regra que exclui as mulheres do direito de sucessão na coroa da França e que imporá a sacralização do Rei em Reims.

do o arbitrário que o constitui, na direção de um chefe produzido por essa cadeia como contingência incontornável que permite remediar o vazio que a gera. Passagem do lugar do poder de um lugar pleno, divino, ocupado por delegação real – mas por uma delegação que oculta imaginariamente o que deve à representação –, para um lugar vazio que poderá reconhecer o que constitui autoridade simbólica assim como o poder que a encarna.

O que nos leva a dizer que a Revolução Francesa é o que constitui Nome-do-Pai para a democracia.

Em seus *Essais sur le politique* [Ensaios sobre o político], Claude Lefort nos indica que "o nascimento da democracia assinala uma mutação de ordem simbólica da qual testemunha, da melhor forma, a nova posição do poder [...]. A singularidade da democracia só se torna plenamente sensível ao se lembrar o que foi o sistema monárquico sob o Antigo Regime [...] uma matriz teológico-política que dava ao príncipe um poder soberano nos limites de um território, que, ao mesmo tempo, fazia dele uma instância secular e um representante de Deus. Com relação a esse modelo, designa-se o traço revolucionário e sem precedente da democracia: o lugar do poder se torna um lugar vazio"[32]. "De todos os regimes que conhecemos, a democracia é o único em que é disposta uma representação do poder que atesta que ele é um lugar vazio, que mantém, assim, a distância entre o simbólico e o real"[33].

Se, numa monarquia de direito divino, aquele que ocupa a posição do líder oculta que é pelo vazio que mantém seu poder, a democracia, quanto a ela, nada mais seria que uma consideração do furo para a institucionalização desse vazio central. A esse título, podemos pensar que o acontecimento 1789, que vem inaugurar a sociabilidade democrática, é o acontecimento histórico que assinala o fim de uma leitura da diferença entre os lugares de comandante e comandado como uma heterogeneidade para, doravante, lê-la como uma heterotopia.

Até então, a divisão entre o ao-menos-um e os outros estava vedada, e a problemática era, pois, inteiramente situável na parte esquerda do es-

---

[32] C. Lefort, *Essais sur le politique*, Paris, Seuil, 1986, p. 26.
[33] Ibid., p. 265.

quema. A partir da Revolução Francesa – e certamente legível no só-depois –, o lugar do poder é um lugar vazio, aparecendo uma dialetização entre o ao-menos-um e os outros, na medida em que esse ao-menos-um não o é mais a não ser sobre um fundo de negatividade; é por esse viés que pode, então, ser interrogada a parte direita do quadro, até então votada ao silêncio.

O que é inaugurado pela democracia não é um sistema ideal, mas, sem dúvida, um sistema que, ao reconhecer o lugar do vazio, se encontra mais em consonância com a estrutura.

Se a organização democrática se mostra como o sistema mais em consonância com relação ao que nos é prescrito pela Lei da linguagem, nosso esforço deveria, então, se dirigir a identificar que doenças o espreitam e a quais disfuncionamentos específicos, se atentarmos para isso, ele ameaça nos levar.

Mais precisamente, devemos avaliar o fato de a democracia ter, de imediato, autorizado uma "patologia" social nova, até ali não existente na história, a saber, o totalitarismo.

Com efeito, se o movimento espontâneo da tirania é suprimir o oponente, assim confirmando a tendência "natural" do líder de calar a interpelação vinda daquele que não está mais nesse lugar e de, para fazer isso, ocultar o vazio pelo qual se mantém, a partir do momento em que um sistema democrático se instalou e em que esse lugar vazio foi, pois, institucionalizado, convirá que se invente uma nova estratégia para contornar esse ponto de impossível assim doravante reconhecido. É nisso que vai se constituir o sistema totalitário, que vai colocar as afirmações de todos em posição de líder, que vai fazer, do Outro, Um, para, daí mesmo, paradoxalmente, expulsar a Alteridade.

Não se trata mais, no sistema totalitário, de adesão à fórmula bastante conhecida "o Estado sou eu", de Luís XIV[34], que identifica a estrutura divinopiramidal, mas, antes, de uma fórmula que Trotski colocava na boca de Stalin, quando relatava suas afirmações: "A Sociedade sou eu".

---

[34] Desenvolvemos particularmente essa questão num artigo intitulado "Mort du Roi, mort de la Royauté", em *Le Trimestre psycanalytique*, nº 2, 1990, *La Révolution française pour la psychanalyse*.

No sistema totalitário, contrariamente ao que se passa na tirania, o dirigente se apóia na massa ao mesmo tempo que organiza uma sociedade sem classes. Assim Hannah Arendt, que continua a ser, sem dúvida, a analista mais pertinente dos sistemas totalitários, nos precisa: "Faça o que faça o chefe – na organização totalitária –, ele o faz do interior, não do exterior"[35].

Isso se encontra precisamente confirmado por estas afirmações de Hitler, relatadas por H. Rauschning: "Ser ditador é um *slogan* atrás do qual não há nenhuma realidade. Minha forma de governar é incessantemente fazer, no partido, a soma geral de inumeráveis observações, julgamentos e votos de todos os tipos. Meu dever essencial é nunca ficar em contradição com meu partido. Se tenho uma opinião oposta à sua, devo modificar minha forma de ver, ou a sua. [...]. Que significa nosso partido? Por que eliminamos os partidos múltiplos e todo o sistema democrático-parlamentar? Será que quisemos dispensar o contato com o povo? Se jogamos para o alto instituições soberanas, foi justamente porque não eram mais capazes de nos manter em contato útil com o conjunto da nação e porque só conduziam a tagarelice, porque mascaravam a mais cínica escroqueria. Eliminamos os parasitas que tinham se aninhado numa espécie de espaço vazio entre o povo e seus chefes. O papel representado pelas massas é, evidentemente, suprimido, simultaneamente. Não existe mais manada eleitoral para embebedar com palavras a cada eleição. No lugar da massa há, agora, a comunidade do povo que educamos, a nação organizada e consciente de si mesma: nosso partido"[36].

Trata-se, pois, de suprimir a divisão entre chefe e outros para, simultaneamente, chegar ao fim do que era específico da democracia, ou seja, a representação.

Em seu lugar e posto, são os comandados em seu conjunto que se tornam os comandantes pela voz de seu *Führer*, que não é mais um porta-voz, na supressão desse vazio que os separa entre si; por isso, não há mais

---

[35] H. Arendt, "Qu'est-ce que l'Autorité?", em *La Crise de la culture*, Paris, Gallimard, coleção Folio ensaio, nº 113, 1972, p. 131.
[36] H. Rauschning, *Hitler m'a dit*, Somogy, pp. 225-6.

lugar para a metáfora; aqui, Um conhece o Outro, ele o diz em seu lugar, está completamente inteirado de seu desejo e, a esse título, exige, aliás, que tudo se torne público.

Com efeito, uma das características dos sistemas totalitários – sempre segundo H. Arendt[37] – é que tudo se torne político, tanto o jurídico como o econômico, o cultural, o científico ou o pedagógico, ou seja, o partido penetra em cada domínio da existência para difundir suas consignas.

Assim, é o próprio coletivo que é então instalado no lugar do ao-menos-um e, assim sendo, é a destruição da possibilidade da metáfora que é visada. Podemos, daí, afirmar que, se o tirano, ao querer se assenhorar de seu reino, elimina tudo que está do lado do Outro e, portanto, a alteridade do feminino, na medida em que este a representa, no caso do totalitarismo, o que é visado é a abolição da metáfora paterna em si, na medida em que posiciona esse feminino; o que se deve fazer desaparecer é a alteridade do Pai.

Como evocamos acima, Freud escrevia seu *Moisés e o monoteísmo* em 1938; nele, interrogava a especificidade da judeidade na medida em que esta se origina em Moisés o egípcio. Na mesma época, Heidegger, quanto a ele, se questionava, em seu discurso de reitorado de 1933, sobre "o caráter histórico próprio do destino do povo alemão" e afirmava que "a auto-afirmação da universidade alemã é a vontade original, comum, de sua essência"[38].

Rapidamente dito – rapidamente demais, sem dúvida –, do lado de Freud, o núcleo da identidade é a alteridade, ao passo que, do lado de Heidegger, esse núcleo estaria do lado da mesmidade.

Assim, com o fim desse ao-menos-um divino, com, em política, esse acontecimento 1789, podemos pensar que acaba uma organização social que ficava inteira do lado esquerdo do esquema e que, por isso, só deixava ao feminino o silêncio para se manifestar. Ao permitir, entretanto, que se abra o lado direito, pela dialetização da relação entre o ao-menos-um e os outros, o feminino não se encontra mais reduzido ao silêncio; doravante, há lugar para uma verdadeira interpelação.

---

[37] H. Arendt, *Le Système totalitaire*, op. cit., e *La Nature du totalitarisme*, Paris, Payot, 1990.
[38] M. Heidegger, *L'auto-affirmation de la université allemande*, TER, Paris, 1987.

Isso é "perigoso" para aquele que ocupa o lugar do chefe, e então se organizará uma nova estratégia — sem que isso ocorra de maneira deliberada — para conjurar esse feminino que, até então, estava reduzido ao silêncio. Essa estratégia é o totalitarismo, no qual não se trata mais de simplesmente dar uma consistência tirânica ao ao-menos-um, mas, antes, de fazer entrar na cabeça de cada um o que convém que diga para falar em uníssono o que esse ao-menos-um não pode mais obter diretamente, porque o lugar que doravante ocupa está privado da solidez que lhe dava seu estatuto de heterogeneidade.

Ali onde a tirania excluía a alteridade, reduzindo-a ao silêncio, simultaneamente não podendo mais preocupar-se com ela, o totalitarismo se reapropria do que a leitura de 1789 inelutavelmente abriu como leitura da estrutura, ou seja, que o lugar do líder e o do outro eram apenas lugares diferentes e se exige "supervisionar", controlar essa alteridade e, até, produzir por si próprio o que pode vir a se dizer nesse lugar Outro. Sem dúvida, é assim que podemos entender as duas pontas de lança do sistema nazista, a Gestapo e a Propaganda.

As figuras do tirano

Resumamos afirmando que o que o tirano quer é que o outro não venha desarrumá-lo: basta que o outro não o perturbe, não há necessidade, em outras palavras, de suprimi-lo nem de influir no que ele pensa; não se atém à existência do outro, se atém à interferência dessa alteridade no seu poder. O tirano é esse "ao-menos-um" que se dá uma consistência tal que se concede o direito de impor sua lei aos seus e o que se passa do lado do Outro não lhe interessa: pouco importa que se fale aí, na medida em que o que se diz do lado do Outro não venha perturbar a maneira pela qual quer regular os problemas.

Em outras palavras, o tirano é a figura abusiva do mestre. Para Aristóteles, a tirania é "uma monarquia cujo poder sobre a comunidade política é de tipo despótico; visa a vantagem do monarca e não a vantagem comum". Notemos que o risco da tirania segue o poder do mestre como sua sombra. Ele está, com efeito, intrinsecamente ligado à existência e ao reconhecimento como legítimo desse "ao-menos-um" que não está no mesmo lugar que os outros; é desse lugar diferente que este organiza a vida coletiva, dando a cada um o lugar que lhe cabe, assim fazendo para o bem de toda a comunidade que ele dirige. Basta, entretanto, que não seja mais a procura do bem comum que anima o mestre para que a tirania se revele.

Para o sistema totalitário, a coisa parece diferente: com efeito, quando sobrevém a nova distribuição das relações de força engendrada pela Revolução Francesa, que ataca violentamente o sistema do Antigo Regime, o monarca – simultaneamente rei, pai e representante de Deus – é destituído; por isso mesmo, o caminho da tirania se tornou dificilmente praticável e é preciso, para aquele que ainda quer ocupar o lugar do ao-menos-um, se organizar de outro modo: é preciso que se arranje para dizer o que é conforme ao que o outro quer ouvir, única maneira de ratificar o que foi adquirido pelo sistema democrático, a saber, que, em si, ninguém é predestinado a ocupar o lugar do poder. Quer apropriar-se dele inteiramente, o que nos leva a essa síntese que opõe *fazer Um sem o Outro* – o que seria o voto do tirano – e *fazer Um com o Outro* – o que seria o voto do sistema totalitário.

De outra forma, ainda, podemos dizer que, se o voto do tirano é se livrar do feminino, do que é suporte da alteridade, o sistema totalitário visa eliminar não só o suporte da alteridade, mas o que a funda: é a esse título que ele se liga à função paterna, que, como vimos, posiciona a alteridade.

Ali onde a tirania pode, pois, ser lida como um abuso do poder paterno, o sistema totalitário pode, a partir de então, ser lido como um abuso do poder materno. O tirano é a figura social do pai abusivo que tira proveito de sua posição de exceção, do lugar de autoridade que lhe é reconhecido, de seu lugar de enunciador, para levar as coisas como quiser. Podemos, evidentemente, pensar pejorativamente esse lugar do tirano, mas devemos, entretanto, também aí indicar, em operação, o lugar do Mestre, o lugar daquele que usa a autoridade que lhe é reconhecida para levar o empreendimento a porto seguro. Quando essa autoridade é abolida, quando o lugar do enunciador é negado, aquele que vem ocupar o poder não pode fazê-lo a não ser por um subterfúgio: apresentar-se como alguém que diz bem alto o que o outro pensa baixinho, apresentar-se não como um ditador, mas como o porta-voz de todos.

Somos, agora, capazes de afirmar que o mestre do III° Reich não era um tirano no sentido habitual que podemos dar a esse termo; em troca, Hitler foi o nome que ratificou o acabamento de um processo, o do posicionamento da ciência racial como mestria do saber. Certamente, vão nos objetar que não se pode colocar o impasse na pessoa de Hitler, pois, se existe uma figura tirânica na qual pensamos espontaneamente, é evidente que é o *Führer*. No entanto, vários historiadores vão pôr em dúvida a idéia de um mestre onipotente do III° Reich e evocarão, para compreender a aberração do nazismo, a necessária síntese entre uma explicação intencionalista – tudo vem da intenção de Hitler – e uma hipótese funcionalista – foram as estruturas próprias do sistema que permitiram sua expansão. O que, com efeito, é correto é que a especificidade do regime nazista não residiu num sistema piramidal, mas, antes, num sistema de poder cujos componentes múltiplos tinham tendência a se tornarem autônomos, escapando progressivamente ao controle central do *Führer*. É essa característica que deve ser avaliada para compreender como se pôde chegar ao horror dos campos de exterminação, pois apenas a obsessão anti-semita – além disso, incontestável – do *Führer* não podia levar à destruição racional e planejada a que assistimos[39].

Voltemos, então, a nossa questão paralela, aquela de nos perguntarmos como ligar a idéia de um sistema totalitário em que a função paterna fundadora da alteridade é atacada de frente com a encarnação dessa "figura paterna" por um *Führer*, no caso, por Hitler. Acrescentamos: se é que se trata de uma! Com efeito, tal seria o paradoxo que vamos sustentar: metapsicologicamente, a figura de Hitler deveria antes ser relacionada com a mãe onipotente que com o que se chama comumente de pai tirânico. Da mesma forma, sem dúvida não basta, como fez Stalin, fazer-se chamar de "paizinho dos povos" para participar do registro paterno.

O que diferencia a posição do pai da da mãe é que o primeiro opera da posição de exceção, ao passo que a segunda intervém do lugar da totali-

---

[39] Isso não caminha no sentido das teses de Goldhagen, mas houve, suficientemente, respostas contrárias para que nos mantenhamos nas posições clássicas.

dade. O primeiro é enunciado do lugar desse ao-menos-um que não está no mesmo lugar que os outros, ao passo que a segunda fala a partir de um conjunto não hierarquizado. O abuso da posição paterna é querer regulamentar tudo a partir de sua posição, o abuso da posição materna é, em troca, querer englobar tudo.

Assim, como vimos no nosso primeiro capítulo, trata-se de constatar que, espontaneamente, a mãe será englobante, mas, ao se referir a um outro que ela, primeiro, e ao permitir que esse outro a encete, em seguida, deixará operar o contrapeso do pai. Em outras palavras, o que permitirá que o futuro sujeito encontre seu lugar e assim possa sustentar sua enunciação própria é que a falta esteja inscrita nessa primeira figura englobante, tarefa que cabe à intervenção do pai.

Não somos os primeiros nem os únicos a pensar poder evocar, a propósito da figura de Hitler, a da mãe onipotente, ainda que, enganosamente, seja numa figura paterna que se pense. Assim, Bernard Penot afirma: "Muito se escreveu sobre o impulso fundamentalmente antipaterno do anti-semitismo nazista: exterminar radicalmente a religião do pai através de seus representantes não precisa mais ser dito. É possível, no entanto, ir mais longe na apreensão metapsicológica do fenômeno a partir da análise do fenômeno do domínio narcísico exercido pela figura ditatorial feita por Freud em *Psychologie collective et analyse du moi* [Psicologia coletiva e análise do eu]. Encontramos ali o essencial do que pôde ser identificado [...] nos casos de possessão diabólica: o domínio é o feito de uma falsa figura paterna cujo poder se liga a que ela vem ocupar, para seus fiéis, um lugar comum de projeção imaginária de seu eu (eu ideal); o que liga todos num além da imagem do outro. Uma tal figura de domínio é suportada essencialmente por um traço, por uma insígnia de conformidade narcísica, diretamente submetida à ordem do desejo materno e de sua onipotência primeira. O registro do ideal do eu paterno está radicalmente subvertido ao mesmo tempo que é rejeitada a consideração da castração"[40].

Nossa hipótese seria exatamente a seguinte: a figura do *Führer*, paradoxalmente, presentifica esse todo saber a que e a quem nada faltará – ser

---

[40] B. Benot, *Figures du déni, en deçà du négatif*, Paris, Dunod, 1989, p. 204.

todo Um – e cuja eficácia consiste em propor-se como engodo à disposição dos outros para poder fazer chegar a termo o voto de todos. Não é mais, como Hannah Arendt indicou muito bem, um regime sem lei, mas um regime no qual foi a lei da ciência que foi promovida como terceiro, mas terceiro enganador, pois que está inteiramente a soldo daquele que o invoca[41].

O que tentamos assim mostrar é que, no contexto da sociedade alemã de após o Tratado de Versailles, a figura do salvador que se apresentou não era, pois, de tal forma um pai, como estaríamos espontaneamente inclinados a pensar, mas, antes, a de uma mãe onipotente mascarada sob os traços de um dirigente; simplesmente porque não estava presente aquilo de que um pai deve dar testemunho, a saber, a presença da Lei simbólica; em troca, a Lei à qual ele pretendia estar referido era a de uma ciência portadora do sonho da onipotência e, portanto, enfim capaz de acabar tanto com o mal-estar individual quanto com o social. Não era uma nova orientação que era proposta à nação, era a elaboração de uma nova ordem no mundo. Não se tratava mais, assim, como indica Alain Finkielkraut, de "participar da história humana, mas de que a política segundo a raça construísse a história da humanidade"[42]. Tábua rasa e construção a partir de todos, ação pensada como arquitetura, a confusão entre o saber e a vida não está longe. A maioria dos cidadãos da República de Weimar – bons alemães – se deixou apanhar nisso e, talvez, até mesmo tenha ativamente contribuído para isso, ainda mais, sem dúvida na medida em que estava sofrendo os reveses sociais que conhecemos.

A ALAVANCA DA FAMÍLIA

Agora, resta identificar como, num tal sistema, a ideologia nazista operou para acabar com a resistência dos sujeitos e levá-los a renunciar a sua

---

[41] A leitura de um semelhante dispositivo parece, aliás, corresponder à leitura que disso faz Ian Kershaw em seu ensaio sobre o carisma de Hitler. Cf. I. Kershaw, *Hitler*, Paris, Gallimard, 1995.
[42] A. Finkielkraut, *L'humanité perdue. Essai sur le XXe siècle*, Paris, Seuil, 1996, p. 76.

enunciação. Para ir mais longe nessa questão, vamos remeter ao extrato do livro *Dix millions d'enfants nazis* [Dez milhões de crianças nazistas][43], que foi escrito por Erica Mann, a filha de Thomas Mann. A particularidade dessa obra é que esse livro foi publicado em 1938. A autora, portanto, tinha ignorância absoluta da evolução dramática que conhecemos.

"Os pais, embora não representando mais que uma autoridade fora de moda e ultrapassada, tentam, apesar de tudo, ocasionalmente, conduzir as crianças para uma vida privada mais em acordo com sua idade. Organizam uma festa de aniversário, compram-lhe brinquedos, uma caixa de pintura, um jogo de paciência, um bicicleta resplandecente, etc. Acendem velas no bolo de aniversário, doze velas, porque o filho tem doze anos, sentem-se alegres com a idéia da balbúrdia que acontecerá com a chegada dos convidados, com o turbilhão e com a alegre bagunça.

Na realidade, a festinha se desenrola como uma conferência política. Seis meninos foram convidados, cinco já estão presentes. O garoto aniversariante está inquieto e rabugento. 'O que mais falta?', pergunta a mãe, e o filho responde: 'Você não está vendo quem está faltando? É o Fritzekarl!'. 'Que pena', diz a mãe, 'justamente Fritzekarl!', sabendo que Fritzekarl é dois anos mais velho que seu filho e é seu chefe e superior no *Jungvolk*. A presença dele na festa é da mais alta importância; se não vier é um sinal de desgraça e o ambiente ficará estragado [...].

Batem à porta e o aniversariante se precipita. Ouve-se uma voz clara gritar '*Heil Hitler!*', e uma outra voz, já um pouco mais rouca, responde: '*Heil Hitler!*'. Os cinco outros garotos bruscamente ficam de costas para a mesa repleta de doces, como que movidos por uma ordem. Todos juntos na mesma atitude, com uma expressão séria na face, aguardam seu superior para o qual, com o braço levantado, reservam a 'Saudação' alemã. Fritzekarl estende para seu hóspede uma foto emoldurada de Baldur von Schirach, chefe da *Reichsjugend*, que traz um fac-símile de sua assinatura. Ao receber seu presente, a criança bate os calcanhares.

'Queria falar com teu pai', diz Fritzekarl secamente. Como o filho não respondeu imediatamente, a mãe disse num tom amistoso: 'Não é possí-

---

[43] Agradeço aqui a Françoise Lauwaert por me ter feito descobrir essa obra: E. Mann, *Dix millions d'enfants nazis*, Paris, Tallandier, 1988.

vel falar com meu marido nesse momento, porque está trabalhando'. A fronte ainda infantil de Fritzekarl se franze. Tentando dar a sua voz rouca de menino um tom de ordem militar, ele insiste: 'Gostaria muito, cara senhora, de que seu marido pudesse, apesar disso, me conceder alguns instantes, pelo interesse do filho de vocês'. Como é correto e polido esse Fritzekarl, apesar de seu tom magistral, pensa a mãe; chega até a inclinar-se ligeiramente diante dela, pronunciando sua arenguinha tão cheia de ameaça, de subentendidos. 'Quatorze anos', pensa, 'um garoto de quatorze anos, mas tem o poder com ele'. O filho deu um passo em direção à mãe, ficou muito vermelho e lhe disse: 'Então, chame-o!'. A mãe vai procurar seu esposo.

'*Heil Hitler!*', lança Fritzekarl. '*Heil Hitler!*', responde o pai. 'Em que lhe posso ser útil, Senhor representante?'. Não se deve brincar com Fritzekarl. 'Por favor', diz ele, com uma expressão marcial no rosto de criança, 'seu filho não participou do último treinamento'. 'Eu sei', interrompe o pai, 'ele estava muito resfriado'. 'Foi por sua instigação que ele não foi', diz Fritzekarl, cuja voz se enfraquece, 'e você me traz uma palavra de desculpa, me dizendo que ele ficou em casa a pedido seu'. O pai baixa os olhos. 'Eu gosto, de fato, de que ele fique em casa quando está resfriado', diz, passando um pé sobre o outro como faz uma criança quando se lhe faz uma reprimenda. O filho intervém. 'Eu não estava muito resfriado', diz, com a mão no guidom da bicicleta que seu pai teve tanta dificuldade em conseguir para ele. 'Eu podia muito bem ter ido'. O olhar que o pai lhe dirige está cheio de tristeza e espanto, mas também pleno de resignação. 'Bem', diz, apressando-se em deixar o cômodo. Mas Fritzekarl o detém: 'Um instante', diz, com um tom polido, mas imperativo, 'seu filho estava na classe naquele dia e no dia seguinte também. Não estava, portanto, doente. Chamo sua atenção para o fato de que ele deveria ir e de que seria direito meu e meu dever registrar sua ausência!'. Então, o filho responde em lugar do pai: 'Oh, não, se te agrada, diga rápido, não! Isso nunca mais vai acontecer, não é, papai? Isso nunca mais vai acontecer!'. O pai, cuja face estava agora vermelha de confusão e de cólera, sente depositar-se nele o olhar desesperado de sua mulher. Queria revoltar-se. Queria dizer: 'Seu patife, o que é que você quer me provar, garotinho?'. Mas sabia que isso teria as piores conseqüências para ele e, sobretudo, para seu filho. Pois, mesmo que chegasse a se justificar para os serviços nazistas, provando que o menino estava verdadeiramente resfriado e que Fritzekarl havia sido insolente, mesmo que saísse indene dessa situação desagradável, seu filho, em troca, sofreria enormemente no interior do *Jungvolk*: teria que pagar muito caro pela loucura que seu pai havia se permitido diante de todo mundo, ao ousar replicar. Ia, então, dar uma prova de 'coragem' por seu filho. Com uma voz hesitante e pesada, rompe o silêncio e afirma: 'Não, isso não vai acontecer de novo, nunca mais'.

'Agradeço-lhe', replica polidamente, do alto de seus quatorze anos, o superior de seu filho, esse filho que acabava de traí-lo. Dado por encerrado o incidente, o pai é dispensado"[44].

Ali onde esse texto vem nos questionar é precisamente quanto a essa expressão segundo a qual o pai é "dispensado". Com efeito, esse qualificativo "dispensado" remete tanto ao universo do trabalho – em nossa sociedade o pai não está, com muita freqüência, sem trabalho? – quanto ao da família; mas fica a questão de saber, justamente, em termos de categoria lacaniana, qual era o pai que era dispensado. Era o pai simbólico, o pai da metáfora paterna, o Nome-do-Pai, ou o pai real? Ou, para dizer de outro modo e resumindo, assim, o que vamos agora sustentar, o efeito do sistema totalitário nazista na organização familiar – mas também, simultaneamente, a modalidade pela qual um sistema totalitário, mesmo que fosse acéfalo ou sem ideologia, dispõe da eficácia que lhe devemos reconhecer – é organizar o declínio do pai simbólico, desqualificar o "lugar" do pai e, simultaneamente, tornar caduca a possibilidade de intervenção do pai real, chegando esse duplo movimento a uma "permissão de retirada do pai".

A função do pai real é significar que estamos todos mantidos na confrontação com o impossível, que enunciar-se é a tarefa de cada um, na medida em que é o que o pai real sempre já sustentou. Para fazer isso, a função do pai simbólico teve que ser operante e inscrever para cada sujeito a possibilidade da enunciação. Resta que, para intervir como pai real, é necessário apoiar-se no reconhecimento social da legitimidade do lugar do

---

[44] E. Mann, op. cit., pp. 50-5.

pai. Ao se desacreditar o pai, o efeito obtido é tornar mais fácil – como se isso alguma vez fosse "fácil" –, para um sujeito, "tomar apoio em sua falta"; torna-se, a partir daí, mais e mais difícil, para um sujeito, sustentar o arbitrário de sua enunciação.

A esse propósito, vemos bem como o discurso da ciência veio desacreditar a resposta secular que pretendia que a autoridade se mantinha por Deus; a partir da irrupção das Luzes, foi antes um lugar vazio que substituiu aquele que Deus ocupava e, depois, foi saber que ocupou os lugares; dali por diante, a autoridade obtinha sua legitimidade desse saber, daqueles que se chama os expertos. Da mesma maneira, o sistema totalitário – vemos claramente na cena que Erica Mann relata – chega a permitir a retirada da intervenção do pai real, quer dizer, desse pai que só obtém sua autoridade em nome da enunciação. Podemos, com efeito, identificar como enunciados – os da ciência racial – puderam servir para apagar cada vez mais a possibilidade de uma enunciação.

O que queremos reter de tudo isso é que tudo se passou como se o nazismo houvesse colocado antecipadamente as questões com as quais nos confrontamos em nossa sociedade atual. Pode ser feito o paralelo com os enunciados da ciência de hoje na medida em que estes se dão espontaneamente o encargo – como mostramos – de apagar até o traço do apagamento da enunciação. Nossa hipótese é que isso se explica pelo parentesco estrutural existente entre o totalitarismo pragmático, conseqüência do terceiro momento de constituição da ciência, e o totalitarismo da ideologia nazista; em troca, lembremos que o que os diferencia de uma maneira incontornável é que o totalitarismo pragmático pós-moderno não supõe nenhuma intencionalidade, não tem como relé nenhum *Führer* – seria, antes, até mesmo rebelde a isso –, ao passo que o totalitarismo nazista se caracterizava por estar completamente sob a férula de uma ideologia; mas essa distinção, paradoxalmente, não deveria ser suficiente para nos garantir, pois significa que, se, ontem, o casamento entre uma ideologia e um adormecimento das consciências era indispensável para que o pior se realizasse, hoje, um funcionamento simplesmente acéfalo poderia levar à mesma tragédia.

IV

UM SIMBÓLICO VIRTUAL

Assim, pois, mostramos, num primeiro tempo, a importância da função paterna para a constituição da realidade psíquica do sujeito. Distinguimos dois momentos na intervenção do pai: um primeiro, em que sustenta a mãe em sua referência a um outro que ela mesma, um segundo, em que intervém em carne e osso como outro da mãe. Também constatamos que o lugar para o pai está atualmente abalado e que, assim, é todo o equilíbrio de forças presentes que se verifica ameaçado.

Igualmente, pudemos colocar em evidência que o discurso da ciência veiculava implicitamente o voto de fazer desaparecer a enunciação até apagar qualquer traço dela. Por fim, mostramos que, por estrutura, o método científico trazia em si uma potencialidade totalitária, ameaça de um totalitarismo pragmático já operando nos totalitarismos que conhecemos em nossa história. Ressaltemos que, em si, a ciência não é totalitária, mas que, sem corretivo, espontaneamente evolui para essa deriva.

A questão que nos é preciso agora abordar é ver em que o desenvolvimento da tecnociência marca o meio que é o nosso e como o efeito maior dessa transformação é desacreditar a autoridade paterna e, portanto, subverter o equilíbrio entre esta e o poder materno no próprio seio da família. Mais adiante, teremos que estudar as conseqüências dessa ruptura na aparição de patologias novas e nos perguntar que remédios podemos trazer para essa evolução.

Insistimos sobre não existir corte entre o campo social e a cena familiar, que a família é o caldeirão da vida social e que, em troca, o que se passa na vida social vai influir na repartição das forças em jogo na vida familiar. Mostramos que, nesse sentido, a função paterna é dependente da maneira como a sociedade sanciona sua intervenção. Ora, a prevalência crescente do discurso da ciência, substituindo a concepção religiosa, reorganizou as características do que constituía o meio no qual vivíamos até esses tempos de pós-modernidade. O lugar do pai e o da enunciação não são reconhecidos da mesma forma no discurso da ciência ou no da religião.

Tudo se passa, a partir de então, como se a ordem social marcada pelo desenvolvimento da ciência e amplificada por seus êxitos se apresentasse como uma configuração artefatual que tomaria o lugar da ordem que nos define como seres de fala; haveria, doravante, como que uma constelação em *trompe-l'oeil* – como um quadro de decoração de teatro – que teria vindo deslizar-se entre o sujeito contemporâneo e o pano de fundo da ordem simbólica que o especifica como falante.

Se, pois, mostramos toda a importância do pai como agente da instalação da ordem da linguagem, nos é preciso lembrar que é esta, com as leis que veicula, que é, afinal, essencial, na medida em que é instalada como terceiro, instalada como registro ternário.

Podemos, nesse sentido, remeter ao trabalho de Dany-Robert Dufour, que, em *Os mistérios da trindade*, identifica uma trinariedade inscrita em nossa condição de seres falantes na própria língua, na medida em que esta veicula esse lugar comum a qualquer conversa: "eu" diz a "tu" histórias que tenho sobre "ele". Essa propriedade "trina" inscrita na língua – judiciosamente colocada em exergo pela tradição religiosa cristã – é específica da condição humana e se verifica o impossível de a ela ter acesso exclusivamente por relações diádicas ou por um sistema exclusivamente binário. Dufour lê, então, a história do pensamento ocidental como uma luta entre a trindade e a binariedade que se estende por mais de dois milênios, sendo as características da evolução atual "enclausurar a trindade no seio mesmo da binariedade". Dufour identifica o estruturalismo e o voto de submeter a totalidade do fenômeno humano à binariedade e insiste naquilo que o estruturalismo não consegue, precisamente, converter ao binário. Remete, a esse propósito, a um artigo de Giles Deuleuze, no qual este define o estruturalismo e no qual, para fazer isso, propõe seis critérios[1], sendo o último

---

[1] G. Deleuze, "A quoi reconnaît-on le structuralisme?", em *Histoire de la philosophie. Le XXe siècle*, de F. Chatelet, Paris, Hachette, 1973, p. 328.

critério proposto a existência da "casa vazia", ou seja: "Esse lugar vazio ou perfurado que permite a essa ordem articular-se com outras, num espaço que comporta tanto direções quanto ordens"[2]. Dufour acrescenta: "Essa casa vazia não é inscritível na ordem binária: a casa vazia é mesmo a exata negação do binarismo característico dos primeiros critérios. [...]. A despeito das formas e dos nomes bastante diferentes que os autores não cessaram de lhe dar, a casa vazia ocupa, na economia dos diferentes textos do estruturalismo, uma mesma função: corresponde ao que não se inscreve no quadro da binariedade. [...]. A casa vazia é, de fato, uma caixa negra que guarda o que o estruturalismo teve que excluir. É tempo de abrir essa caixa, é preciso quebrar o cofrinho do grande movimento intelectual francês para ver o que foi furtado, escondido ali, e que agora nos faz falta. Qual é o conteúdo da casa vazia? A caixa encobre enunciados de natureza unária e trinitária"[3].

Por enunciado unário, Dufour entende um enunciado tal que o predicado retome exatamente o sujeito da frase. O exemplo dado é a fórmula bíblica: "Eu sou aquele que sou". Esse enunciado unário ignora a negação, desconhece a diferença entre sim e não, entre verdadeiro e falso, categorias que, todas, são precisamente retomadas pelo enunciado binário. Do enunciado unário, auto-referencial, no entanto, sai também o enunciado trinitário: "Além da definição do eu [*je*] por um axioma unário (eu é quem diz eu), a lingüística da enunciação fornece, para o vocábulo mais usual da língua, uma outra definição. [...]. Nessa segunda definição, é preciso um conjunto de três termos, eu, tu e ele, para definir qualquer um. Esse conjunto, graças ao qual se organiza todo o nosso espaço interlocutório, verifica, portanto, a propriedade 'três em um' [...]". Dufour se apóia no trabalho dos lógicos para concluir que, "ainda que se possa decompor uma relação trinitária em relações binárias, não se pode recompor uma estrutura de três termos a partir de relações binárias"[4].

É exatamente essa especificidade da ternariedade que está em questão no simbólico humano, na Lei da linguagem que nos caracteriza, e a

---

[2] D.-R. Dufour, *Les Mystères de la trinité*, Paris, Gallimard, 1990, pp. 27-8 [Publicado no Brasil pela Companhia de Freud, *Os mistérios da trindade*, 2000].
[3] Ibid., pp. 35, 37 e 32.
[4] Ibid., p. 52 e p. 76.

intervenção paterna parece ser nossa modalidade de instalá-la. O fato de ela ter sido das mais comuns não significa, por isso, que seja a única possível. Isso de modo algum nos autoriza a confundir a importância – no caso, negativa – do pai com a importância – fundamental – do terceiro, como também não a negar as conseqüências do declínio do pai na instalação dessa ternariedade.

Características da "marcação" social pela ciência

No contexto de um mundo construído sobre os implícitos do discurso da ciência, podemos destacar uma série de características que constituem o meio no qual funcionamos.

Uma das primeiras, já evocada, é que o discurso da ciência nos faz perder o senso comum: podemos evocar a perda do cálculo mental que anda junto com o uso da calculadora eletrônica; está aí apenas o exemplo banal do que se desenvolve em todos os níveis. A cada vez que a tecnicidade se imiscui em nossa vida cotidiana, as vantagens evidentes que nos proporciona não podem ser dissociadas das contrapartidas que implica; estas comportam sempre a prevalência do binário e, pois, um recuo com relação à disponibilidade espontânea de antes da máquina. É a esse título que a multiplicação dos aparelhos, a intensificação das necessidades energéticas, a sofisticação da tecnologia nos fazem perder o sentido da experiência comum, o qual está ligado, sabemos, à confrontação com o registro do ternário. Com efeito, o que constitui o senso comum – ou o bom senso, como se o chama – não remete a conhecimentos, mas a um saber interno ao sujeito, a essa falha que o faz sujeito e que, por isso, lhe dá uma bússola que não precisa de nenhum conhecimento exterior para funcionar. Esse senso comum é apenas o resultado da instalação da ordem simbólica humana que nos caracteriza. Quando nos deixamos, no entanto, levar pelo meio técnico, perdemos as referências, pois se introduz um novo dado que subverte nosso saber espontâneo, e é essa mistura que faz o sujeito perder o sentido do limite: graças à tecnologia de que dispõe, pode visar deslocar o impossível e arrisca-se, facilmente, a confundir isso com o fato de poder expulsá-lo: não faltam os exemplos, a partir dos trens de grande velocidade até as naves espaciais, passando pelas performances do forno de microondas ou do cartão de crédito, sem esquecer, evidentemente, a rede Internet e os computadores cada vez mais potentes: tudo isso nos leva a pensar que, amanhã, se abrirão ainda outras possibilidades, e cada vez menos lugar é dado à experiência espontânea; seu deslocamento incessante "deixa crer" na desaparição do limite e, a partir daí – por falta de reajustamentos –, enceta sempre mais o que resta de presença "natural".

Em seu livro *Le signe et la technique* [O signo e a técnica], Gilbert Hottois demonstra, por um lado, a diferença profunda e irredutível existente entre a técnica e o simbólico e, por outro, a particularidade da mutação que se operou na tecnociência. Esta não pode, com efeito, ser considerada segundo uma simples perspectiva de evolução em que a técnica seria puro e simples prolongamento da prática simbólica. Ao contrário, para Gilbert Hottois, a técnica não pertence à ordem do símbolo, ela é, antes, seu "outro": "Há uma diferença de natureza entre as técnicas e as ferramentas de antigamente e a técnica contemporânea. [...]. A tecnociência põe em evidência duas características: a indissolubilidade dos pólos teórico e técnico-operatório; o primado da técnica em relação à teoria [...]. Contrariamente ao que repete uma ideologia muito difundida, que de fato tenta negar a realidade e a especificidade da técnica, esta não é influenciada pela ordem simbólica [...]. A diferença de natureza entre a ordem técnica e a ordem simbólica se torna particularmente sensível quando se trata de se reportar não à natureza, mas ao homem"[5].

Indo mais longe nessa perspectiva, Hottois constata que, "na tecnociência e no tecnocosmo contemporâneos, o papel da linguagem propriamente dita é cada vez mais limitado e dissociado entre a pura extensionalidade e a pura metaforicidade, que, tanto uma quanto outra, não permitem uma autêntica relação ontológica de sentido". Ele vê na informatização o acabamento de um tal processo pela substituição, por uma organização simbólica específica, daquilo a que ela só pode continuar radicalmente heterogênea. "A informatização da ordem simbólica afeta todos os aspectos da linguagem natural a ponto de, como dizíamos, ela ser substituída por

---

[5] G. Hottois, *Le signe et la technique*, Paris, Aubier, 1984, p. 73.

outra coisa que é conforme às exigências do reino técnico. A natureza material da linguagem é transformada: de vocal ou gráfica, quer dizer, dócil à audição e à visão, o signo se torna eletromagnético e, simultaneamente, torna-se transmissível nos meios radicalmente diferentes do meio natural do homem. A sintaxe se alinha no registro binário. [...]. O discurso informático faz funcionar a máquina, organiza o crescimento do reino técnico: não ajuda o homem a estar no mundo, ele o integra no reino técnico como um vetor, um elemento funcional deste [...]. O computador é fundamentalmente não dialético, está fundado no princípio exclusivo de não-contradição. Com o sistema binário, é preciso escolher, é constantemente sim ou não"[6].

Podemos tomar como exemplo a existência, em São Francisco, de comunidades multimídias em que as pessoas só se comunicam entre si pelo computador e, quando se encontram em noitadas combinadas com esse objetivo em lugares reservados exclusivamente para elas, nomeiam-se por seu código e não querem se conhecer a não ser assim. Seus verdadeiros nomes permanecem desconhecidos e suas conversas abundam em vocábulos-signos e terminologia-código.

Um segundo traço característico da marcação pelo discurso da ciência, que vai no sentido dessa tecnicização, é a supervalorização da eficácia. Podemos atribuir isso ao fato de que o saber científico é de tipo "operatório", quer dizer, visa e permite o domínio e a predição do real. O que doravante constitui critério de validade, até mesmo de valor, é que isso caminhe, que isso funcione! Só resta aprender a "gerir" da melhor forma sua eficácia, a valorizar sua gestão. Palavra da moda, se tanto, que permite poupar-se da criação e da invenção, porque mais uma vez, sem dúvida, estas exigem a referência ao ternário. O efeito desse empreendimento, entretanto, pode ir muito longe, inclusive chegar a erros grosseiros: assim, alguns hoje em dia identificam a essência do homem ao mapa do genoma; uma tal definição estritamente "operatória" poderia levar os partidários da medicina preventiva a acreditarem-se de posse do destino do sujeito e aos clínicos nada mais restaria, então, a não ser "gerir" um "saber

---

[6] Ibid., p. 140.

avassalador"[7]. Observemos também que é esse caráter operatório que, tomado como padrão de valor das descobertas da ciência, vai convidar aqueles que noticiam um achado científico a extrapolarem imediatamente no registro da eficácia. Assim, um diário informa seus leitores de uma experiência efetuada com ratos que permitiu restabelecer o fluxo nervoso numa medula espinhal seccionada, anunciando: "Um dia os paralíticos andarão!". Ou, mais especioso, *Le Monde* intitulava "O isolamento do gene da homossexualidade", enquanto a nota de imprensa relatava a descoberta, em algumas dezenas de homossexuais, de uma modificação do cromossoma X e o comunicado dos pesquisadores acrescentava expressamente que nenhum gene havia sido identificado nesse trabalho[8]. Certamente, é uma questão da ética dos meios de comunicação, certamente, a imprensa não pode utilizar qualquer meio para aumentar suas tiragens e deveria com freqüência temperar seus ardores, mas devemos observar que o verme já estava no fruto e que não é suficiente tornar responsável por ele nem quem o colhe nem quem o vende.

Esse implícito operatório do discurso da ciência vai, por outro lado, tomar como alvo a própria linguagem e visará a constituição de uma nova língua, que, mesmo que seja enriquecida com novas palavras na sua dimensão descritiva e informativa, em troca, se empobrece em sua elaboração e em suas virtudes formadoras. Se é assim, é porque ela implica, com relação à linguagem, uma mutação, como nos diz Gilbert Hottois: "A matematização da ciência não é, como erroneamente pensam os sábios da época, a substituição da linguagem antiga por uma nova. É, muito simplesmente, a ruptura radical do ser-no-mundo-pela-linguagem"[9].

De tudo isso temos um bom exemplo no romance de Georges Orwell, *1984*, no qual Winston trabalha na construção da "novilíngua", de uma língua cujas nuances poderiam ser progressivamente suprimidas: "bom" e "mau", por exemplo, poderiam ser substituídos por "bom" e "imbom".

---

[7] Cf., quanto a esse tema, A. Joos de ter Beerst e J.-P. Lebrun, "L'avis psy ou comment ne pas discréditer le sujet?", em *Génétique et temporalité*, sob a direção de A. Joos de ter Beerst, Paris, L'Harmattan, 1997, pp. 211-19.

[8] *Le Monde*, 17-18 de julho de 1993.

[9] G. Hottois, "Le règne de l'opératoire", em *La technoscience*, sob a direção de Jacques Prades, Paris, L'Harmattan, 1992, p. 181.

"Excelente", "esplêndido", "melhor" podem ser substituídos por "plusbom", ou por "dupliplusbom". É questão de cortar a língua até o osso, quer dizer, desbastá-la até que só restem palavras de uso puramente operatório.

A novilíngua é uma língua artificial cujo objetivo é "não apenas fornecer um modo de expressão para idéias gerais e para os hábitos mentais dos devotos, mas também tornar impossível qualquer outro modo de pensamento. As versões sucessivas dos dicionários da novilíngua eram, portanto, cada vez mais reduzidas, pois, comparado ao nosso, o vocabulário novilíngua era minúsculo. Ele se empobrecia a cada ano, ao invés de se enriquecer. Cada redução era um ganho, pois que quanto menos extensa é a escolha das palavras, menor é a tentação de refletir"[10].

Orwell acrescentou às três partes de seu *1984* um apêndice intitulado precisamente "os princípios da novilíngua". Ainda que seu editor tenha tentado suprimir sua publicação, Orwell opôs-se vivamente a isso, considerando que esse apêndice era estritamente necessário ao conjunto do romance. Em abril de 1946, Orwell havia feito publicar um artigo intitulado *Politique et langue anglaise* [Política e língua inglesa], no qual manifestava aversão por seus contemporâneos, que acusava de escrever juntando frases feitas que faziam a prosa parecer com um "poleiro pré-fabricado". Orwell assim indicava que tomar a palavra não era mais um ato individual de vontade e de inteligência, mas expressão automatizada de fórmulas pré-fabricadas, que se poderia denominar de língua coagulada. Sem dúvida alguma, foi a partir dessa percepção que tinha da realidade de seu tempo que ele criou esse conceito de novilíngua e a instituiu como um dos pilares do totalitarismo descrito em seu romance. A novilíngua, ao apagar o trabalho do enunciador, elimina tudo que poderia colocar em pane a transmissão da ideologia e gera um mundo inteiramente regido por esse neo-simbólico. Ele visa, ao mesmo tempo, sua utopia última: uma voz unificada tornada conforme ao desejo de Big Brother. Na novilíngua, as palavras estão livres de qualquer ambigüidade e qualquer nuance e as expressões não ortodoxas nela são praticamente impossíveis, sendo o objetivo final exatamente a repetição do mesmo: "O verdadeiro objetivo da novilíngua é restringir os

---

[10] G. Orwell, *1984*, Paris, Gallimard, Folio, nº 822.

limites do pensamento. No final, tornamos literalmente impossível o crime pelo pensamento, pois não haverá mais palavras para exprimi-lo [...]. A revolução estará completa quando a língua estiver perfeita"[11].

Por isso, a palavra se torna pura e simples prática fonatória desumanizada: "Enquanto olhava o rosto sem olhos cujo maxilar se mexia rapidamente no sentido vertical, Winston tinha a estranha impressão de que esse homem não era um ser humano real, mas algo como um manequim articulado; não era o cérebro do homem que se exprimia, era sua laringe. A substância que saía dele era feita de palavras, mas não era linguagem no verdadeiro sentido do termo; era ruído emitido em estado de inconsciência, como o grasnar de um pato. Para isso, aliás, uma palavra em novilíngua: patolíngua, grasnar como pato"[12].

O próprio da palavra novilíngua é também que sempre há dois sentidos opostos, ou seja, é reduzida ao binário. Assim, aplicada a um adversário, patolíngua é um insulto; dirigida a um correligionário, é um elogio. Um outro traço característico da novilíngua é a prática generalizada do eufemismo; assim, "desaparecido" ou "eliminado" deve ser dito "vaporizado". Tudo isso, evidentemente, poderia ser entendido apenas como pertencendo à ficção científica – ainda que o que Eric Faye chamou de "os laboratórios do pior"[13], os de Zamiatine, de Bradburry, de Huxley ou de Orwell tenham muito bem apreendido, através da ficção literária, nosso mundo assim organizado. Aliás, não encontramos procedimentos semelhantes nas modificações da língua a que assistimos hoje em dia? Falar de "plano social" consiste em despedir alguns milhares de pessoas, falar de "gestão dos recursos humanos" para designar o serviço do pessoal; e *"surbooking"* não quer dizer canalhice e abuso de confiança? Na nossa sociedade, nasceu uma nova linguagem: a do falar para não dizer; e a falsificação da verdade se tornou um dos instrumentos naturais do poder e do proveito, afirma Claude Roy[14].

---

[11] Ibid., p. 79.
[12] Ibid., p. 82.
[13] E. Faye, *Dans les laboratoires du pire*, Paris, José Corti, 1993.
[14] C. Roy, "Du mensonge considéré comme l'un des beaux-arts", em *Le Nouvel observateur*, 4 de novembro de 1993.

Um terceiro traço, particularmente importante, da marcação do social pelo discurso da ciência é que a categoria do impossível não tem mais lugar. Já o havíamos evocado, a propósito da determinação, que havíamos arbitrariamente escolhido como báscula, do terceiro momento da ciência, o primeiro passo do homem na lua, pondo fim ao último dos sonhos de Júlio Verne. Podemos, entretanto, evocar um exemplo bem mais comum: peguemos uma máquina de calcular, essa ferramenta anódina agora à disposição de todos, e dividamos cem por três; a máquina nos indicará 33,33333..., não nos dirá que a operação é impossível; em troca, tudo se passa como se nos deixasse crer que, se pudéssemos continuar a operação, terminaríamos por encontrar a resposta exata. Certamente, considera-se que sabemos que a operação é impossível, mas o que é veiculado por esse discurso, por razões, aliás, estruturalmente coerentes, como demonstramos acima, é que não aparece mais o lugar do impossível.

Precisemos que não se trata, aqui, de assentar-se num "querer o impossível" que sempre caracterizou o empreendimento prometeico e, *a fortiori*, o da ciência, pois, paradoxalmente, "querer o impossível" não supõe que tudo seja possível, mas, ao contrário, é oposto a isso, pois não significa fazer do real um objeto inteiramente manipulável por simbólico, mas introduzir no real como impossível um novo possível. Estando dado, entretanto, que, no simbólico da ciência, esse real original é esquecido, a conseqüência é que querer o impossível é confundido com tornar tudo possível. É a partir desse implícito do discurso da ciência que o deslocamento do limite do possível é espontaneamente confundido com a expulsão do lugar do impossível.

Para avaliar a medida disso, lembremos a anedota bastante conhecida das mães de família e da caixa de bombons das crianças; há mães de família que são incapazes de dizer "Não, não tem mais bombom!", se a caixa não estiver vazia. Isso indica que o lugar do impossível não está completamente inscrito na cabeça da mãe, que o impossível não está corretamente simbolizado, na medida em que tem assim que esperar que não haja mais bombons no real para poder se permitir dizer a seu filho: "Não, você já comeu bastante, não tem mais bombom agora!". Podemos aqui ainda fazer uma extrapolação com a sociedade de hoje em dia, porque é exatamente o que se passa em nossa sociedade, na medida em que só a falta de recursos financeiros leva a pôr limite nas reivindicações dos cidadãos. Quando o voto de onipotência, que sempre nos habita, encontra um dispositivo social em que não há mais lugar espontâneo para o impossível, deve-se constatar que o único fator que pode ainda vir dar limite é que não haja mais dinheiro no caixa do Estado – em outras palavras, que não haja mais bombons no armário. Não nos devemos surpreender, num tal contexto, que nosso limite, de todos – a própria morte –, se tenha tornado incôngruo: é apenas o acidente que deveria haver meios de evitar, a "surpresa desagradável" de que deveríamos nos poder poupar; não é mais parte integrante de nosso *fatum*, como mostram tanto os trabalhos de Philippe Ariès[15] quanto os de Michel Voyelle[16].

Um outro traço dessa marcação pelo discurso da ciência é a supremacia da lei do tudo ou nada, atinente ao fato de que só haja lugar para o binarizável. A lei do tudo ou nada rege a máquina que temos atualmente em nossa casa, o computador, sobre o qual nos dizem que funciona ou não funciona; ela também é origem da dificuldade que temos em encontrar a nuance, em poder determinar responsabilidades compartilhadas. Assim, por exemplo, aparece como uma inépcia militar para que a homossexualidade seja aceita na sociedade ao mesmo tempo que persistir na recusa de conceder o casamento aos homossexuais. É ou a igualdade ou a injustiça! O que assim desaparece, se não for feito o trabalho de suplemento do pensamento sobre o qual voltaremos, é a possibilidade do discernimento e da dialetização possível dos contraditórios.

Um outro elemento sobre o qual também já nos detivemos é a prevalência da servidão voluntária com relação a enunciados que se apresentam como se nada mais devessem à enunciação. Assim, Charles Melman faz notar que: "O sujeito da ciência consiste em que eu possa vir à tribuna, produzir uma fala consistente (ou relativamente consistente, ou que parece consistente) e isso não me engajar. Não só não me engaja como me mantém numa exterioridade completamente saudável, completamente serena

---

[15] Ph. Ariès, *Essais sur l'histoire de la mort en Occident, du Moyen Âge à nos jours*, Paris, Seuil, 1975.
[16] M. Voyelle, *L'heure du grand passage, chronique de la mort*, Paris, Gallimard, 1993, coleção Découvertes.

com relação ao que posso vir a relatar. Fico tranqüilo, ou inquieto, ou ansioso, sei lá, mas, em todo caso, o que conto – na medida em que tenha uma aparência científica, já que não somos nem matemáticos nem lógicos – como sujeito, isso me coloca fora do campo. Isso me permite ler meu texto como se não soubesse qual era seu autor, por exemplo. Existe ali o escrito que eu estou relatando"[17].

Aqui, portanto, trata-se de produzir uma série de palavras, de termos, de conceitos que fizeram desaparecer o fato de que houve alguém que os produziu. Aliás, é graças a essa possibilidade que podemos fazer o que chamamos hoje "comunicações científicas" e que assim podemos transmitir o saber, sem que seja verdadeiramente integrado pelo sujeito, a tal ponto que o que se reprova hoje em dia, a justo título, na universidade é ter-se tornado uma distribuidora de conhecimentos e, no mesmo movimento, confundir-se com uma escola profissional. É graças a esse novo modo de transmissão que possuímos o saber das gerações precedentes; mas esse modo de transmissão não implica ter aprendido a aprender.

Temos que sublinhar aqui que, se existem duas modalidades de legitimação de um enunciado, a sobrevinda do discurso da ciência progressivamente deslocou a primazia de um desses modos de validação para o outro, a tal ponto que, no nosso social atual, um desses modos de legitimação foi quase que esquecido. Sempre Charles Melman: "Existem duas formas de validar um enunciado. A primeira é dizê-lo; a partir do momento em que o digo, esse dizer constitui referente e, qualquer que seja, por outro lado, minha qualidade, é esse dizer que constitui autoridade. Autoridade do enunciado, mas também, bizarramente, que respinga naquele que se exerce nesse dizer. Observemos, imediatamente, a esse propósito, que, se esse dizer encontrar simpatia num auditório, num público, sua autoridade vai se ver apoiada, reforçada, estabelecida, quer dizer, ali vemos de que maneira a simpatia histérica intervém a propósito da autoridade do dizer, do fato do dizer. A outra forma de validar um enunciado se liga à sua consistência lógica, à maneira pela qual é construído, e é certo que, nesse domínio, os matemáticos são o máximo. De um enunciado correto nada a dizer; ele

---

[17] Ch. Melman, "Conclusion au colloque de Cordoue", Association freudienne internationale, Clims, 1994, p. 483.

constitui autoridade pelo fato de sua consistência. Notemos imediatamente que, nesse enunciado logicamente constituído, o enunciador está excluído. Está, por que não dizer assim, foracluído. Pouco importa quem diga esse enunciado lógico. Ele se impõe por si mesmo a qualquer locutor. Simultaneamente, toda a autoridade reside agora no enunciado, ao passo que o enunciador desse enunciado lógico se torna seu parasita, o que o perturba, o que ameaça sem parar de introduzir algum erro, que, em geral, vem dizer não ao enunciado lógico"[18].

Com efeito, devemos constatar que a precedência do segundo modo de validação do enunciado, tal como funciona no discurso da ciência, tem como conseqüência deslegitimar a noção de autoridade – cujo parentesco com "autor" não deixa dúvidas – sustentada pelo lugar de exceção e reconhecer como única autoridade válida a que se liga à coerência lógica do conjunto dos enunciados. Em outras palavras, ainda, assistimos à deslegitimação progressiva da autoridade paterna, em proveito do superinvestimento da legitimidade materna. A tendência atualmente é, por isso, colocar como suspeita de autoritarismo toda validação do primeiro tipo, ou tratar como autoritário qualquer um que pretenda ainda se sustentar exclusivamente pela enunciação.

Paralelamente, instalou-se uma confusão, cujos efeitos podemos perceber cada vez mais: pensamos que o saber leva espontaneamente ao poder, esperamos mesmo que se encontre em posição de autoridade aquele cujo saber é o mais competente, e assim se instala a crença em que é esse saber esclarecido que é a melhor garantia para bem governar. Ora, a tarefa de governar, como a de educar ou a de psicanalisar, como já indicava Freud, é uma tarefa impossível, o que significa que se trata de uma tarefa que exige sustentar-se pela falha, pela falta. Nenhum saber – mesmo que possa ser esclarecedor –, tão conseqüente quanto seja, pode, por si mesmo, autorizar o lugar do governante. Quando o sábio tem acesso ao poder, se torna rei; assim fazendo, troca de ofício e deixa de ser um sábio, pois o lugar do saber não é o lugar do poder.

---

[18] Ch. Melman, "Entre connaissance et savoir", *Cliniques méditerranéennes*, nº 45-46, 1995, p. 67.

Isso tem ainda outras conseqüências. A prevalência atual desse saber de enunciados tem como efeito promover a moda, o saber última moda e, por isso, a história perde sua importância; em medicina, por exemplo, nunca se estuda como se chegou a fazer uma descoberta; a única coisa que conta é que o clínico conheça o último produto. Pelo fato de que apaga metodologicamente sua origem, a ciência pode prescindir de reter o trajeto que foi necessário para chegar a suas produções.

Um outro traço, também diretamente tributário dessa marcação, é a crença em que é suficiente comunicar uma informação para que esta toque o sujeito; isso constitui o engodo da prevenção: seria suficiente informar as pessoas, transmitir-lhes enunciados, dar-lhes noções claras. De fato, a informação de modo algum é suficiente para garantir que um indivíduo seja tocado como sujeito: isso implica, ao contrário, o reconhecimento do enunciador tanto do lado do transmissor quanto do lado do receptor da mensagem.

Um outro traço, ainda, da marcação do social pelo discurso da ciência é que o fracasso, finalmente, não tem mais direito de cidadania. Conhecemos a fórmula freqüentemente utilizada nos nossos dias: "Fracasso para o fracasso!". O fracasso, o fiasco, ou mesmo a incerteza não têm muito público. Em troca, atualmente, é o erro que deve ser procurado, com sua contrapartida que é a necessidade inflacionária de se assegurar, no sentido de se fornecer um máximo de garantias para poder sustentar a palavra, mas igualmente no sentido de apelar para as companhias de seguro para nos protegermos das conseqüências de nossos erros. Com o próprio risco de nos autorizarmos, paradoxalmente, a uma menor vigilância para evitá-los, já que estamos, de cara e antecipadamente, liberados.

Uma outra característica é que o discurso da ciência tem por ofício uma pretensão universalizante, quer dizer, pretende ter a boa resposta para todos; sabemos que temos, em média, um grama de glicose por litro no sangue e, como esse saber vale para todos, é esse saber que pode prescrever o que é nosso bem, ele sabe o que é bom para nós, outra maneira de conjugar o saber materno e de identificar sem dificuldade seus possíveis abusos; pois, se é judicioso que a mãe, num primeiro tempo, saiba o que é bom para seu filho, convém, no mesmo movimento, que consinta em se deixar ultrapassar pelo saber próprio da criança – e conhecemos todas as devastações produzidas por uma posição materna que quer continuar senhora da criança. Também não nos devemos espantar com o fato de que esse saber, ao valer para todos, impulsione para a mesmidade; por falta do contrapeso que, no caldeirão familiar, é trazido pelo pai – mas cuja equivalência nos resta identificar no social de hoje em dia –, esse saber nos impulsiona a cada vez menos aceitar as diferenças, as singularidades e, assim, a espontaneamente prosseguir sua inclinação, ele só pode impulsionar para o racismo.

Um outro traço, ainda, é que, à pergunta sobre o sentido da existência, é exigido responder em termos de saber. Tarkovski escreve em seu *Journal* [Diário][19] que, felizmente, a vida não tem sentido, porque, se tivesse, seria o mesmo para todo mundo e não teríamos mais liberdade! Paradoxalmente, a ausência de sentido no início da existência autoriza que cada um possa lhe dar aquele que lhe quiser dar. Esse reconhecimento de uma ausência de sentido para poder dar sentido por si, inauguradora da condição do homem moderno, permitiu se afastar da resposta forçada que a religião dava, mas deixou para o sujeito a tarefa árdua de dever inventá-lo para si; a dificuldade de viver sentida por ele dificilmente resiste a se deixar desviar de seu trajeto pelo oferecimento que lhe é feito de poder obter uma resposta em termos de saber.

Em outras palavras, o funcionamento do discurso da ciência suscita o que Claude Roy chamava o "pecado de resposta"; se podemos afirmar que a lógica de um social marcado pela religião é uma lógica em que "a resposta está dada antes da pergunta", a lógica de um social marcado pela ciência é uma lógica em que "a resposta é a felicidade da pergunta". Ao passo que, como diz o poeta – no caso, Edmond Jabès –, para o ser humano, "a resposta é a infelicidade da pergunta", pois a resposta que recebemos do outro nos impede de continuar nosso próprio questionamento. O que não quer dizer que não possamos nos servir de um respondente, de alguém que nos mantenha na busca de nossas próprias respostas.

Um traço ainda, específico desse agenciamento, é a predominância do registro do visual: pensamos, decerto, no televisual, na tela do computador, mas também em tudo que permite, por exemplo, em medicina, a

---

[19] A. Tarkovski, *Journal (1970-1986)*, Paris, Les cahiers du Cinéma.

visualização; assim, pensamos nos efeitos acarretados pela visualização do feto pela ecografia – a fotografia que, doravante, começa o álbum de família –, ou nas possibilidades do computador de "adivinhar" o envelhecimento. Essa última possibilidade permite, por exemplo, uma ajuda determinante na busca de crianças desaparecidas; assinalemos, simplesmente, que o *National Center for Missing and Exploited Children*, que funciona 24 horas por dia, recebe mais de setecentos pedidos por dia! Não é para esse sucesso que queremos atrair a atenção, mas para o fato de que tais antecipações, tão promissoras quanto sejam, desnaturam a antecipação. Esta sempre teve sua função na realidade psíquica da criança; a mãe deve antecipar, pois sua antecipação contribui para a possibilidade de desenvolvimento da criança, mas, no mesmo movimento, deve consentir em que a criança ultrapasse a antecipação que ela assim havia feito. É assim que ela faz o luto da criança que havia antecipado. Jean Bergès e Gabriel Balbo[20] foram muito cuidadosos ao descrever esse indispensável movimento em que a mãe se deixa ultrapassar pelo funcionamento da criança; consentimento que equivale a ratificar a predominância da ordem simbólica à qual assim se submete. É aqui que a antecipação do computador difere, pois ele não fará esse trabalho, continuará, ao contrário, a dar consistência ao imaginário e tornará, então, espontaneamente ainda mais laborioso o trabalho de luto, no entanto, sempre a ser feito.

Um outro traço, ainda, é o das modificações que a marcação do social pelo discurso da ciência faz no desenvolvimento da temporalidade: a temporalidade histórica foi substituída por uma temporalidade puramente operatória. Na sucessão "passado, presente e futuro", em lugar e posto de um futuro esperado ou sofrido, lidamos doravante com um futuro produzido. Assim, os doentes atualmente não agüentam mais o tempo da cicatrização de uma ferida, ou o da dor que acompanha a angina; é preciso suprimir isso sem demora, é preciso curá-los disso imediatamente! A ponto de determinado médico ter que lembrar a seu paciente que talvez lhe fosse possível colocar-lhe rapidamente um novo rim, ou mesmo enxertar-lhe um novo coração, mas nada podia fazer contra o tempo necessário ao desenro-

---

[20] J. Bergès e G. Balbo, *L'enfant et la psychanalyse*, op. cit., p. 6.

lar de uma gripe. Portanto, a questão de se dar tempo, de tomar tempo, ou de deixar ao tempo sua qualidade de escultor, como dizia Marguerite Yourcenar, não é mais colocada hoje em dia. Se assim é, identifiquemos a razão disso no caráter operatório da técnica. "O tempo técnico nada mais conhece além do futuro, um futuro tão radicalmente coberto quanto opaco, inantecipável, com o qual o homem só tem coletivamente uma relação operatória de produção e de decisão. Esse futuro não é mais a atualização progressiva, difícil e arriscada de uma potência inscrita no passado e no presente, que deriva desse passado [...]. Esse futuro está inteiramente nos possíveis incondicionais da pura potência toda estendida na direção dele e, portanto, absolutamente desligada de qualquer fidelidade ao passado"[21].

Uma maneira mais anódina de identificar essa modificação é também nos interrogarmos sobre o salto suposto pela passagem do relógio tradicional para o relógio digital, que só indica o instante atual, sem referência nem ao passado nem ao futuro. Encontramos aí tudo o que Georges Balandier designa como o presente da sobremodernidade, confirmando, assim, que nosso tempo social de hoje em dia consagra exatamente o tempo da ciência.

Está aí o que levava Hamlet a dizer que "o tempo está fora de seus gonzos"? Eram todas essas características que ele previa e que o faziam exclamar "Há algo de podre no reino da Dinamarca"? Não é inadequado evocar mais uma vez Hamlet, pois é exatamente, como evoca Yves Bonnefoy, "a problemática de uma consciência que desperta para essa condição ainda não conhecida e imprevisível: um mundo desestruturado, verdades doravante parciais, concorrentes, contraditórias, significação o quanto se queira, e rápido demais, mas nada que se pareça com um sagrado, com sentido"[22].

Longe de serem exaustivos, todos esses traços colocam em evidência que, sub-repticiamente, primeiro, de maneira bem mais clara, atualmente, um conjunto de funcionamentos que inflete nossas referências e embaralha nossas coordenadas simbólicas se infiltrou em nosso laço social. Certamen-

---

[21] G. Hottois, "Que penser du temps technicien?", em *L'espace et le temps*, Paris, Vrin, 1989.
[22] Y. Bonnefoy, "Readiness, ripness: Hamlet, Lear", prefácio a *Hamlet*, Folio, 1978, nº 1069.

te, isso não esgota as potencialidades do sujeito; digamos simplesmente que isso as "estreita", num primeiro momento, em todo caso, e, posto que o retorno *quod ad ante* não nos poderá ser de nenhum auxílio, só nos resta fazer a análise mais rigorosa possível desse abalo.

Assim, temos que voltar por um instante ao que constitui a especificidade dos registros humanos como a psicanálise os identificou; não foi por acaso que coube a ela insistir na primazia do simbólico e das leis da linguagem, pois podemos ler seu nascimento como uma resposta à mutação sobre a qual acabamos de explanar. O nascimento da ciência moderna suscitou que se inaugurasse uma disciplina que se encarrega de pensar o fechamento do pensamento científico, mas mantendo-se ela mesma à altura do rigor científico.

O ATOLAMENTO NO IMAGINÁRIO

Lembremos que, para apoiar suas propostas, Lacan se distanciou do ensino da psicanálise em vigor no após-guerra e, mais precisamente, da teoria de Balint, ainda que reconhecendo no interesse clínico deste todo o seu valor. O que Balint defendia na época era a concepção do *genital love* como acabamento do amor na ternura.

Balint via o amor genital no prolongamento contínuo do amor materno, o *genital love* como acabamento de um *primary love* por haver podido integrar-lhe a alteridade do parceiro. O amor genital, para Balint, consistia numa relação harmoniosa, não uma relação beata, mas uma harmonia que resultava da manutenção de uma atenção constante, mas não sem dificuldades, construída sobre a reatualização de potencialidades que já estavam operando na relação de amor materno. A crítica de Lacan com relação a essa teorização foi se perguntar como Balint podia tirar a alteridade específica do amor genital da cartola da relação de amor materno organizada no registro da mesmidade, na medida em que não era introduzida desde o início. De onde podia vir a consideração da alteridade numa relação fundada exclusivamente na reciprocidade da relação imaginária, como podia ser reencontrada se, no início, não era de imediato considerada a dimensão do Simbólico?

Essa querela tem todo o seu interesse, pois mostra bem o impasse em que nos encontramos quando não reconhecemos o lugar justo da dimensão do Simbólico. Mais acima lembramos a diferença entre a intervenção da mãe e a do pai. Podemos colocar em paralelo os registros do Imaginário e do Simbólico, respectivamente, com as duas modalidades de intervenção parental.

Aliás, podemos distinguir, com Charles Melman[23], o amor incondicional da mãe e o amor sob condição do pai. A estrutura do amor materno é amar seu filho sem condição – o fato de que ele exista é suficiente para que ela o ame –, ao passo que o amor paterno não é concedido à criança a não ser com a condição de que esta consinta em fazer seu dever, em fazer o que é preciso para tomar seu lugar na sociedade como homem ou como mulher.

Para dizer grosseiramente, o fato de permanecer exclusivamente no amor materno deixaria, então, o sujeito presa da precedência do engodo imaginário, se não houvesse, para livrá-lo disso, a intervenção paterna: manobra que implica o reconhecimento da presença do Simbólico não como propriedade paterna, mas como sinal do pertencimento ao mundo humano.

Se o amor materno deixa o sujeito presa de um reconhecimento regulado exclusivamente por uma reciprocidade imaginária que logo se verifica suficiente, percebemos a que obrigações esse tipo de organização submete o sujeito: sempre devendo ler-se no outro, incapaz de suportar a perda desse aval por falta de dispor de um outro registro que pudesse lhe garantir a sobrevivência na ausência desse apoio. Em contrapartida, a intervenção paterna – seu amor "sob condição" – metaforiza a possibilidade, para o sujeito, de ter referência em outro lugar que na imagem ou no espelho, antes num pacto, o de ser reconhecido e amado com a condição de tomar seu lugar na cadeia das gerações. Uma tal modalidade de reconhecimento o subtrai à urgência materna e, em troca, faz da ausência desse apoio a garantia mesma de poder sustentar seu desejo.

---

[23] Ch. Melman, "Pourquoi est-il si difficile d'être aimé?", em *Bulletin de l'Association freudienne internationale*, nº 38, junho de 1990, pp. 3 e seguintes.

Devemos notar, paralelamente, que é no momento em que Lacan assim toma distância com relação à teoria de Balint, e desde seu primeiro seminário, dedicado aos *Escritos técnicos* de Freud, que ele evoca a questão da perversão precisamente como o que "não é simplesmente aberração com relação aos critérios sociais, anomalia contrária aos bons costumes, ainda que esse registro não esteja ausente, ou atipia com relação a critérios naturais, ou seja, o fato de que derrogue mais ou menos a finalidade reprodutora da conjunção sexual, ela é outra coisa em sua própria estrutura. [...]. A perversão é uma experiência que permite aprofundar o que se pode chamar, em sentido pleno, a paixão humana"[24]. Mais tarde, em seu seminário sobre a relação de objeto, voltará a evocar o fato de que "a dimensão imaginária se mostra prevalente toda vez que se trata de uma perversão".

O que vai nos reter aqui é como se dá a passagem do amor materno para o amor paterno, para prosseguir com nossas divisões, sem dúvida um pouco prematuras, mas que talvez tenham o mérito de nos fazer ver em que o social de hoje em dia se presta a essa disposição. Podemos assim indicar que a mãe impulsionará a criança a ir mais longe em sua busca, na medida em que deixar em suspenso seu questionamento, deixando-a entender que não é com ela que a criança encontrará com que satisfazer seu desejo. Assim remetida ao pai, a criança poderá ir na direção dele, este a ajudando a se desprender da relação essencialmente imaginária que tinha com a mãe, para levá-la a inscrever-se no registro da Lei simbólica. No entanto, se esse remetimento estiver suspenso, a dinâmica tenderá ao atolamento imaginário e será a entropia que a levará no trabalho que terá que realizar para sair do registro do imaginário. A estruturação ficará, então, inacabada.

Queremos fazer entender em que a estrutura específica da marcação do social pelo discurso da ciência se aproxima desse funcionamento. Com efeito, da mesma forma que o atolamento no imaginário é facilitado pela suspensão do remetimento da mãe ao pai, é preciso convir que, se nosso social introduz – como vamos ver – um simbólico que não exige ser atualizado, deixa, por isso, se apagar no sujeito o desejo de nele se inserir. Se, no social, o sujeito pós-moderno encontra um simbólico abastardado, o efeito

---

[24] J. Lacan, *Le Séminaire*, livro I, *Écrits techniques de Freud*, Paris, Seuil, 1975, p. 246.

será, então, o de suspender a necessidade de sua realização. Daí resultará, para ele, uma perda de referência, um embaralhamento das coordenadas e uma dissolução do laço que o liga aos outros no social.

Com efeito, aquilo em que o discurso da ciência marca o discurso do social de hoje em dia é que se apresenta como o meio "natural" do sujeito, ao passo que introduziu um conjunto de artifícios, que têm em comum serem organizados em torno da desinscrição dos caracteres específicos do Simbólico que determinam nossa humanidade.

A ordem simbólica faz de nós animais desnaturados pela linguagem, pela introdução de um gozo pulsional que substituiu a instintualidade animal; passando de um mundo de instintos para um mundo de pulsões, o ser humano perde e ganha; o que ganha é a faculdade de falar, é o mundo das palavras, o que perde é sua adequação às coisas, também sua adequação a si mesmo. Como evoca Paul Valéry, "sua presença é porosa". No universo da linguagem, a palavra faz fracassar a coisa, nunca remete a nada a não ser uma outra palavra e, a cada vez, esse remetimento implica uma perda, a da adequação da palavra à coisa, ao mesmo tempo que essa perda exige do sujeito um trabalho de simbolização para poder transformá-la em uma falta que o deixe a desejar.

Fundamentalmente, pois, a ordem simbólica que nos especifica como humanos implica o que Lacan chama o "caráter fundamentalmente decepcionante da ordem simbólica"[25]; isso se mostra ineluntavelmente inscrito na estrutura mesma de nossa realidade psíquica. É para o melhor e para o pior que nos encontramos inscritos na bandeira da linguagem e se tornar adulto nada mais é que assumir a título individual as conseqüências da condição humana.

Ora, o meio social parece hoje marcado por um conjunto de determinantes conseqüentes à desinscrição do impossível no coração do método científico, em outras palavras, a um "deixar crer que tudo é possível", ou que "nada é impossível"; o objeto de consumo nos é apresentado como tendo a virtude de poder apagar essa irredutível indiponibilidade e nos deixa crer numa possível plena satisfação.

---

[25] J. Lacan, *Le Séminaire*, livro IV, *La Relation d'objet*, Paris, Seuil, p. 183.

O que caracteriza o social atual é que ele mantém como anseio esse tipo de engodo e que, por isso, o limite – se é que ainda está em curso – não se mostra mais portado pela Lei da linguagem que tece nosso laço social e da qual o pai seria apenas o representante, mas somente por um pai que impede que essa plena satisfação, implicitamente prometida, se realize. Esse pai vem pôr fim ao sonho de realização de onipotência, não mais em nome de um pertencimento à Lei do social, mas exclusivamente em seu nome próprio: adquire, então, essa consistência persecutória da qual o sujeito tanto terá vontade de se desembaraçar – não querendo servir ao gozo do Outro – quanto de a ela fazer apelo, porque pressente o impasse de se ater apenas à relação imaginária.

Não devemos ler esse tipo de funcionamento como um convite à perversão, se, por perversão, devermos entender um desejo que fica essencialmente organizado pela instância imaginária, ainda que a ordem simbólica seja reconhecida, mas por um reconhecimento sobre o qual o sujeito nada quer saber? É o famoso: "Eu bem sei, mas mesmo assim..."[26]. Eu bem sei que a ordem humana é uma ordem simbólica, mas mesmo assim o registro imaginário, no qual posso tudo... O que quer dizer que o objeto do desejo no desejo perverso não o é sobre um fundo de ausência. Abordar a perversão por esse viés nos leva a dever constatar que a perversão não nos é, por isso, radicalmente estranha. Assim, podemos, todos, pouco importando nossa estrutura psíquica, nos reconhecer marcados por esse traço perverso na medida em que adoramos encontrar o que identificamos como o objeto de nosso desejo em carne e osso. Entretanto, habitualmente, esse objeto que encontramos assim positivamente permanece inteiramente tributário do fato de que não é encontrado a não ser no mais íntimo da ordem simbólica que nos constitui; portanto, sempre ao mesmo tempo já marcado pela ausência.

É toda a diferença entre o neurótico e o perverso: o neurótico certamente está interessado na realidade da coisa que ele deseja; entretanto, reconhece que, em nome da ordem simbólica que organiza nosso mundo, o objeto é sempre faltante, mesmo que seja alcançado. O objeto é sempre

---

[26] O. Mannoni, "Je sais bien, mas quand même...", em *Clés pour l'imaginaire ou l'Autre scène*, Paris, Seuil, 1969.

reconhecido como de natureza significante. Inversamente, o desejo perverso visa apreender o objeto como signo e, pois, é sempre como presença real que é cobiçado. A presença do objeto não está ali somente para satisfazê-lo, mas porque garante sua posição de sujeito. Toda a diferença com o sujeito neurótico é que o sujeito perverso, se não obtiver o embargo desse real, se encontra dessubjetivado. Isso o torna, então, extremamente dependente da presença real desse objeto e podemos evocar aqui a relação do toxicômano com seu produto: ele tem necessidade da realidade de seu produto, tem necessidade dela porque é este que o sustenta como sujeito.

Nada de surpreendente em constatar aqui a proximidade de estrutura com o mundo organizado pelo discurso da ciência. Tanto quanto com nossa dependência com relação aos *gadgets* e tudo que está do lado dos objetos positivados que encontramos. Tudo isso chega a incitar um funcionamento "perverso", posto que pode nos iludir quanto à possibilidade de evitar as obrigações do simbólico, mantendo imaginariamente o engodo do "tudo é possível".

Assim, favoreceríamos uma situação em que o sujeito se autoriza pelo discurso social ambiente, para "se imunizar" contra o pai, já que esse mesmo social, marcado pelo discurso da ciência, consagra o reforço da posição materna. Haveria, então, configuração nova da ternariedade na qual o triângulo edipiano introduz, tanto na família quanto no social: uma mãe que continua a proteger seu filho – não é a função do social a ele se pedir proteção –, um pai que não consegue mais encetar a mãe – o que atestaria seu declínio – e um sujeito que pode, nessa posição, continuar a esperar obter a manteiga e o dinheiro para a manteiga. É a fazer frente às conseqüências de um semelhante dispositivo que a sociedade se vê obrigada atualmente, a não ser que invente outras modalidades de acesso ao terceiro.

Um simbólico virtual

Colocando o impasse no "caráter fundamentalmente decepcionante da ordem simbólica", o simbólico secretado pelo discurso da ciência seria ainda, propriamente falando, um simbólico? Não é, antes, com um pseudo-simbólico, com um simbólico transvestido que lidamos? A elisão desse traço estrutural não o desnatura e não o traga, por isso, para o imaginário? Propomos chamar esse Simbólico que verdadeiramente não o é de "simbólico virtual".

A palavra *virtual* foi tomada de empréstimo ao latim escolástico *virtualis*, ele mesmo saído de *virtus*, potência, força, e quer dizer "que só existe em potência, não em ato". Pierre Lévy afirma: "O virtual tende a se atualizar, sem ter passado, entretanto, à concretização efetiva ou formal. A árvore está virtualmente presente na semente. Com todo rigor filosófico, o virtual não se opõe ao real, mas ao atual: virtualidade e atualidade são apenas duas maneiras de ser diferentes"[27].

Pelo fato de manter a crença em que "tudo é possível", ou em que "nada é impossível" e assim permitir a evitação da confrontação com essa "impossibilidade estrutural" e não mais dar testemunho do encontro com essa decepção fundamental, tudo se passa como se nossa sociedade não veiculasse mais a dimensão dos interditos fundadores, os do incesto e do assassinato, estes crimes que anulam em ato a distância que a lei da linguagem implica: os interditos do incesto e do assassinato, como mostramos mais acima, são apenas, com efeito, a retomada individual e social da impossibilidade inscrita no fato de ser falante. Assim fazendo, o laço social que o discurso da ciência veicula poderia chegar até a tirar o ponto de estofo[28] do arrimo, no entanto indispensável, do interdito na categoria do impossível.

Com efeito, é a impossível disponibilidade do objeto – em nome de sua natureza significante – que tem o encargo de significar o Interdito – que se deve escrever com maiúscula para distingui-lo dos interditos reguladores dos comportamentos. Trata-se, como diz Alexandra Papageorgiou-Legendre, "da tradução institucional e subjetiva da negatividade estruturante que opera desde sempre e sem a qual não haveria nem sujeito nem sociedade". Evocar o Interdito é aqui considerado, em sua relação com a

---

[27] P. Lévy, *Qu'est ce que le virtuel?*, Paris, La Découverte, 1995, p. 13.
[28] Termo retomado de Lacan [O termo em francês é *décapitonner*. (NT)]. Cf., quanto a esse tema, M. Czermak, "Peut-on parler de psychose sociale?", em *Les lettres de la société de psychanalyse freudienne*, nº 1, 1996.

negatividade, como "alavanca da vida simbólica"[29], sempre operando no fato de falar.

Se o Interdito não aparece como trazido e autenticado pelo social – certa revista colocava como título, recentemente, "o fim das proibições" e, deve-se lembrar, o *slogan* de Maio de 68 "é proibido proibir!" * –, o que se segue é que, no seio da família, o equilíbrio entre "a propensão incestuosa da mãe"[30] e a intervenção simbolígena do pai é rompido. O interdito do incesto é, doravante, deixado exclusivamente a encargo do sujeito: esse incesto não é mais interdito pelo Outro, é preciso que o próprio sujeito se interdite. No entanto, esse imperativo de dever colocar aí colocar de seu tem conseqüências: primeiro, lhe é sempre possível crer que pode ficar num entre-dois, no qual, ainda que isso não ocorra sem que saiba que é efetivamente impossível, tudo lhe deixa crer o contrário. Depois, se é apenas o sujeito quem diz não e se esse não não se vê reconhecido pelo social, isso o leva a se sentir marginalizado e, portanto, a se desresponsabilizar. Por fim, deixá-lo crer que isso fica exclusivamente em seu poder o coloca numa relação truncada com o Outro, pois o que é implicado por se interdizer de forma alguma é equivalente a consentir no interdito que vem do Outro: interdizer-se pode ficar como uma maneira de se defender de ter que consentir no interdito.

Isso deixa adivinhar que suplemento de coragem será, então, necessário a um sujeito assim entregue a si mesmo para cessar de se sustentar por aquilo por que se sustenta; um semelhante dispositivo suporá muito mais que para um sujeito convidado a tomar seu lugar num social que não lhe deixe, de fato, outra saída. Assim, é muito mais fastigioso para o sujeito atravessar a experiência num social em que nada além dele mesmo o impul-

---

[29] A. Papageorgiou-Legendre, "L'interdit: prolégomènes à la problématique du meurtre, P. Legendre", em *Autour du Parricide*, Bruxelas, Gevaert, 1995, p. 93.

* A palavra *interdit* tanto pode ser traduzida por "interdito" quanto por "proibição". Neste caso específico, julgamos ser obrigatória a tradução por "proibição", levando em consideração os acontecimentos daquela época, no nosso país, e a frase que se tornou famosa num festival de música brasileira. (NT)

[30] Segundo a expressão de A. Naouri (cf. "Un inceste sans passage à l'acte – La relation mère-enfant", em *De l'inceste*, O. Jacob, Opus nº 6, 1994).

siona, para não chegar a dizer que tudo o convida a se deixar afastar desse imperativo.

O que essa marcação do social inaugura é, pois, uma sociedade que não somente não ratifica mais a função dos interditos habitualmente destinada ao pai, mas que, em contrapartida, implicitamente não a reconhece, porque o tipo de laço social por ela promovido se situa às avessas do trabalho de simbolização. O simbólico virtual secretado pelo discurso da ciência, ao se despachar da atualização, tem um efeito dessimbolígeno, já que, ao promover o apagamento da perda implicitamente inscrita no fato de falar, passa também como prometendo sua perempção próxima; por isso, ameaça não mais transmitir a ordem simbólica específica do ser falante.

Em três gerações, essa transmissão poderia estar completamente comprometida, pois, se a segunda geração, em seu voto de apagar a decepção inerente ao fato de falar, deixa traços, esses traços terão desaparecido na terceira geração: restará apenas a possibilidade de se reproduzir, como se reproduzem clones. O que o simbólico virtual da ciência instala é uma *no man's land* na qual pode subsistir a crença em que "tudo é possível" – sabendo que não é assim – e em que se pode ficar à espera de encontrar a impossibilidade no real para poder avaliá-la. Evoquemos, por exemplo, o filme *L'appât*, de Bertrand Tavernier, e o que é necessário para que os assassinos despertem e consintam em olhar de frente o assassinato que cometeram: é como se matassem sem verdadeiramente perceberem. Quando, no simbólico, o limite não é mais atualizado, quando é somente virtual, só o encontro com o limite real pode vir deter e é preciso esperar a travessia da *no man's land* para encontrar seu caráter atual: o sujeito tem como necessidade ser sacudido para despertar do torpor do entre-dois no qual se manteve; é, a exemplo de Rousseau, "como se tivesse cometido um incesto".

Assim, é num movimento de vai-e-vem que função paterna e sociedade hoje se deslegitimam mutuamente em sua tarefa; é bem por não ser mais sustentada pelo social que a função paterna declina; mas é também por não ser mais sustentado na família que o lugar do pai se estiola. A situação se mostra, paradoxalmente, nos dias de hoje, análoga à de um pai emigrado que, uma vez fora da família, se vê numa cultura que não conhece, numa cultura que, por vezes, nem mesmo domina, com o dever de estar referido a costumes que parecem vir de uma outra idade; em uma palavra, ou em cem, uma vez fora de sua família, na qual aparece como o centro, ele se encontra sem cotação na bolsa de valores sociais ambientes. Conhecemos bem, clinicamente, toda a dificuldade dos filhos de pai emigrado por terem que se sustentar por um pai que, no social, não é reconhecido. A função que é a do pai na família atual se encontra – sem que nenhuma vontade deliberada se empenhe nisso – desabonada pelo social pelo fato de não mais encontrar seu lugar na cultura de nossa sociedade pós-moderna.

Não é o que já era entrevisto por Tocqueville, quando afirmava: "Quero imaginar sob que traços novos o despotismo poderia se produzir no mundo: vejo uma massa inumerável de homens semelhantes e iguais que se voltam sem descanso para si mesmos para se proporcionar pequenos e vulgares prazeres com os quais preenchem suas almas. Cada um deles, retirado, é como que estranho ao destino de todos os outros: seus filhos e seus amigos particulares formam para ele toda a espécie humana; no que diz respeito a seus concidadãos, está ao lado deles, mas não os vê; toca-os, mas não os sente; só existe em si mesmo e exclusivamente para si mesmo e, se lhe resta ainda uma família, ao menos pode-se dizer que não tem mais pátria. Acima deles se eleva um poder imenso e tutelar, que sozinho se encarrega de assegurar seu gozo e velar por sua sorte. Ele é absoluto, minucioso, regular, previdente e doce. Pareceria com a potência paterna se, como ela, tivesse por objetivo preparar os homens para a idade viril; mas só busca, ao contrário, fixá-los irrevogavelmente na infância; gosta de que os cidadãos se regozijem, contanto que só pensem em se regozijar. Trabalha voluntariamente para a felicidade deles; mas quer ser o único agente e o único árbitro; provê de segurança, provê e assegura suas necessidades, facilita seus prazeres, conduz seus principais negócios, dirige sua indústria, regulamenta suas sucessões, divide suas heranças; poderia lhes tirar inteiramente a perturbação de pensar e a pena de viver[31]?".

A clarividência de Tocqueville liga assim organização democrática – como sociedade oriunda das Luzes e dos desenvolvimentos da ciência moderna – e desabono da função paterna, que pode chegar até ao triunfo do empreendimento maternante.

---

[31] A. de Tocqueville, *De la démocratie en Amérique*, Folio Histoire, nº 13, tomo II, p. 434.

Pensamos ter mostrado em que uma tal configuração estava hoje realizada e como, por isso, estamos envolvidos numa série de problemas novos.

Assim, foi o encontro com a alteridade que se tornou caduco, pois a constituição desta é correlata à indisponibilidade do objeto que caracteriza a atualização da ordem simbólica. O que funda a possibilidade de alteridade na realidade psíquica é a entrada da linguagem veiculada pela intervenção interditora do pai, na medida em que ratifica a indisponibilidade da mãe como objeto de gozo absoluto. Se os parâmetros não estiverem mais presentes, será a própria alteridade que estará subvertida: como um exemplo entre outros, o computador que simula o parceiro no jogo de xadrez é, sem dúvida, capaz de mais jogadas que a média dos jogadores, mas não é, por isso, um outro que encontro; é o artifício, a ilusão de que é um outro sempre capaz de responder, mas é apenas uma ilusão. Entre o binário do computador e o ternário que a palavra de um sujeito supõe, há não-congruência, da mesma forma que entre o técnico e o simbólico, como já dissemos acima. O Outro do pseudo-simbólico inaugurado pelo discurso da ciência não é verdadeiramente um "outro"; é apenas um outro virtual e, a esse título, arrisca-se a não ser mais, de fato, que um outro "mesmo"[32].

Essa dificuldade de um posicionamento justo da alteridade poderia nos levar a perguntar: como amaremos amanhã? Se, hoje, devemos ratificar esse declínio do pai, se nos é preciso registrar que é o declínio daquele que introduz na alteridade e se devemos reconhecer que é a alteridade que está em jogo no amor. Com efeito, a questão da duração da relação amorosa é exatamente, de fato, a da saída ou da ultrapassagem do amor narcísico, em outras palavras, da manutenção da alteridade. Falta, portanto, saber como, num tal contexto, se instalará na realidade psíquica o que permitirá ao amor se sustentar para além da relação exclusiva de mesmidade.

---

[32] Aliás, não é nesse caráter de "clone" que podemos ver determinar o que alguns chamam "a personalidade narcísica", ou, ainda, identificar em operação o que Marcel Gauchet constata como outro traço específico da personalidade contemporânea: "a aderência a si mesmo"? Cf., a esse propósito, M. Gauchet, "La personnalité contemporaine", em *Traveiller le social*, nº 13 e nº 14, 1995-1996.

Essa promoção da mesmidade por nossa sociedade combina bem com o que temos que mostrar neste ponto de nosso trabalho, isto é, que o funcionamento desse simbólico virtual se mostra propício a dar cada vez mais lugar ao funcionamento desvairado da pulsão de morte. Decerto, não é difícil mostrar que nosso século, ainda que sendo o do progresso, também foi o da máxima destruição alcançada desde a noite dos tempos, mas não é nisso que queremos centrar nossa reflexão.

Ao insistir que a propriedade do objeto pulsional é estar submetido à Lei da linguagem e, pois, nunca ser inteiramente satisfatório, Lacan nos torna sensíveis ao fato de que o objetivo da pulsão é impossível de ser alcançado por uma razão estrutural, não de contingência. É porque estamos numa economia psíquica regida pelo significante que é sempre sobre um fundo de ausência que a presença do objeto é encontrada e é mesmo por causa dessa fraqueza radical que sua presença se mostra a nós resplandecente. No entanto, ao introduzir nesse dispositivo o artefato ligado à possibilidade de alcançar o objeto, ou, antes, ao "deixar crer" que ele é passível de ser alcançado, a sociedade impregnada da ciência pós-moderna abre as portas para a efetividade da pulsão de morte. Como afirma Marc Nacht, "[...] a pulsão de morte só é orientada para a morte de maneira secundária e, de todo modo, por erro. O objetivo primeiro da pulsão não seria a realização da morte, mas a abolição de uma tensão... Antes que de morrer, se trataria, pois, de viver ao abrigo do sofrimento e a pulsão seria, de fato, conservadora. É num segundo tempo que essa pulsão tenderia efetivamente para a morte, permanecendo fixada a seu alvo regressivo: não se pode viver às arrecuas. A pulsão de morte seria, sem dúvida, melhor nomeada como pulsão de imobilidade ou pulsão de homeostase. [...]. A pulsão de morte se mostra, a partir desse esclarecimento, como a pulsão incestuosa por excelência. É a pulsão que fecha o sistema sobre si mesmo e o engaja numa dinâmica que é a da entropia"[33].

É nisso que ela está em estreita conivência com o tecnocientífico. Ao deixar crer numa possível realização pulsional, a tecnociência se torna cúmplice da pulsão de morte e é essa cumplicidade que o simbólico não desar-

---

[33] M. Nacht, *A l'aise dans la barbarie*, Paris, Grasset, 1995, p. 89.

ma mais, acarretando a confusão entre renunciar a seu desejo e renunciar a gozar do objeto primordial do desejo. A renúncia ao gozo do objeto primordial do desejo garante a salvaguarda da possibilidade do desejo, mas, quando a conjuntura social deixa crer na realização plenamente satisfatória do desejo, torna-se muito difícil, para o sujeito, ter uma referência no que constitui os paradigmas do que pode levá-lo no caminho de seu desejo.

Sem nem mesmo perceber, o sujeito abandona, assim, uma economia psíquica por uma outra. Ele se encontra num mundo em que o sofrimento é intolerável, já que o que lhe é abusivamente prometido é a adequação da palavra à coisa, é o fim do reino do semblante, é o acesso simples e imediato ao verdadeiro objeto. O simbólico virtual – lembremos que o qualificativo "virtual" não deve ser oposto a "real", mas a "atual" –, ao deixar em suspenso as especificidades do simbólico, autoriza que se desenvolva um mundo no qual a assunção da castração poderia ser evitada.

Colocar em paralelo a pulsão de morte e a tendência incestuosa nos faz pressentir que lugar é então deixado a essa dita pulsão numa sociedade organizada por esse simbólico virtual. A congruência assim evidenciada só nos pode tornar sensíveis a essa nova organização das alianças em que a colusão das forças destrutivas se vê, por isso, reforçada.

A desinscrição da diferença

Para acabar a lista – no entanto, não exaustiva – desses implícitos veiculados pelo discurso da ciência, vejamos o desequilíbrio das forças em presença que ele condiciona.

Descrevemos, no primeiro capítulo, como o conceito de autoridade parental veio substituir o de autoridade paterna. Vimos que essa modificação acarretava a preponderância de fato, se não de direito, da mãe, mas isso é apenas fenômeno secundário. O efeito principal dessa substituição é que é a própria diferença que se arrisca a ser desinscrita. Como, com efeito, confrontar-se com a diferença se, doravante, a mesmidade dos lugares de pai e mãe poupa ao futuro sujeito a aprendizagem dessa confrontação?

Na família – a exemplo do que se passa na sociedade –, a diferença mãe-pai foi substituída por uma duplicidade mãe-mãe e, assim, é do encontro com a dissimetria que se pode ser poupado. Ali onde o sistema familiar dava a primeira chave da confrontação com o dissimétrico, com a diferença dos lugares, o que ameaça ser hoje proposto é um mundo no qual cada um ocupa o mesmo lugar, um universo no qual as relações não conhecem mais nenhuma obrigação, nenhum dado que não dependa só de mim.

Num artigo dedicado à análise de nossas ficções televisuais, Sabine Chalvon-Demersay demonstra que nossa sociedade é organizada pela pergunta "Como viver num mundo em que todas as relações seriam relações escolhidas[34]?". O deslizamento da autoridade paterna para a autoridade parental combina com uma concepção da sociedade em que os laços não são mais institucionais e obrigatórios, mas todos só livremente consentidos. O problema é que isso ratifica de fato uma deslegitimação da autoridade.

Com efeito, uma semelhante configuração, em que a dissimetria não encontra mais de imediato seu lugar, nos leva a pensar que qualquer exercício de autoridade é considerado como violento, destrutor e abusivo e que é preciso usar todos os recursos para evitá-lo; mas – como elabora muito corretamente Philippe Chaillou[35] – a violência é somente negativa e devemos constatar que está sempre presente nas relações humanas, que conota a possibilidade de confrontação com alteridade e que só se torna devastadora se o sujeito não tiver mais à sua disposição com que metabolizá-la. Para poder afrontar essa violência, é preciso saber como dar lugar ao que é outro. Ora, precisamente, a simetria não deixa lugar para a alteridade.

Seria a partir dessa elisão da alteridade na gestação, deveríamos dizer, que poderíamos talvez interpretar a característica própria a nosso mundo atual que Marcel Gauchet nos indica, a saber, "a pacificação"; em outras palavras, o apagamento da conflitualidade em proveito da busca quase que desesperada do consenso[36]. Com efeito, se não dispomos mais, em nossas referências internas, com que nos confrontar com o que é dissimétrico,

---

[34] S. Chalvon-Demersay, "Une société élective, scénarios pour un monde de relations choisies", *Terrain*, nº 27, setembro de 1996.
[35] Ph. Chailou, *La violence des jeunes*, Paris, Gallimard, 1995.
[36] Ver, a esse propósito, A.G. Slama, *L'angélisme exterminateur. Essai sur l'ordre moral contemporain*, Paris, Grasset, 1993; muito particularmente o cap. 3, "La tyranie du consensus".

teremos tendência a tudo fazer para afastar o espectro do que não pode mais aparecer a não ser como um conflito insolúvel. O efeito paradoxal que isso traz é, por um lado, a evitação "soft" da conflitualidade, por outro, um surgimento inesperado da violência sob uma forma freqüentemente incontrolável. Para dizer no nosso jargão, se "o discurso da ciência implica a foraclusão do Falo"[37], não há nada de surpreendente em que retorne no real, sob a forma de violência desvairada, o que foi foracluído do simbólico.

Nossa organização social de hoje, com o colocar em pé de igualdade todos os enunciados, com essa evitação da disparidade entre enunciação e enunciado, induz o apagamento da dissimetria dos lugares e quer apagar as diferenças; no caso, tanto a dos sexos quanto a das gerações. Passar do regime dos pais para o dos expertos implica, então, uma nova versão do sonho de servidão voluntária: que nos rege pelo dito que passa sem o dizer! A esse preço, evidentemente, podemos esperar a comunicação "clean", o mal-entendido expulso, a disparidade abolida, a diferença eludida... em uma palavra, a "solução final" para a alteridade.

Ora, se podemos nos regozijar por uma tal evolução ter, sem dúvida, trazido mais justiça com relação a grupos outrora minorizados, não se deve pensar que a desigualdade possa ser eliminada em si mesma, pois uma falta – que podemos, evidentemente, sempre ler como uma injustiça original – fundamental e irredutível está inscrita na estrutura do ser falante; o que, de nenhum modo, equivale a dizer que devamos aceitá-la em suas atualizações, mas dá um caráter de loucura a quem quisesse nos deixar crer que poderíamos nos livrar dela completamente. Nosso trabalho não é erradicar essa disparidade que é constitutiva do ser humano, mas, a partir dela, lidar com ela de outra forma.

Apagar a diferença dos lugares, a dos sexos e a das gerações, só tem como efeito embrulhar as referências simbólicas, no entanto indispensáveis a nossa vida social; e, com o risco de passar por reacionário, vai ser preciso reassumir o lugar da enunciação e não ceder ao fascínio de um mundo regulado exclusivamente por enunciados.

---

[37] Ch. Melman, "Lecture raisonnée et critique des oeuvres de Freud et de Lacan", seminário 1996-1997, sessão de 10 de outubro de 1996, inédito.

Um simbólico virtual

Paradoxalmente, pois, essa obrigação da palavra – que se poderia chamar de dever fálico[38] – é o que constitui a coluna vertebral do laço social e é a partir da desinscrição que constatamos a desconexão social que caracteriza hoje nosso coletivo de individualismos – cada um só cuidando do consolo de sua autonomia.

O simbólico que chamamos de virtual, secretado pelo discurso da ciência pós-moderna, torna caduca a tarefa de atualizar a castração, tradicionalmente devida ao pai. Vice-versa, o declínio da função paterna em nossa sociedade deixa se desenvolver um mundo em que a castração é sempre levada para mais tarde.

A partir daí, a nossa configuração social não apresenta mais as mesmas características da ordem simbólica que a sociedade organizada em torno da religião atualizava, garantindo-as pela sacralização da figura paterna. Poderíamos dizer que este último é um simbólico que deixa lugar para a alteridade, para o Outro; o simbólico da ciência, quanto a ele, é homogêneo, se reduplica, se repete pelo modelo dos clones e não introduz na alteridade; é um sistema simbólico em que não há verdadeiro lugar para a diferença: não há lugar para a diferença das gerações – os pais e os filhos estão no mesmo nível – e não há lugar para a diferença dos sexos – nosso mundo está na igualdade dos sexos. O que o chefe diz tem tanto valor quanto o que diz aquele que não o é, já que a diferença dos lugares não tem nenhuma conseqüência. Ora, o próprio da dimensão simbólica original, para chamá-la assim, é obrigar a registrar que não estamos todos no mesmo lugar. Queiramos ou não, é assim! Nem que fosse porque o pai é aquele que permanecerá sempre estranho para o filho. Nem que fosse porque, por causa do que o pai tornava presente para o sujeito, a tradição veiculava de imediato a dissimetria implicada pela ordem simbólica original; ao passo que, na ordem simbólica aparentada com a ciência, produzimos um dispositivo em *trompe-l'oeil* que se apresenta como simétrico: na medida em que

---

[38] Sem dúvida, é o que dá ao "trabalho" seu valor de laço social e faz com que, hoje, a desconexão social esteja a nossas portas ao mesmo tempo que o trabalho não tenha mais a função que tinha. Ver, sobre esse assunto, J. Roman, *Qu'est-ce qui fait lien?*, em "Tisser le lien social", *Projet*, nº 247, outono de 1996, e V. Forrester, *L'horreur économique*, Paris, Fayard, 1996.

sejam validados, todos os saberes se equivalem e não sabemos em nome de que viríamos neles organizar uma hierarquia.

Certamente, esse simbólico virtual não fez desaparecer o original; além disso, não se trata aqui de lamentar o que foi permitido pelos progressos que conhecemos, mas isso não nos deve impedir de identificar as conseqüências de seu surgimento com a ciência pós-moderna: pois tudo se passa, antes, como se o sujeito se encontrasse, hoje em dia, simultaneamente, diante de dois dispositivos simbólicos e, pois, na posição de alguém que, ilusoriamente, poderia sempre escolher, ao passo que, de fato, não se trata de escolha; ou, então, de alguém que viria habitar uma zona fronteiriça, um entre-dois permanente, tanto assegurador quanto neutralizante, que autoriza a alternância ou a incessante báscula[39]; ou, ainda, daquele que tem uma visão dupla e que, diante dessa diplopia, se vê na impossibilidade de constituir para si uma visão binocular, não tendo outra saída que suprimir a visão por um de seus olhos. É nesse movimento que será levado a embarcar numa via que ameaça fazê-lo perder a sua própria e levá-lo a perder caminhos de travessia pelo menos inesperados.

Apostemos que, com essa interpretação, nos será possível dar conta de um conjunto de fatos clínicos identificáveis no social atual.

---

[39] Foi assim que interpretamos a existência dos casos ditos limites. Cf., sobre esse assunto, *Le Bulletin freudien*, nº 29, "États limites ou états sans limite", revista da Association freudienne de Belgique, dezembro de 1996.

V

Uma clínica do social

Agora nos será possível reconhecer em operação a cumplicidade entre um sujeito sempre tentado a se poupar do trabalho psíquico a realizar para assumir a insatisfação fundamental que caracteriza nossa condição e um discurso social que deixa crer que a ordem simbólica não traz mais em si, como estrutural, essa inelutável decepção. Doravante o campo está livre para o avanço de uma lua-de-mel entre a evitação da castração pelo sujeito e o que uma sociedade assim marcada pelos implícitos do discurso da ciência faz brilhar.

Com efeito, a promoção de um ideal de submissão às coordenadas da ciência não implica mais que seja preciso passar pelos forcados caudinos* da castração – ou do ser adulto, para falar mais simplesmente –, ou seja, dever sustentar que, mesmo havendo impossível, a vida não é, por isso, impraticável.

Olhando isso um pouco mais de perto, aquilo que se crê hoje em dia poder identificar como o fim das ideologias é, antes, o acabamento da ideologia da tecnociência, realizando assim o que define a condição pós-moderna, ou seja, "a incredulidade com relação às metanarrativas"[1]: doravante, não há mais necessidade de projeto para sustentar a existência, nem de recurso ao mito para inventar o sentido, não há mais necessidade de reco-

---

* *Fourches caudines*: referência à forma do desfiladeiro, perto de Caudium, em que os romanos, em 312 a.C., foram vencidos e humilhados; *passer par les fourches caudines*: padecer de condições duras e/ou humilhantes. (NT)
[1] Cf. J.F. Lyotard, *La société postmoderne*, Paris, Minuit, 1979, p. 7.

nhecer ao Terceiro seu lugar; bastaria a adesão a esse simbólico virtual, a coincidência com seu funcionamento. Não é que não exista mais ideal, é que o ideal novo consiste em poder passar sem ideal, em ser apenas conforme e transparente com relação a seu próprio funcionamento. Não estaríamos, então, no fim das ideologias, mas, antes, na ideologia de pensar viver sem ideologia.

No entanto, por isso, opera-se uma inversão: a queixa do sujeito não se origina mais no sofrimento legítimo de dever assumir "o caráter fundamentalmente decepcionante da ordem simbólica"; num tal contexto, emana de um sofrimento que se deve qualificar de ilegítimo, pois vem de que o sujeito recusa assumir a dita decepção e aquilo de que se queixa, doravante, é de não receber os dons. Por isso, como evoca, por exemplo, Pascal Bruckner, "São todas as definições do normal e do patológico que são subvertidas: não estar doente é o menos importante. Primeiro, é preciso que nos curemos dessa doença mortal que é a vida, já que ela um dia acaba. Não distinguimos mais fatalidades modificáveis – frear a ruína física ou prolongar a existência – e fatalidades inexoráveis: a finitude e a morte. Esta não é mais o termo normal de uma vida, a condição, de toda forma, de seu surgimento, mas um fracasso terapêutico em corrigir pondo tudo de lado. As máquinas, a ciência pretendiam nos liberar da necessidade e do esforço; é do futuro que aspiramos a nos liberar doravante. A modernidade faz brilhar para nós a possibilidade próxima de um domínio do vivo a fim de proceder a uma segunda criação que nada mais deveria ao acaso da natureza. Não são mais essas ambições que nos parecem loucas, mas a demora de sua realização"[2].

O que, simultaneamente, ameaça ser progressivamente excluído são as categorias da incerteza e do risco – no entanto, mobilizadoras do desejo –, tanto quanto o tempo da espera, em proveito das da segurança e da imediatez sem limite, já que estas são abusiva e enganosamente prometidas pelos implícitos de nosso social. O que é, por isso, ameaçado em sua transmissão é a dimensão da ternariedade e do terceiro.

Ora, a clínica cotidiana do psicanalista o leva a dever constatar as devastações acarretadas por todo rodeio para com o reconhecimento do

---

[2] P. Bruckner, *La tentation de l'innocence*, op. cit., p. 63.

terceiro e, para ele, como desenvolveremos mais adiante, consentir na Lei da linguagem é suficiente para dar o justo lugar a esse terceiro que a religião havia garantido durante séculos ao declará-lo habitado. Essa Lei da linguagem é habitualmente subjetivada através da organização edipiana e cabe ao pai atar – e não opor – o desejo e a Lei. Resta que cada sujeito tenta, com freqüência, "aproveitar" os avatares de sua história para se autorizar a continuar a contravir essa Lei da linguagem. Assim, por exemplo, determinado paciente argumentará por muito tempo com a violência de seu pai para não ter que se submeter ao que, no caso, deve-se chamar sua canga; mas, ao assim fazer, persiste também em objetar à lei que o pai representa e na qual resiste em consentir.

Da mesma forma, o simbólico virtual do discurso da ciência autoriza o sujeito de hoje a "aproveitar" o que lhe é implicitamente prometido para reivindicar seu devido, primeiro, e, depois, à falta de obtê-lo, plasmar-se como a vítima de um crédito impagável; assim fazendo, contravém as incontornáveis conseqüências do que ser falante implica.

Em seu funcionamento, tudo se passa como se nosso social reconhecesse aos enunciados da ciência a qualidade de terceiro, mas são enunciados dos quais desapareceu a dimensão da enunciação. Assim, torna-se semelhante ao funcionamento de uma mãe que se refere a um outro – nisso o Nome-do-Pai ainda está salvo –, mas que, entretanto, não deixa verdadeiramente para esse pai a possibilidade de encetá-la, pois mantém o embargo dessa intervenção outra. Ora, se é a própria mãe que permite à criança preparar a indispensável destituição de sua onipotência, ao se referir a outra coisa que ela – castração primária –, é igualmente necessário, para que esta possa se realizar, que um outro intervenha em carne e osso e que aquele que faz ofício de pai encete a mãe a partir de sua enunciação; em outras palavras, a partir de um lugar em que a criança em nada lhe esteja assujeitada. É esse trajeto, que corresponde à simbolização da falta materna, que permitirá ao sujeito à renúncia a sua própria onipotência infantil. Combinam bem, portanto, onipotência materna e onipotência infantil, e também combinam bem abandono progressivo dessa onipotência e consentimento na referência paterna.

Assim fazendo, podemos apreender que um sistema social, ao funcionar como uma mãe que se contenta em remeter a um outro, mas que não aceita verdadeiramente que esse outro intervenha de seu lugar próprio, literalmente aprisiona numa tenaz a intervenção do pai real e, *de facto*, promove a persistência da onipotência infantil. Ao mesmo tempo, dissuade do encontro com a sempre imperfeita realidade e, assim, entrava o cumprimento do trabalho de luto necessário ao sujeito para ir mais longe no caminho da subjetivação.

Não é assim que é possível apreender vários comportamentos dos dias de hoje? Podemos, com efeito, pensar que alguns, assustados e enojados com o encontro com a incontornável decepção, dopados pelo que o social deixa entender, a saber, que "tudo será possível", ou que "nada será impossível", alguns, incomunicabilidade e injustiça, não querem mais. Melhor, ainda, assim fazendo, é querer que eles não querem mais; seu maior voto seria poder passar sem esse querer, essa obrigação que a ordem simbólica veicula consigo; em outras palavras, seu voto seria renunciar à modalidade de gozo que a linguagem prescreve e encontrar um outro gozar, enfim suscetível de escapar a todos esses avatares.

Isso poderia parecer, à primeira vista, abstrato, mas basta seguir a paixão dos adolescentes por um filme como *Le Grand Bleu* para ver esse funcionamento psíquico operando[3]. Esse filme, no qual um grande número de jovens encontra a expressão "de, enfim, uma razão de viver", pode ser

---

[3] Lembremos, resumidamente, a história: Jacques Mayol se sente muito mais próximo dos delfins do que dos humanos e se dedica inteiramente às experiências de mergulho; praticamente não fala e continua, sem dúvida, marcado pelo acidente que custou a vida de seu pai quando mergulhava para apanhar esponjas. Recusa responder ao desafio que seu amigo Enzo lhe faz de saber quem tirará da água mais rápido uma peça do fundo do pequeno porto grego de sua infância. Alguns anos depois, assim mesmo aceita competir com Enzo para tentar obter o título de campeão do mundo de mergulho em apnéia. Em torno dessa competição, uma moça, Joanna, o seduz e quer viver com ele. Enzo e Jacques se superam mutuamente e estabelecem um último encontro numa ilha de sua infância. Chegando à Grécia com Jacques, Joanna o acompanha pelos rochedos em que ele mergulhava outrora e lhe fala de filhos e de um lar. Ele nada sem responder. Quando competem, Enzo mergulha demais e desce muito fundo: Jacques o traz para a tona à morte. Naquela mesma noite, tem um sonho: o teto de seu quarto se transforma em mar e a massa líquida o engole... Num segundo momento, Jacques decide voltar a ficar junto dos delfins, sem dar ouvidos às súplicas de Joanna e sem dar importância ao fato de que ela acaba de saber que está grávida dele. Ele mergulha e se confunde com o negror do oceano.

lido como uma "metáfora da experiência da droga", como evocou Daniel Sibony[4]; com efeito, trata-se nele de desabonar as modalidades da existência subordinadas à ordem simbólica, para realizar na morte esse voto de não mais querer e, em troca, de se deixar absorver inteiramente pelo oceano.

"O mergulho não é um esporte como os outros; é um pouco pomposo dizer isso, mas é, antes de tudo, uma viagem mística [...] Jacques é a identificação com o animal, Enzo é a busca de Deus. Numa das etapas do roteiro, Enzo diz a Joana: 'Mergulho para encontrar Deus, se eu mergulhar muito fundo, vou encontrá-lo'. O mar é uma religião, é uma linha direta com o céu"[5].

Assim como observa judiciosamente Olivier Mongin, que, aliás, faz desse filme um dos paradigmas de sua tese referente ao "medo do vazio": "O filme mostra longamente as etapas que precedem a *overdose* final. Essa saída não manifesta apenas uma vontade de fusão com os elementos, antes intervém por falta, como conseqüência do fracasso encontrado pelas diversas tentativas e solicitações suscetíveis de prendê-lo à terra e colocá-lo em acordo com o mundo"[6].

Isso para precisar que não se trata somente da promoção de um ideal fusional, mas também, e sobretudo, do desabono de nossa modalidade comum de gozo, sendo dado seu fracasso em assegurar o sucesso do encontro, e de um convite para nos voltarmos para uma modalidade de gozar que nada mais deva à obrigação de "decepção inelutável". Aliás, é exatamente isso que encontraremos operando no apelo a expedientes, a princípio menos perigosos que a droga, como os tranqüilizantes ou os "premix"[7]: "São as preocupações, a galera que te levam a beber; a cerveja é uma forma de escapar disso tudo!"[8], confiava um jovem que explicava as razões de beber.

Notemos também que, além do fato de que, de início, Jacques recusa a rivalidade competitiva com Enzo, é sua aceitação num segundo tempo

---

[4] D. Sibony, *Libération*, 10 de agosto de 1989.
[5] L. Besson, *Le Grand Bleu*, texto de A. Gillot, Paris, Ramsay, 1988, p. 59.
[6] O. Mongin, *La peur du vide*, Paris, Seuil, 1991, p. 100.
[7] Nome de cervejas especiais com grande teor alcoólico atualmente vendidas no mercado, também chamadas "shooters".
[8] Cf. *Le Monde*, 5 de novembro de 1996.

que levará Enzo à morte, e é bem diante desse fracasso que mais nada pode deter Jacques em sua escolha da morte pela dissolução no Outro, aqui metaforizado pelo oceano, não havendo nem mesmo a possibilidade de uma transmissão de parentesco com sua amante Joanna. Tudo isso não conta mais, a própria sexualidade não tem mais peso, de tanto que se tornou insuportável estar assim submetido à decepção comum, à infelicidade banal.

Com efeito, Jacques Mayol, "essa infeliz criança refratária ao mundo humano", como o chama Olivier Mongin, não enxerga mais o filho como uma salvação, pois recusou a família, essa outra obrigação débil do mundo, organizada pelo simbólico humano. Sua aproximação dos delfins ilustra então, bastante bem, a que ele sonha ter acesso, ou seja, um mundo em que o gozo da vertigem toma o lugar da série de satisfações e de insatisfações implicadas pela felicidade/infelicidade banal do mundo simbólico que é o nosso.

Podemos aqui fazer aparecer claramente a diferença entre o que Mayol quer e o que Antígona, por exemplo, sustenta. Esta se opõe a Creonte e quer lembrá-lo de que ele não tem o direito de exercer sua lei de encontro à lei fundamental que autoriza poder enterrar seus mortos. Segura da verdade que afirma, arrisca a confrontação com o Mestre e, como imediatamente lhe diz Ismene, "visa o impossível"[9]. O herói do *Grand Bleu* não mais visa precisamente o impossível, ele o refuta, o desabona, e esse desabono o leva a professar, no mesmo movimento, um trajeto que só pode chegar à morte, único ponto de encontro com o impossível num tal registro, pois esse Outrogozar, como nos lembra Charles Melman, "não se funda no apoio que dá um limite à preensão de um objeto doravante garantido outro, *heteros*. Por estar sem o apoio de um limite, privado da resistência estável do objeto, libera aquele ou aquela que a ele se encontra entregue para a repetição de golpes que agora devem ser de intensidade crescente e acelerados em seu ritmo para tentar ganhar o céu de um Outro; instante brevemente exitoso com o sono ou o coma que não se realiza como ato bem-sucedido, quer dizer, fundado para a eternidade, a não ser com a morte. Somente o corpo

---

[9] Sófocles, *Antígone*, op. cit., verso 90.

biológico, com efeito, opõe aqui uma resistência natural que um tal processo só pode querer forçar"[10].

Antes de chegar à patologia, nos seria útil considerar que essa outra modalidade de gozar é promovida pelo simbólico virtual produzido pelo discurso da ciência: assim, por exemplo, a sociedade de consumo preferirá a incorporação oral à satisfação sexual; para ilustrar isso, basta evocar esse espote publicitário para as amêndoas glaçadas, no qual se vê uma mulher pensar que um homem a paquera, ao passo que ele só quer as ditas amêndoas que ela colocou na sua sacola.

Vamos, agora, constatar que certas patologias sociais que nos parecem específicas, como a toxicomania ou uma certa delinqüência, assim como o que alguns chamaram de "as novas doenças da alma" e de "estados-limites", têm uma relação estreita com esse funcionamento social que identificamos; Julia Kristeva fala, a propósito dessas patologias recentes, "de economia da representação e do aparelho psíquico"; efetivamente, quando o processo de simbolização não é promovido em seu lugar de vocação civilizadora no seio do social, a representação psíquica vai se ver desvalorizada e serão, simultaneamente, funcionamentos fora-da-lei da linguagem – em outras palavras, incestuosos – que serão promovidos.

A TOXICOMANIA

Abordemos uma patologia cujo crescimento é um problema maior para nossa sociedade de hoje em dia e sobre a qual não temos nenhuma dúvida de que remete a esse Outrogozar, a saber, a toxicomania. Para ilustrar aquilo em que a toxicomania concerne a nossa proposta, retomemos esse exemplo clínico de Eduardo Vera Ocampo: "Penso no primeiro toxicômano que recebi em psicoterapia num centro de acolhimento para toxicômanos. Via esse paciente três vezes por semana. Ele vinha ao centro pontualmente para as sessões, o que fazia com que não estivesse submetido à regra da abstinência. Naquela época, tinha a idéia, sem dúvida muito simplista, de que, na

---

[10] Ch. Melman, *Clinique psychanalytique*, artigos e comunicações 1973-1990, Paris, Publicação da Association freudienne, 1991, p. 42.

medida em que meu paciente 'avançasse' em sua psicoterapia, isso acarretaria uma diminuição 'inversamente proporcional' das ingestões de droga. Ora, a terapia já havia começado há mais de um ano e meu paciente continuava a se drogar exatamente na mesma cadência do início do tratamento. No entanto – o que mais me intrigava –, eu tinha a convicção de que esse paciente estava totalmente engajado em seu trabalho psicoterápico.

Continuava muito espantado com esses fatos, quando, um dia, por perto do fim do segundo ano de tratamento, vi meu paciente chegar num estado de verdadeira sideração. Fomos para o consultório e eu não estava ainda sentado quando ele me lançou: 'Não é mais igual, não é mais igual!'.

Diante de meu espanto, me contou: 'Tomei uma dose de heroína, como de hábito, e não era mais igual, achava que tinham me vendido uma falsificada, comprei mais um grama, e sempre não era igual'.

Compreendi que, 'apesar dele' e, de certa maneira, também 'apesar de mim', o objeto droga havia 'caído' para esse paciente e que se tratava de uma modificação profunda, de um remanejamento pulsional e fantasmático"[11].

O que nos dizem essas frases é, por um lado, que o gozo do toxicômano não se liga somente aos efeitos do produto, mas também à organização psíquica do sujeito, podendo-se indicar que esta precisamente encontra eco nos efeitos suscitados pela ingestão da droga; por outro lado, que um efeito de um engajamento na fala levou esse sujeito a um "remanejamento pulsional e fantasmático" que implicou uma perda conseqüente de gozo. É isso que falta à definição da Organização Mundial de Saúde, quando define a toxicomania dizendo que é um "estado psíquico e algumas vezes também físico que se origina na interação entre um organismo vivo e um medicamento"[12]. Essa definição, aparentemente clara e judiciosa, considera que o toxicômano é um ser mudo e que a apreensão na linguagem não se refere a ele! Uma planta ou um animal poderiam, então, perfeitamente ser toxicômanos.

---

[11] E. Vera Ocampo, *L'Envers de la toxicomanie: un idéal d'indépendance*, Paris, Denoël, 1989, pp. 49-50.
[12] Comité de l'Organisation mondiale de la santé, 1969, p. 8, citado por E. Vera Ocampo.

Ora, o que esse paciente dizia é que algo nele havia consentido em se confrontar com a discordância comum e que esse consentimento acarretava a perda de gozo do produto. Com efeito, o que, em troca, o produto autoriza é um Outrogozar que alivia a dor de existir, essa dor da disparidade, do encontro da dissimetria e, portanto, do impossível e da decepção incluída nas coisas humanas. Essa dor é, nele, agravada, sem dúvida, por sua história singular de sujeito, mas esta é construída nas malhas de um social que torna pensável suspender a hipoteca desse ponto de impossível, ao promover a crença em um "tudo possível". Assim, identificamos a pertinência dessa pergunta feita a um toxicômano por um clínico: "Se você é tentado pela droga, não é porque supõe que seu pai pode se permitir tudo?".

A toxicomania é, de todo modo, a resposta do pastor à pastora*, se por pastor dever ser entendido o toxicômano e, por pastora, nossa sociedade conforme aos implícitos veiculados pelo discurso da ciência. No caso, o que aqui é visado é a redução do desejo humano ao que é necessidade, consecutiva à desinscrição desse caráter decepcionante. O próprio da necessidade é alcançar o objeto e se esgotar, uma vez obtida a satisfação, até um novo ciclo: ocorre assim no mundo animal. Por vezes, chamamos de "necessidade" ou de "instinto" o que nos habita; assim, acontece de pensarmos que temos necessidades sexuais da mesma maneira que temos fome e sede, mas Freud introduziu aqui o termo "pulsão". Este se diferencia da necessidade por ser uma força constante, que só pertence ao psiquismo por intermediação da representação.

Lacan tirará as conseqüências desse conceito freudiano com referência à linguagem que nos constitui. Esta nos impõe, com efeito, uma ordem de descontinuidade, a dos significantes: o que especificará, a partir de então, um ser humano é que esse mundo da necessidade foi radicalmente subvertido pelo sistema linguageiro. O objeto nunca mais será alcançável como tal. Para o ser humano, cada uma daquelas que são chamadas suas necessidades é "apanhada" nas armadilhas da linguagem e, portanto, sempre dirigida ao Outro como demanda. Ali onde a necessidade visa um ob-

---

* Trata-se de uma expressão idiomática francesa, "la réponse du berger à la bergère", que significa, segundo o *Petit Robert*, "a última palavra" e que é, aqui, "desconstruída" pelo autor. (NT)

jeto específico e pode se satisfazer com ele, a demanda é sempre formulada e dirigida a outrem. Quando se dirige a um objeto, este para ela não é essencial, sendo a demanda articulada, em seu fundo, demanda de amor. O desejo, quanto a ele, nasce da distância entre a necessidade e a demanda; é irredutível à necessidade, pois não é, em seu princípio, relação com um objeto real; é sempre relação com a natureza significante do objeto e com a falta que funda sua articulação.

Ora, a sociedade, ao se submeter aos implícitos do discurso da ciência, apaga a natureza significante do objeto e simultaneamente transforma os desejos em necessidades. A resposta que lhe é dada pelo toxicômano é, então, clara: ele refuta ter que se confrontar com o mal-estar inerente ao desejo e reivindica dispor – como é prometido! – desse objeto como um puro objeto de necessidade, como evoca William Burroughs: "A droga encobre a fórmula do vírus diabólico: a álgebra da necessidade. A feição do diabo é, sempre, a da necessidade absoluta. O drogado é um homem devorado pela necessidade absoluta de droga. Para além de uma certa freqüência, essa necessidade não pode ser freada e não conhece nenhum limite. Segundo os termos da necessidade absoluta: 'Qualquer um agiria assim'. Sim, você agiria assim. Você não hesitaria em mentir, ou trapacear, ou denunciar seus amigos, ou roubar – pouco importa – para saciar essa necessidade absoluta"[13].

As novas doenças da alma

As novas doenças da alma, é assim que Julia Kristeva intitula uma de suas últimas obras, na qual tenta definir as especificidades dos pacientes de hoje em dia: "A experiência cotidiana parece demonstrar uma redução espetacular da vida interior. Quem, hoje, ainda tem uma alma? [...]. Porque impõe-se a constatação: pressionados pelo estresse, impacientes para ganhar e gastar, para gozar e morrer, os homens e as mulheres se poupam dessa representação de sua experiência que se chama uma vida psíquica [...]. Não se tem

---

[13] W. Burroughs, *Le festin nu*, Paris, Gallimard, 1959, p. 3.

nem o tempo nem o espaço para dar para si uma alma. [...]. Umbilicado no seu quanto a si, o homem moderno é um narcísico talvez doloroso, mas sem remorso. [...]. As novas doenças da alma são as dificuldades ou incapacidades de representações psíquicas que chegam a colocar à morte o espaço psíquico"[14].

Há alguns decênios, regularmente se faz referência a novas patologias, pacientes narcísicos, borderlines, falso *self*, personalidades múltiplas, estados-limites, anti-analisantes, e, a cada vez, somos convidados a nelas identificar um traço comum, a saber, precisamente, uma "dificuldade de representação psíquica".

Da mesma maneira, podemos evocar um conjunto de autores que tentaram e continuam tentando levar em consideração esses novos pacientes, que não se manteriam mais nas categorias nosográficas clássicas, porque se apresentariam com uma sintomatologia fenomenologicamente diferente da dos pacientes da primeira metade do século[15].

Se fosse preciso tentar alguma recapitulação das constatações que nos levam a fazer todos esses autores, através de suas concepções, poderíamos colher alguns pontos comuns relativos a uma modificação da paisagem psicopatológica: erosão das diferenças marcadas entre as estruturas, complexificação das entidades clínicas, recuo das indicações clássicas da cura psicanalítica tais como a histeria e a obsessão, ampliação paralela da necessidade de cuidados, aumento de distúrbios ditos arcaicos enquanto o sexual seria desalojado de seu lugar preponderante, operando este muito mais como uma máscara ou como defesa; enfim, reconhecimento de que essas modificações estão estreitamente vinculadas a um devir da sociedade contemporânea.

No que diz respeito à especificidade dessas patologias novas, parece haver concordância entre os autores quanto a considerá-las como conseqüentes a um enfraquecimento do funcionamento mental, o que só faz encontrar as afirmações de Kristeva, quando evocava uma "incapacidade de

---

[14] J. Kristeva, *Les nouvelles maladies de l'âme*, Paris, Fayard, 1993, pp. 15-9.
[15] Vemos figurar aí, entre outros, os nomes de Pierre Fédida, André Green, Joyce MacDougall, Harold Searles, Otto Kernberg, Jean Bergeret, ou, anteriormente, os de Helen Deutsch ou de Donald-Woods Winnicott.

representação psíquica". Em outras palavras, tanto de uma maneira quanto de outra, e correndo o risco de um amálgama abusivo, o que se tenta apreender na abordagem dessas "novas doenças da alma" é um recuo da simbolização; tudo se passa como se aquilo com que nos confrontamos, através dessa fenomenologia nova, nada mais fosse que um estreitamento de nossa capacidade de pensar.

A questão que se coloca, a partir daí, e à qual, em contrapartida, Kristeva não responde verdadeiramente[16], é tentar identificar as razões dessa erosão da alma e tentar dar conta dessas patologias novas pela articulação com o social de hoje em dia.

Assim, peguemos o exemplo de uma dessas novas psicopatologias evocadas – no caso, o estado-limite, de Jean Bergeret – e tentemos identificar as questões que a determinam.

Ninguém contestará hoje que numerosas modificações apareceram nesses últimos anos nas demandas, com relação a tudo que é designado, de maneira geral, sob a etiqueta psi: entre estas, o aumento de uma categoria de pacientes que alguns reagruparam sob o nome de estados-limites.

Que são os estados-limites para Jean Bergeret? Um inventário de patologias é evocado: as toxicomanias, os alcoolismos, os distúrbios das condutas alimentares, as violências e delinqüências sistematizadas, os suicídios em todas as suas formas, diretas ou indiretas, manifestas ou escondidas. Os estados-limites são pacientes que não se teriam beneficiado de pais que pudessem constituir alvos identificatórios suficientes para autorizar que se formasse a estruturação da personalidade; sua organização psíquica não remeteria ao modelo genital e edipiano. Contrariamente aos neuróticos, não teriam disposto dos meios que lhes teriam sido necessários para elaborar um imaginário que integrasse a genitalidade e a triangulação do Édipo. Os sintomas principais desses pacientes são, além da depressão, não ser capaz de diretamente fazer frente a uma situação, ter uma estima de si extremamente diminuída, estar atingido por uma morosidade do desejo, não pensar poder viver sem o apoio do outro ou sem o apoio do meio que, em

---

[16] Como precisa judiciosamente Cl. Zylmans, num recorrido da obra de Kristeva, "Le souci de l'âme: entre l'individuel et le social", *Cahiers de psychologie clinique*, nº 2, "La maladie humaine", De Boeck, 1994.

contrapartida, deveria ser sempre capaz de lhe trazer uma ajuda imediata. Estaria presente, também, uma dimensão de reivindicação que sobrevém muito rápido nesses pacientes, seja quando a ajuda fosse aparentemente recusada, seja quando fosse somente postergada. Haveria igualmente temor, ao mesmo tempo que desejo do fracasso, com uma sobrestima do poder de que os outros disporiam. São pacientes que imporiam sua demanda, que não teriam verdadeiramente o sentido da culpabilidade, mas que, em troca, estariam habitados por sentimentos de vergonha, estando o paciente alocado sob a etiqueta de estado-limite agarrado sobretudo à maneira como o outro o avalia.

Jean Bergeret afirma que não se trata de neurose nem de psicose, mas, segundo ele, de um modo inteiramente particular de organização da personalidade. "O estado-limite", nos diz ainda, "ficou, como a criança, dominado por representações imaginárias que separam os humanos em grandes e pequenos, em fortes e fracos". Termina lembrando que numerosos clínicos estimam encontrar cada vez mais estados-limites e que há três fatores de risco essenciais atuantes em sua etiologia, a saber, as dificuldades identificatórias secundárias, a pobreza da elaboração imaginária e as carências de regulação das pulsões; igualmente nota que esses três fatores de risco essenciais se mostram particularmente desenvolvidos e encorajados nos contextos do meio atuais, que, ao contrário, deveriam normalmente constituir referências identificatórias, encorajamentos e segurança contra os transbordamentos pulsionais. Em outras palavras, segundo Jean Bergeret, se a evolução de nossa economia e de nossa sociocultura não chega a aumentar o número de psicoses, nem, sobretudo, o número de neuroses, facilita a extensão das hesitações e das inibições afetivas sob todas as formas, fenômenos que não deixam de responder a um modelo de funcionamento limite.

Tal é, grosseiramente traçado, o quadro dos estados-limites exposto por Jean Bergeret. À questão de saber se se deve reconhecer nessa fenomenologia clínica uma estrutura específica – em outras palavras, os pacientes aos quais se dá o qualificativo de estados-limites são de estrutura diferente dos neuróticos, dos perversos ou dos psicóticos? – responde muito claramente sim, trata-se de uma estrutura específica; e à questão de saber se essa fenomenologia tem uma relação com o mal-estar na civilização que nos é particular hoje em dia Jean Bergeret responde, pois, também positivamente; basta tomar como prova os três fatores de risco que acaba de nos lembrar.

Precisemos, de imediato, que não encontraremos esse conceito no ensino de Freud, nem no de Lacan. Para Freud, com efeito, a utilidade de um tal conceito não se fez sentir, mesmo que seja natural que alguns pacientes – como o homem dos lobos, por exemplo – possam figurar, hoje em dia, como paradigma desses estados. Quanto a Lacan, ele não nos deixa pensar que o estado-limite seja uma estrutura. Para ele, há apenas três modalidades de articulação da relação do sujeito com o Outro: as estruturas psicótica, neurótica ou perversa. O psicótico é alguém que diz "não" ao Outro – e, por Outro, não devemos entender apenas o pequeno outro ao qual o sujeito se dirige, mas o Outro, a linguagem na qual esse mesmo sujeito se constitui. O neurótico, por seu lado, quer que o Outro não tenha nenhuma falta e sem parar tenta preenchê-lo. Quanto ao perverso, ele nega que o Outro seja fundamentalmente faltante e, a esse título, faz dele instrumento de seu gozo. Tudo isso só para falar muito rapidamente das três estruturações possíveis da realidade psíquica à luz do ensino de Lacan. Os estados-limites seriam, então, para ele – na medida em que nem mesmo fala disso –, uma suspensão do diagnóstico, suspensão eventualmente justificada pela incapacidade momentânea de poder identificar corretamente, por trás da fenomenologia clínica, qual é a estrutura do sujeito. Evidentemente, na medida em que não reconhece no estado-limite uma estrutura específica, Lacan nunca respondeu à pergunta complementar, a de saber que relação esse tipo de estrutura poderia ter com o social. Portanto, foi para nós que deixou o trabalho de saber se haveria um meio de responder a essa pergunta a partir de seu ensino, e é a isso que nos atrelaremos, sem, aliás, ratificar, por isso, que se trate de uma nova estrutura, mas também sem negar que a fenomenologia que é descrita através dessas observações pode corresponder a uma realidade clínica.

Podemos, para ir mais longe, voltar a partir de um traço colocado em evidência por Jean Bergeret quando nos fala do imaginário e nos referir, por outro lado, à leitura feita por Lacan do caso célebre do Pequeno Hans em seu seminário dedicado à "relação de objeto". Quando Jean Bergeret nos diz que o "estado-limite ficou, como a criança, dominado por representações imaginárias que separam os humanos em grandes e pequenos, em fortes e fracos" e que, aliás, "o papel representado pelos meios sucessivos não permitiu ao estado-limite elaborar um imaginário que integrasse a genitalidade e a triangulação", há aí uma contradição: com efeito, isso é dizer, de um lado, que há um imaginário ampliado e, de outro, evocar uma incapacidade de elaborar o imaginário.

Por outro lado, haveria uma contradição idêntica quando nos fala dos riscos sociais que viriam favorecer o desenvolvimento dos estados-limites, da pobreza da elaboração imaginária e acrescenta: enquanto o social deveria, antes, levar a um encorajamento do sonho. Como se sonhar se originasse apenas do imaginário! É isso que nos permite remeter à observação do Pequeno Hans por Freud, tal como retomada por Lacan em seu seminário dedicado à "relação de objeto"; este nos mostra bem que as elaborações imaginárias do Pequeno Hans são, de fato, equivalentes a mitos, são, antes, da classe do que se passa no sonho, no trabalho do sonho tal como Freud o articulou; as elaborações míticas do Pequeno Hans, nos precisa Lacan, são, antes, tentativas de simbolizar o imaginário. Com efeito, não se deve confundir a imaginação, que é puramente imaginária, com o trabalho do sonho, que supõe a operação de um verdadeiro processo de simbolização. É justamente nisso, aliás, que Lacan nos traz elementos extremamente importantes, e é por esse viés que podemos tentar articular o que estaria em jogo nesses estados-limites e relacioná-los com as características de nossa sociedade.

Não devemos confundir as categorias do imaginário e do simbólico; ora, o que Jean Bergeret faz é instalar uma confusão sobre a qual tentaremos mostrar que é precisamente congruente com o que se passa no social de hoje em dia.

A propósito da famosa frase o "estado-limite ficou, como a criança, dominado por representações imaginárias que separam os humanos em grandes e pequenos, em fortes e fracos", é muito eloqüente ler o comentário de Lacan referente ao Pequeno Hans, quando este compara seu "faz pipi" com o de sua mamãe – "se ela tivesse um, deveria ser tão grande quanto o de um cavalo", é assim que Hans formula. Quanto a essa comparação entre grande e pequeno, Lacan nos diz: "O que está em jogo no ato de comparação não nos faz sair do plano do imaginário. O jogo continua no plano do engodo. A criança tem somente que acrescentar a suas dimensões o modelo materno, a imagem maior, mas que continua essencialmente homogênea. Se assim se engajasse para ele a dialética do Édipo, ele nunca lidaria, afinal, com nada mais que um duplo de si mesmo, um duplo aumentado".

No fundo, o que Lacan nos traz é que, ao fazer essa comparação, justamente, ele não sai do imaginário, mas que, em contrapartida, é a uma simbolização que o Pequeno Hans não chega, e está bem aí toda a dificuldade, a saber, ele não chega a sair desse jogo do duplo, porque, quando abandona a posição daquele que é "tudo" para a mãe, quando cessa de engodá-la e engodar a si mesmo sobre o lugar que ocupa para ela, passa do "tudo" ao "nada". Evidentemente, o que aparece é a angústia: e, a cada vez que estiver um pouquinho descolado – ainda que seja pela aparição das sensações de seu próprio pênis – de sua representação imaginária de estar fusionado com a mãe, é, por falta de simbolização, a posição do engodo que podia ocupar para esta que acaba de se quebrar, de repente; diante dessa destituição maciça, preferirá permanecer engolido em suas imagens. "Até então, a criança está no paraíso do engodo. Não tem nenhuma razão para que não possa continuar nesse jogo bastante satisfatório durante muito tempo. A criança tenta colar-se, integrar-se ao que para ela é o amor da mãe e, com um pouco de sorte e, ao mesmo tempo, com muito pouca, chega a isso, pois é suficiente um indício, por fraco que seja, para sancionar essa relação tão delicada. No entanto, a partir do momento em que intervém sua pulsão, seu pênis real, aparece esse descolamento [...] do qual eu falava há pouco. Ela é presa em sua própria armadilha, pato de seu próprio jogo, prisioneira de todas as discordâncias, confrontada com a hiância enorme existente entre satisfazer uma imagem e ter algo de real para apresentar [...] a apresentar *cash*, se posso dizer. O que então representa o papel decisivo é que o que tem para apresentar lhe aparece como algo ínfimo". Lacan afirma, então: "A situação é, literalmente, sem saída em si mesma. A não ser a saída que se chama de complexo de castração"[17].

Como sabemos, é o pai quem, em nome de sua intervenção real, deveria vir em carne e osso ajudar a criança a sair das saias da mãe! Com efeito, é contando com o pai que uma saída é possível, porque o próprio da

---

[17] J. Lacan, *La relation d'objet*, Paris, Seuil, 1994, p. 226.

efusão imaginária da relação mãe-filho é que a criança não pode sair dela por seus próprios recursos: tem necessidade do cartão de crédito de um terceiro, no caso, paterno, que consente em se prestar como suporte para a operação de simbolização. O simbólico já presidia o destino da criança pelo viés do Nome-do-Pai, exclusivamente pelo fato de que a mãe remetia a outro que ela, mas a operação deve ter lugar uma segunda vez, como mostramos acima.

É, então, porque o pai de Hans, aquele que poderia tê-lo ajudado a sair da relação de engodo com a mãe, não está, de modo algum, no bom lugar que Hans chegará a constituir para si a lendária fobia do cavalo: terá que fazer apelo a esse "medo do cavalo" a fim de compensar o apoio que seu pai não lhe dá; assim, poderá não ser completamente engolido em sua relação com sua mãe. É por isso que deve construir para si esse artifício, esse falso-pai que, por lhe dar razões para ter medo, o levará mais longe em seu trajeto de simbolização.

Não é precisamente esse trajeto em pane que é designado como "estado" no qual persistiria o estado-limite? Como, com efeito, não pensar que o que é assim coligido sob o denominador comum do estado-limite tem diretamente a ver com a persistência do atolamento na relação imaginária, de engodo, que nosso social correlato aos implícitos promovidos pelo discurso da ciência prescreve, com as conseqüências de uma insuficiente articulação com o simbólico, como evoca Lacan a propósito do Pequeno Hans? Em outras palavras, nesse tipo de patologia, se manteria um jogo com o limite, precisamente, como se o sujeito ficasse sempre num entre-dois, entre pai e mãe, entre imaginário e simbólico, ou entre imaginário e imaginário em vias de simbolização, não sendo o problema, de modo algum, o de que esteja nesse entre-dois, mas, antes, o de que permaneça verdadeiramente sem dar seu assentimento para a dimensão do simbólico, em outras palavras, para a castração.

Para dizer de outra forma, podemos remeter aqui às afirmações de André Green, quando identifica a posição de estado-limite com uma posição de "nem sim, nem não: os sintomas do caso-limite manifestam uma recusa negativa da escolha"[18].

---

[18] A. Green, *La folie privée: psychanalyse des cas-limites*, Gallimard, 1990, p. 139.

Como não entender que o simbólico virtual é, em si mesmo, estado-limite, já que sua especificidade é ficar em suspenso como simbólico? Ou, ainda, que a proliferação de estados-limites hoje em dia é, de toda forma, correlata ao funcionamento de nossa sociedade, sem que, por isso, se deva aí indicar uma nova estrutura de aparelho psíquico?

A ADOLESC-I-ÊNCIA

Também nada de espantoso em que, para vários autores, os estados-limites estejam diretamente relacionados com a adolescência, ou com "uma pane" da adolescência[19].

Com efeito, não é o estatuto desta? Os que viram o filme *Halfaouine ou l'enfant des terrasses* puderam perceber que, na sociedade tradicional – a de antes da subversão operada pela ciência moderna –, o costume vem lembrar que, uma vez constatadas as primeiras emoções sexuais do menino, este é convidado a passar da sauna das mulheres para a dos homens; há uma verdadeira passagem: é branco e será negro – é sim ou não! –, é um ou outro. Não se pode continuar no entre-dois, na *no man's land*. Pois bem, em contrapartida, em nossa sociedade, um tempo – que, aliás, vai se alongando cada vez mais – foi atribuído a esse lugar de entre-dois; esse tempo se chama adolescência; esta não é outra coisa senão o alongamento considerável do que se regulava antes, na vida social, por um rito de passagem. Nos nossos dias, para passar do estado de criança para o de adulto, do branco para o negro, dispomos de um longo período morno, do qual, aliás, por vezes não é certo que ainda seja verdadeiramente prescrito sair; hoje em dia, estende-se um longo tempo de entre-dois que chega a deixar planar a ambigüidade de uma volta atrás sempre possível.

Segundo um recente relatório do INSEE (Instituto Nacional da Estatística e de Estudos Econômicos)[20], encontramo-nos, hoje, diante de uma taxa de escolarização das pessoas de mais de vinte anos de 50% e de uma tolerância à vida em família até trinta anos, nos meios mais favorecidos.

---

[19] Cf., a esse propósito, J.-J. Rassial, *O adolescente e o psicanalista*, op. cit.
[20] Cf. *Libération*, 22 de agosto de 1995.

Segundo esse estudo, os jovens de hoje em dia não vivem mais, como seus ascendentes, o período de transição entre a adolescência e a idade adulta, sendo de calendário a diferença: a partida dos jovens da casa dos pais é diferida, a vida de casal é retardada, com vinte e um anos a metade dos jovens prossegue ainda seus estudos, ao passo que isso ocorria aos dezoito anos, em 1975. Tudo isso leva François Dubet a constatar que o que hoje se tornou a única validação da passagem ao estado adulto é "o momento em que nos tornamos pais. Nesse momento, mentalmente, não há retorno possível". É interessante constatar que é precisamente a ausência de retorno possível que, para o sociólogo, define a passagem adulta e que a validação da passagem se dá com o surgimento de uma outra realidade. Podemos daí deduzir a mesma constatação de uma propensão ao inacabamento da estruturação simbólica, tendo esta que alcançar uma apreensão no real para poder se articular corretamente.

No mesmo estado de espírito, a sociedade da Martinica é organizada em torno de uma família que tem a particularidade de agrupar a avó, a mãe e os filhos e na qual o pai é, por vezes, desconhecido, com freqüência ausente, quando é idenficado; essa sociedade apresenta particularidades em que se encontram operando processos de mesma natureza: citemos rapidamente a língua crioula como língua do cotidiano, a cor da pele como indispensável suporte real da diferenciação, as conseqüências de uma tal configuração para a aprendizagem difícil da leitura[21], mas também traços mais anódinos, no entanto, talvez, bastante reveladores. Assim, o número de passagens para pedestres transformadas em regos transversais é nela muito mais significativa que entre nós: esse apoio no real é, sem dúvida, a única maneira de obter a diminuição de velocidade que as consignas simbólicas sozinhas não chegam a obter, sendo o mais divertido que esses dispositivos sejam chamados de "guardas deitados".

Esse inacabamento da estruturação simbólica está também em jogo, sem dúvida, num outro traço clínico particularmente freqüente em nossos

---

[21] Cf., a esse propósito, J. Wiltord, "La psychanalyse à La Martinique", em *Psychiatrie, psychanalyse aux Antilles? Revue Carbet*, nº 11, 1991, e "En savoir plus à propos de l'enseignement de la psychanalyse à La Martinique", em *D'un inconscient postcolonial, s'il existe*, Paris, publicação da Association freudienne de psychanalyse, 1995.

dias, a saber, a dificuldade crescente dos pais em dizer "não!". Essa dificuldade em dizer não não deixa de estar relacionada com o fato de que os pais esperam ser ajudados pelo social para essa operação, esperam que o social venha ratificá-los em seu dizer. No entanto, o que devemos constatar é que a dificuldade de dizer "não!" contaminou primeiro o social; de onde, longe de encontrar a sustentação esperada do social, os pais se sentem os únicos a dever trazer a interdição; nada de surpreendente em que, num bom número de casos, eles, antes, cheguem a proteger seus filhos da atualização da interdição, que se verifica tanto mais dolorosa de suportar porquanto se mostra como anacrônica no seio da sociedade contemporânea.

Uma notícia jornalística virá corroborar isso: quando jovens, na saída de uma noitada, se autorizam a saquear as tumbas de um cemitério – sem nenhuma conotação ideológica nem racista, simplesmente pelo prazer da transgressão –, qual não é a surpresa ao constatar que, durante a pesquisa que a isso se seguiu, vários pais começaram a responder às perguntas das autoridades judiciais fornecendo falsos álibis para seus filhos.

Com certeza, podemos nos contentar em protestar indignadamente contra "a juventude que não respeita mais nada", mas como não ver novamente, nesses comportamentos, a resposta do pastor à pastora *: ali onde o discurso latente da sociedade não vem mais prescrever ao adolescente crescer – *adolescere* –, como reprovar-lhe de disso tirar as conseqüências? Os primeiros implicados, sem poder formular para si, sabem interpretar o que nosso social produziu como novo e que se deve rebatizar com o neologismo "adolesc-i-ência".

A PERDA DA REFERÊNCIA

Queremos agora demonstrar que a mutação de nossa organização social, centrada, doravante, no discurso da ciência, tem como conseqüência maior uma perda da referência, como já identificamos no exemplo de Rodolfo II de Hasbourg sobre o que devia ser "a boa hora". Isso deve nos levar a poder

---

* Ver nota do tradutor à página 139.

interpretar, a partir desse abalo, um conjunto de fatos que são qualificados precisamente "de sociedade", mas sem nada explicitar com essa denominação.

Com efeito, é evidente que a subversão teve conseqüências cujos efeitos devemos, hoje em dia, constatar. O que não quer dizer que tenhamos que lamentar pelo tempo da referência única e nos fechar numa constatação de déficit. Menos ainda defender voltar a ele. Antes, devemos constatar que as escolhas de sociedade que fizemos – ainda que as desconhecêssemos – levaram a fazer desaparecer a referência única e nos colocaram, então, numa situação análoga àquela entre Praga e Greenwich. Sustentamos que foi esse dispositivo que acarretou um conjunto de fatos que hoje qualificamos de sociedade e que induziu a aparição, talvez, de novas patologias; em todo caso, de novas fenomenologias de comportamento. O que hoje chamamos de sociedade pluralista resulta, é certo, primeiro, de uma escolha de sociedade, mas não é pensável sem que o lugar central tenha sido reconhecido à ciência; por isso, os implícitos que esta veicula consigo reorganizam a vida social de acordo com outras modalidades, submetendo-a a outras obrigações e, sem dúvida, ainda mais porquanto as identificamos claramente. É para esse trabalho que queremos contribuir.

O lugar central dado à ciência promove uma sociedade em que tudo se equivale – em si, não há mais boa hora! – e, na medida em que novos balizamentos não foram validados, estamos ameaçados de nos ver sem referências. Lembremos que, em nosso exemplo de Greenwich, para encontrar uma referência que fizesse ofício de lei comum, foram precisos três séculos e um trabalho de reconstrução *de novo* de um ponto zero. Esse exemplo também nos mostrou que, para chegar a isso, foi preciso consentir num certo arbitrário.

Pelo fato da perda da referência da tradição, é, portanto, primeiro, com um relativismo generalizado que lidamos; e, já que tudo se equivale, não há mais meio de dar o devido valor regulador à diferença de lugares; portanto, é a um momento senão de caos, em todo caso de turbulência generalizada que assistimos, cada um tentando constituir uma escala de valores a partir de suas próprias referências, mas, como estas são diferentes das do vizinho, o empreendimento se mostra senão inútil, em todo caso problemático. Progressivamente, são todas as estruturas sociais instaladas que são infiltradas por um tal processo, e estas, num movimento de encadeamento, se mostram cada vez menos capazes de se constituir como referências. É durante esse período que surge o estabelecimento de mecanismos compensatórios, em relação aos quais não devemos nos espantar que alguns, nostálgicos da referência da tradição, venham defender o retorno aos valores ditos seguros do passado; mas estes, já atingidos pela erosão generalizada da tradição, só aparecem como tirânicos e, a esse título, se vêem refutados pela maioria social.

O tom pode ainda aumentar e a escalada prosseguir até tentar organizações alternativas que propõem encontrar as garantias perdidas. Chegará o momento, no entanto, em que se tratará de constatar que é impossível voltar atrás, como também impossível poupar-se da referência e daí tirar conseqüência: por falta de ainda dispor da referência que a religião garantia ao prescrevê-la para todos do exterior, tratar-se-á de construí-la do interior. Durante esse tempo de turbulências e de trabalho, comportamentos novos terão vindo à luz, alguns pretendendo obter o que a sociedade sem referência lhes prometia, outros refugiando-se e traduzindo sua dificuldade nos sintomas até então inéditos, outros, ainda, levados a pura e simplesmente escapar desse mundo invertebrado.

Todos esses casos exemplares nos levam, no entanto, a uma estrutura simples. Ao passar de um mundo organizado em torno da religião para um mundo organizado em torno da ciência, foi uma via para os efeitos psíquicos de uma migração e a sua eventual patologia que foi aberta.

Para tomar apenas alguns exemplos, evoquemos o apelo ao religioso e ao fanatismo, a constituição de seitas, a desvalorização das práticas simbólicas tradicionais do casamento e da filiação, a procedimentação do direito, a deslegitimação do político, as derivas do *politicaly correct*, sem falar do recrudescimento denunciado dos casos de incesto e de abusos sexuais, ou, ainda, da vitimização e do racismo. Todos esses são fatos novos, que não deixam de ter ligação, como iremos identificar, com a erosão do que fundava o laço social e com sua necessária reorganização.

Quando assistimos ao declínio do lugar do pai que a religião garantia, é fácil conceber que um dos primeiros mecanismos compensadores será recusar o fim do religioso[22], inclusive com o risco de preconizar seu retorno

---

[22] Cf., sobre esse assunto, por exemplo, T. Anatrella, *Non à la societé dépressive*, Paris, Champs-Flammarion, nº 321, 1995.

sob formas que podem ir da beatice ao fanatismo. Não há nenhuma dúvida de que o integrismo de alguns deve ser pensado nesse sentido. Como, por outro lado, não identificar, no desenvolvimento das seitas, o que devem à reconstituição de micro-sociedades nas quais as referências são evidentes e estáveis, graças à figura dita paterna do guru – lembremos que "seita", etimologicamente, vem de *sequi*, seguir? Como não nos apercebermos de que o objetivo do desenvolvimento do *New Age* é bem o de ir contra o desencantamento do mundo ao reencantá-lo?

Em outras palavras, todas essas tentativas cedem à nostalgia do pai e preconizam um rearmamento moral para não ser encadeado no que identificamos. Logo, entretanto, percebemos o risco de tais reações, que confundem apelo ao pai e apelo ao terceiro, passar sem o pai e recusar-se a se servir dele. Antes poderíamos pensar que o que era – e sempre é – irredutível, de uma ponta a outra, do encontro com a figura paterna, que isso de que não podemos nos poupar é do encontro com a alteridade. Podemos remeter aqui à afirmação de Sylviane Agacinski, quando escreve: "O que sempre me interessou num pensador religioso como Kierkegaard foi a consideração de uma experiência do outro, que não é somente Deus, à qual o existente é imediatamente submetido pelo exclusivo fato de que é, primeiro, uma criança, quer dizer, um filho, e que, a partir daí, é impossível para a consciência começar absolutamente por ela mesma. [...]. O outro já está lá, figura de um pai de que o filho difere e que, como entrada de jogo, enceta a identidade do filho"[23]. Indiquemos simplesmente que será a tarefa de nosso último capítulo dissipar, a esse respeito, qualquer mal-entendido.

Não se deve, portanto, esperar alguma coisa dos que preconizam um retorno qualquer à situação *quod ad ante* – pois, evidentemente, não deteremos o progresso da ciência! –, também não de querer reparar o que foi irremediavelmente encetado pela infiltração do simbólico virtual no nosso social. Também não se trata, aliás, de esperar restabelecer as referências por intervenções legiferantes[24], não que estas não sejam próprias, mas porque o

---

[23] S. Agacinski, *Critique de l'égocentrisme*, Paris, Galilée, 1996, p. 23.
[24] A nosso ver, é a fraqueza do livro erudito de Dominique Bourg, *L'homme artifice*, Paris, Gallimard, 1996, ao propor, quanto às técnicas do corpo, por exemplo, apenas um enquadramento jurídico destas.

próprio direito é presa dessa infiltração; a inflação do jurídico que podemos constatar nos nossos dias vem, antes, confirmar a impotência da Lei simbólica em ainda regular simbolicamente o que, com freqüência, nada mais é que uma troca imaginária, um dual generalizado e selvagem.

Precisamente, um outro efeito do inacabamento da simbolização engendrado pela promoção desse simbólico virtual e da preponderância atribuída ao imaginário que daí resulta é o conjunto das modificações e evoluções que afetam o sistema jurídico[25].

A esse propósito, e a título de exemplo, podemos evocar esse traço para o qual Marcel Gauchet atrai a atenção, a saber, a mudança profunda de nosso sistema social que o reconhecimento do divórcio por consentimento mútuo supõe; o fato de que o divórcio seja entregue exclusivamente à "liberdade" – exclusivamente ao capricho, por vezes – dos parceiros se mostra a nós como inteiramente banal na lógica ambiente; entretanto, é particular do nosso tempo, pois significa a ratificação de uma precedência do privado sobre o público e, pois, uma deslocação do laço do simbólico que unia a família à sociedade como um todo. "Assistimos ao fim da troca simbólica como ordenador do social [...]. Até uma certa data bastante recente, o fato de fundar uma família – como se dizia, com uma expressão carregada de sentido, sobre viver como casal –, isso não engajava só vocês, isso engajava a ordem social em geral. [...]. Esse fenômeno é de uma importância evidente para a definição dos papéis no interior da família; não há papéis em si, só há papéis social e historicamente definidos"[26].

Podemos remeter ao trabalho de Irène Théry, que mostra, em um de seus artigos dedicados ao *atolamento gestionário do direito*, como o casamento evoluiu depois de sua secularização quando da Revolução Francesa. Para essa autora, a secularização do casamento foi um imenso acontecimento, pois o casamento civil, em nome da liberdade dos contratos, se tornou igualitário e dissolúvel pelo divórcio. Entretanto, ao constatar que

---

[25] Ver, a esse propósito, por exemplo, M.J. Gérard-Segers, "Réflexions psychanalytiques à propos du droit négocié", no prelo em: Publications des facultés universitaires Saint-Louis, Bruxelas.

[26] M. Gauchet, *La personnalité contemporaine et les changements des modes symboliques de socialisation*, duas aulas na UCI, Louvain-la-Neuve, 24-25 de novembro de 1994.

essa evolução havia se detido muito rápido, como se o social houvesse sido tomado pela vertigem diante do que estava se operando, o Código Napoleão, apesar de não colocar em questão o caráter laico do casamento civil, redefine-o como um contrato "indissolúvel por destino". O casamento funda a família como uma sociedade fundamentalmente hierárquica e na qual a autoridade é reconhecida ao poder paterno e marital, como se o papel do direito houvesse sido o de ser o garante e o guardião desse exclusivo modelo de família. É o código de 1804, que perdurará até a segunda metade dos anos sessenta de nosso século. Irène Théry analisa, em seguida: "Nossa visão contemporânea vê nisso um processo de exclusão do mundo democrático da metade da humanidade sob o peso de um prejulgamento arcaico que impõe o golpe de força de uma contradição formidável nos direitos do homem. Entretanto, essa abordagem que, enfim, só vê no Código Napoleão uma sobrevivência da pré-modernidade erra no essencial, sem dúvida porque é difícil de admitir [...]: a aliança complexa da liberdade e do pertencimento. 'Ninguém é bom cidadão se não é bom filho, bom pai, bom irmão, bom amigo, bom esposo', diz o artigo 4 do 5 frutidor ano III [...]. A fórmula é muito forte, porque não é moral, mas política. Ela indica a recusa fundamental da vertigem de autofundação absoluta do sujeito por ele mesmo, da tábua rasa de tudo que se impõe a ele como um dado. A família encarna, em contraposição à cidadania, a parte da condição humana que não é escolhida, devendo ser reconhecida como uma herança. [...]. O que não é conjurado negativamente como um medo, mas positivamente, como uma recusa, é a lógica da liberdade sem limite de constituir a si mesmo. No nascimento da modernidade, muito profundamente, a família e as mulheres continuam a encarnar uma alteridade fundamental, necessária à inteligibilidade do mundo humano. A alteridade, quer dizer, o outro que si, impõe-se do exterior como um dado independente da vontade"[27].

Podemos, então, a partir do que foi afirmado aqui, pensar o que significa nossa atual concepção do casamento. Nesse movimento à primeira vista retrógrado, era, pois, da manutenção da referência simbólica que

---

[27] I. Théry, "Vie privée et monde commum, réflexions sur l'enlisement gestionnaire du droit", *Le débat*, nº 85, maio-agosto de 1995, pp. 141-3.

introduzia na alteridade que o direito estaria encarregado. Em caso algum, o casamento, mesmo a pretexto de secularização, podia se tornar pura e simples ratificação dos sentimentos e das trocas intersubjetivas. Era preciso que restasse laço com um sentido comum que o Estado se encarregava de garantir. Para dizê-lo em nossos termos, o simbólico do casamento devia guardar seu valor de terceiro e não simplesmente ser rebatido num "entre-dois cônjuges" que o social apenas ratificaria. Ora, não é o que se passa há algumas décadas? O casamento se tornou quase que totalmente tributário dos sentimentos entre os cônjuges – por que não tributário?, diríamos, mas é o "totalmente" que é a questão – e, portanto, foi deixado à exclusiva iniciativa dos parceiros. O divórcio por consentimento mútuo vai, então, evidentemente por si, tanto quanto as restrições de procedimentos para chegar a ele. Tudo isso poderia dar a ilusão de um direito que sempre segue com um certo atraso a evolução das mentalidades, mas, no mesmo movimento, é, no entanto, a função do direito como referência terceira que cai na armadilha. O que autoriza Irène Théry a acrescentar: "Assim se esclarecem os paradoxos do direito civil contemporâneo. Longe de desaparecer, infla, como infla a expectativa com relação à justiça, como infla a tendência procedimental. Essa inchação é, primeiro, o resultado de sua tecnização. O direito não é mais pensado como o que articula a abstração do mundo comum, a universalidade dos princípios e de seus valores com a concretude dos litígios. Está em todos os lugares porque não vale mais que como uma ferramenta de gestão das situações".

Como não ver operando, nessa problemática, os efeitos do abastardamento do simbólico e da prevalência do simbólico virtual? Como não entender que, na loucura de dar livre curso a poder escolher-se mutuamente, é a referência ao terceiro que se arrisca a ser expulsa? Como não ler aí a chegada dessa autofundação que o implícito do discurso da ciência promove e promete?

Hoje em dia, alguns se queixam do que chamam de vazios jurídicos, mas é útil lembrar que a função do direito sempre foi, através de leis positivas, garantir a indisponibilidade estrutural – logo, o vazio! – do objeto para o sujeito.

Uma desvalorização do político

Uma outra conseqüência dessa perda da referência comum é a desvalorização do político. Já fizemos perceber que as coordenadas do encaminhamento científico que elucidamos, a saber, a elisão da dimensão da enunciação e a subversão dos registros do real e do simbólico, acarretam o declínio do lugar do pai. Essa dupla especificidade traz em si o voto de apagar a origem, de apagar as diferenças dos lugares, logo, também a das gerações, e de objetar à autoridade do enunciador.

Para resumir, digamos que a introdução da ciência moderna progressivamente deslegitimou o argumento de autoridade. Até o nascimento da ciência moderna, apenas a autoridade do enunciador era legítima, mas, doravante, é a coerência dos enunciados aptos a dar conta de um real que se verifica manter lugar de legitimidade. Sob todos os pontos de vista, de imediato se deixou entender que essa nova legitimidade tem como destino tomar o direito da primeira, chegando mesmo a tentar fazê-la desaparecer. Em ação, restaria exclusivamente a autoridade dos enunciados, o peso dos expertos, sendo o benefício aparente da operação o sonho de poder fazer desaparecer o registro da incerteza, em outras palavras, de nos livrar do mal-estar inerente à existência, de nos curar de sermos humanos. É num tal movimento que será uma primeira vez abalado o lugar daquele que sempre teve o encargo de sustentar a enunciação, a saber, o pai. Para dizer de um modo imajado, o primeiro golpe dirigido ao pai foi, sem dúvida alguma, a inépcia do próprio processo Galileu, na medida em que a vitória de Urbano VIII foi uma vitória de Pirro, já que indicava o abuso de autoridade e serrava, por isso, o galho em que estava sentada. Entretanto, isso só era um começo, pois a subversão introduzida pelo nascimento da ciência moderna só estava no seu início, longe de estar realizada em profundidade; para isso, será preciso esperar ainda alguns séculos.

No plano político, passar do Antigo Regime para a instalação da democracia já é, em si, a conseqüência das Luzes[28]; mas a estrutura de poder instalada pela Revolução Francesa torna mais frágil a separação dos lugares

---

[28] Cf., a esse propósito, W. Doyle, *Des origines de la Révolution française*, Paris, Calmann-Lévy, 1988.

e, por isso, induz o apagamento da diferença dos lugares implícita no desenvolvimento da ciência. Com efeito, a diferença dos lugares entre o rei e os súditos era estancada, sustentada por uma heterogeneidade de sangue e garantida pela delegação divina. A partir da Revolução Francesa, a diferença dos lugares não se sustenta a não ser nela mesma e não é mais garantida por um poder incorporado na pessoa de um monarca de direito divino. O lugar do poder é, doravante, um lugar vazio, que qualquer um, em princípio, é suscetível de ocupar; aquele que ocupa o lugar do ao-menos-um diferente dos outros aí está, por isso, sempre em posição precária, mas, além disso, é a legitimidade mesma de sua autoridade que é progressivamente colocada em questão pela importância dos saberes.

Desse ponto de vista, o processo de Luís XVI e sua "decapitação" podem ser lidos como a encenação, no campo político-social, dessa "morte de Deus" e do esvaziamento institucionalizado do lugar do poder que se seguiu.

Voltemos, no entanto, a precisar o que, em jogo na Revolução Francesa, opera essa báscula inauguradora da sociabilidade democrática. François Furet escreveu que "a Revolução Francesa não é uma transição, é uma origem, uma fantasia de origem"[29]. Para que haja organização social, sempre foi preciso consentir num ao-menos-um que começa e, por isso, comanda, como lembra Hannah Arendt: "A partir de Platão e Aristóteles, todo corpo político é constituído por governantes e governados, os primeiros dão as ordens, enquanto que os segundos as obedecem. Essas representações substituíram representações mais antigas e mais exatas das relações que ligam os homens na esfera da ação estabelecida: segundo estas, toda ação cumprida por uma pluralidade de indivíduos pode ser dividida em duas etapas, o começo, por iniciativa de um chefe, e a realização, durante a qual numerosas pessoas se ligam à iniciativa a fim de levar a seu termo o que se torna, então, empreendimento comum"[30].

A posição do chefe é, assim, consolidada na figura de um poder monárquico. A báscula de 1789, entretanto, coloca o povo no lugar do rei.

---

[29] F. Furet, *Penser la Révolution française*, Folio Histoire, 1978, p. 130.
[30] H. Arendt, *La crise de la culture*, Folio, p. 141.

Dá nova origem ao social. Como afirma Tocqueville, "A Revolução pareceu maior do que era; parecia tudo destruir, pois o que destruía tocava a tudo e, de todo modo, fazia corpo com tudo. Tão radical quanto tenha sido a Revolução, ela, no entanto, inovou muito menos do que geralmente se supõe. O que é verdadeiro dizer-se dela é que destruiu completamente tudo o que, na antiga sociedade, decorria das instituições aristocráticas e feudais, tudo que a elas se ligava de alguma maneira, tudo que delas trouxesse, em qualquer grau, a mínima impressão"[31]. Nesse movimento, no entanto, foi todo o edifício social que se viu abalado e o lugar da autoridade se viu colocado em questão ao mesmo tempo que o do poder considerado como abusivo.

O que vai, então, se instalar é um poder no qual a autoridade não está mais assegurada por um ao-menos-um, mas virtualmente, em todo caso, por todos. Devemos, sem dúvida, ler o primeiro Terror como momento inaugural – ainda anárquico – desse movimento e o Terror do governo de Robespierre como seu acabamento, mas também como a matriz do que se tornaria o totalitarismo. Sempre François Furet precisa: "A Revolução viveu, a partir de 1789, com a idéia de uma nova soberania absoluta e indivisível, que exclui o pluralismo da representação, já que supõe a unidade do povo. Como essa unidade não existe, o Terror tem como função, como os escrutínios apuratórios, restabelecê-la constantemente"[32].

O terror deve ser lido exatamente como essa tentativa de voltar a ocupar o lugar do ao-menos-um diferente dos outros com todos, reinvestir o lugar do Um a partir e com o Outro. Quando sobrevém essa nova distribuição das relações entre o Um e o Outro, a maneira tirânica de proceder para guardar a supremacia não é mais suficiente; deve-se apelar para um novo sistema; seu princípio consiste, primeiro, em retomar o poder não mais contra os sujeitos, mas em nome deles. Assim acontece com Robespierre, que, como precisa Claude Lefort, "se impõe como o mestre e apaga o lugar do mestre [...]. O discurso de Robespierre não faz

---

[31] A. de Tocqueville, *L'Ancien Régime et la Révolution*, p. 80, Folio Histoire.
[32] F. Furet, artigo sobre o Terror, em F. Furet e M. Ozouf, *Dictionnaire critique de la Révolution française*, Flammarion, 1988, pp. 168-9.

do Terror seu objeto; ele o exerce, figura um grande momento do Terror em ato, fala-o"[33].

É exatamente esse esquema que será a matriz do totalitarismo; o movimento que assim era encetado na Revolução Francesa trazia em seu seio essa potencialidade cancerosa de realização efetiva sob a forma dos totalitarismos históricos que conhecemos. Isso, no entanto, não deve nos afastar de identificar a mesma estrutura em operação em configurações completamente diferentes. Como precisa Jean-Claude Guillebaud, não devemos nos contentar com desconfiar dos retornos neonazistas[34].

Assim, cabe a nós identificar o perigo em outro lugar que no retorno das ideologias revisionistas ou de extrema direita, mas sempre operando, quando, por exemplo, o empreendimento do imaginário se tornou tal que são as sondagens que instituem efetivamente alguém no lugar de Chefe de Estado. O peso do universo mediático na decisão política não tem outro efeito a não ser presentificar, quase que imediatamente, ao comandante se os comandados estão prontos para lhe dar suas vozes; uma tal proximidade faz bascular o peso do voto, que deveria sempre ficar como da classe de um reconhecimento simbólico, para a armadilha sedutora do exclusivo embargo imaginário.

A deslegitimação da autoridade, o esmagamento do que resta da dimensão de enunciação sob o peso do saber dos expertos, o fato de ser considerado como reacionário a partir do momento em que se trata de ter que sustentar um "não!", a culpa por não poder responder à demanda naqueles que sustentam um lugar de autoridade, o anonimato atrás do qual se escondem os decididores, a formidável pressão das obrigações econômicas, tudo

---

[33] Cl. Lefort, "La Terreur révolutionnaire", em *Essais sur le politique*, Seuil, 1986, p. 76.
[34] "Essa nostalgia militante é perigosa [...]. Dirigida completamente contra um retorno do mal, ela hipoteca, secretamente, para amanhã, uma redistribuição das mesmas cartas, a irrupção de um mesmo mal, o assalto dos mesmos bárbaros [...]. Hoje em dia, cedemos à mesma inconseqüência. Definimos de bom grado como subalternas as problemáticas que não estão ainda repertoriadas no manual do combatente. Acontece assim com o capital volátil, a tecnociência, a ambigüidade humanitária, a atomização individualista, a mentira mediática, o cientificismo reintronizado, etc. Nada disso parece muito grave nem muito interessante para quem espera os nazistas pronto para tudo" (J.-C. Guillebaud, *La trahison des Lumières. Enquêtes sur le désarroi contemporain*, Paris, Seuil, 1994, pp. 23-4).

isso nos leva a consentir em que o navio prossiga sua rota exclusivamente por si mesmo e que deixemos o comando por um dos nossos ser substituído pelo comando acéfalo dos saberes.

Certamente, não são as reações que faltam, mas o que queremos mostrar é que, à sua revelia, todo um sistema modifica em algumas gerações as leis internas que o organizam, que isso, numa lógica de encadeamento, se acelera e que, pois, hoje em dia, bastam alguns anos para constatar importantes modificações; estas podem ser muito facilmente identificadas como conseqüências diretas ou indiretas do abalo de nossas referências que o desenvolvimento da ciência moderna provocou.

UMA BISSEXUALIDADE SOCIAL

Assim, passamos de um mundo limitado para um mundo que pode se mostrar sem limite. De um mundo orientado pela referência ao Pai, a um grande Outro que tinha o encargo de lembrar o limite, migramos para um mundo em que é a inexistência de um Outro que é a regra.

Isso deveria nos levar a pensar que era melhor antes? Muito evidentemente, não; primeiro, porque seria mentira, depois, porque seria vão, pois não é possível nem desejável voltar aquém do progresso das ciências; enfim, e sobretudo, porque isso ficaria no limite de nossa leitura e não se tiraria sua conseqüência. Constatar que, num mundo organizado pela ciência, as dificuldades são diferentes daquelas de um mundo organizado em torno da religião não significa que nos seja preciso renunciar a esse mundo, mas, antes, que o encontro com o limite não poderá ser evitado.

Ora, é precisamente esse ponto que nos é preciso avaliar; pois, se há muito tempo o Antigo Regime fez a experiência de seus limites, parece que, por razões tanto históricas quanto estruturais, a sociedade organizada em torno da ciência ainda não fez sua experiência. Ou, então, acaba de fazê-la, quanto a sua história, em todo caso, como sustenta Vaclav Havel, para quem o fim do comunismo significa o impasse de um mundo caracterizado pela crença no conhecimento onipotente[35].

---

[35] Cf., sobre esse assunto, V. Havel, intervenção no Fórum Econômico Mundial de Davos, "The End of de Modern Era", *New York Times*, Op-Ed., 1º de março de 1992.

Referir-nos-emos, aqui, novamente, ao esquema da sexualidade: na sobrevinda de uma organização social que se refere essencialmente à ciência, não podemos ler a "escolha" de uma lógica social que vai se agenciar do lado direito, do lado das mulheres, do lado do Outro, quer dizer, passando, doravante, sem a presença desse ao-menos-um?

Então, é estruturalmente que essa nova modalidade de sociedade se quer sem limite, pois pretende precisamente livrar-se do ao-menos-um encarregado de trazer o limite. Quando é "proibido proibir", instalamos um espaço sem bordas, um espaço virtualmente sem limite. É cômodo, portanto, pensar que, a partir dessa característica, o mundo organizado do lado do Outro pode crer que poderá chegar ao fim dos limites que encontraríamos do lado do Um.

Entretanto, paradoxalmente, é ainda e mesmo também um limite não ter limite, pois, sem limite, não constituímos grupo e não dispomos mais, então, do que nos permite fundar o laço social e não somos mais que uns ao lado de outros. Em outras palavras, apesar do convite feito pelo célebre quadro de James Ensor[36], "Viva a social!", é preciso que convenhamos que "A social" não existe. O que só faz encontrar as observações dos antropólogos, quando dizem que não há matriarcado, a não ser mítico[37].

Da mesma forma, pois, que para a criança a intervenção de um pai real é – ao menos uma vez – um apoio necessário para poder sair do campo materno e a função do pai simbólico não é suficiente em si, sua encarnação deve ser tornada possível, pois a instalação de uma sociedade não poderá se fundar no fato de tornar impossível que um ao-menos-um sustente concretamente o limite.

É aí que está toda a questão de discernir entre passar sem o pai e passar sem o lugar para o pai, entre passar sem o pai e não querer servir-se dele, entre passar sem a exceção, sem o ao-menos-um, ou passar sem o terceiro, sem a linguagem, sem o falo.

---

[36] *L'entrée du Christ à Bruxelles*, 1888, Malibu, The J.P. Getty Museum.
[37] Cf., sobre esse assunto, F. Heritier, que afirma: "Não se encontra em nenhum sistema no mundo uma relação homem/mulher ou caçula/mais velho – em que o primeiro termo está na posição dominante – que equivaleria a uma relação pais/filho". Em *Masculin/féminin, la pensée de la différence*, Paris, Odile Jacob, 1996, p. 67.

Precisamos sublinhar o que implica essa passagem de um social organizado em torno da presença do ao-menos-um a um social organizado sem ele, a saber, o assassinato do pai: notemos que este, como indica judiciosamente Gérard Pommier, "resta impossível se o homem não dispuser de um meio de substituir o pai em sua função de simbolização do falo". Em outras palavras, não devemos supor que teríamos encontrado esse meio para poder pretender essa alternativa em lugar de uma vida social organizada em torno da religião: seria, sempre seguindo Gérard Pommier, o cálculo das leis da Natureza que tomaria lugar de função paterna, de simbolização fálica, esse cálculo autorizando, além disso, "graças à física matemática, interpor a tela da cifração entre o homem e a matéria pulsional que só se revelaria graças à técnica. [...]. Quando essa operação não é realizada a título de uma necessidade incontornável e quando não se encontra imediatamente sua prova na experiência, ou, ainda, na técnica, então a ciência cai imediatamente na teologia. É esse ponto de fuga que dá à Ciência seu estatuto de religião numa modernidade que ignora suas próprias condições de realização, em nome da pós-modernidade. A Ciência – sua religião, ao menos – funciona como um Nome-do-Pai... e nada o prova melhor que as queixas que lhe são dirigidas"[38].

Em outras palavras, num funcionamento do lado direito das fórmulas da sexuação, ou é o trabalho de elaboração de cada cientista que ocupa lugar de função paterna ou de simbolização fálica (o não todo), ou é colocar a Ciência em posição de religião, mas a existência dessa alternativa possível vai implicar o risco da confusão entre o lugar de exceção e o do significante do falo, entre fazer desaparecer o pai e eludir o terceiro e, de repente, promoverá *de facto* o não-discernimento entre passar sem o pai e desinscrever o significante fálico.

O fato de que existam simultaneamente e numa distribuição equipotencial – sem dúvida, pela primeira vez na história – esses dois dispositivos de organização social convidaria o sujeito a uma esquiva suplementar: pensar poder viver num terceiro sexo; este se originaria em que, doravante,

---

[38] G. Pommier, "L'oeil était dans la tombe... (la 'Science' est un Nom-du-Père)", *Cliniques méditerranéennes*, 1996, nº 51-52, p. 133.

existiria a possibilidade de ficar na *no man's land* do bissexual, nesse lugar em que não se teria que escolher seu campo, lugar de livre arbítrio que permitiria preservar o duplo pertencimento para se pôr – defendendo seu corpo – ao abrigo de um engajamento diante da indecidibilidade. Essa nova modalidade de funcionamento poderia, assim, ser descrita como essencialmente organizada no Imaginário, com um Simbólico instalado, mas ao qual ele não estaria articulado, somente colocado em reserva, somente virtual. Um Simbólico reconhecido, mas no qual não seria indispensável consentir.

Uma clínica da pós-modernidade

Isso coloca a questão de saber se há modificações da instalação do aparelho psíquico, o que isso vai acarretar e que mudanças no endereçamento transferencial vai implicar.

A utilização da ciência como uma religião em lugar e posto da utilização do trabalho de elaboração da ciência como função paterna em exercício dá o modelo mesmo da configuração nova: dirigir-se ao saber como ao pai, antes que contar com a elaboração do saber como operação do terceiro.

Ao nos dirigirmos à Ciência como antes nos dirigíamos ao Pai, uma confusão se instala: pois, se não fizemos o trabalho de identificar que, em seus enunciados, trata-se sempre do resultado de um trabalho de enunciação, é a um saber materno que de fato nos dirigimos. Por isso, o que o dispositivo social organizado em torno da ciência pós-moderna privilegia é, no melhor dos casos, um endereçamento à função paterna da mãe, antes que um endereçamento ao pai.

A senhorita C. vem ver sua terapeuta num centro de atendimento; as coordenadas de sua história são tais que podemos rapidamente concluir que só conheceu, nos primeiros tempos de sua existência, a relação com a mãe. Com oito anos, toma o nome do recém-chegado que se tornou seu padrasto. O trabalho das entrevistas se desenvolve bem até o dia em que, terminando seu estágio, a terapeuta propõe a essa jovem paciente continuar o trabalho em seu consultório, a partir dali mediante um pagamento módico. A subversão que se seguiu na paciente foi surpreendente, chegando até mesmo a evocar semblantes de alucinações, com a aparição reiterada, chegando à obsessão, de fórmulas cruas que evocavam o sexual. A passagem brutal de um mundo organizado exclusivamente pelas coordenadas da mãe para um mundo organizado com referência a um ocupante do lugar de pai não se repetiu na transferência por essa passagem de uma terapia conduzida num contexto em que a terapeuta era toda para ela para um contexto em que o dinheiro veio lembrar que ela funcionava com referências simbólicas?

Essa analisante desaba quando está perto de alcançar o objetivo que se atribuiu no social, fazendo fracassar o que é inteiramente, por outro lado, capaz de obter. Assassinato do pai irrealizável na medida em que não foi pago o preço pelo trabalho de elaboração da cura. Esse trabalho, entretanto, só se desenvolveu regularmente e só foi relançado por sessões frente a frente. É que, para a paciente, o que constituiu Nome-do-Pai foi um avô paterno e tudo se desenrolou mais ou menos para o sujeito até o dia em que esse avô foi socialmente desconsiderado. A rachadura do Nome-do-Pai não parece encontrar outra saída a não ser que o sujeito esteja "garantido" momentaneamente de poder "operar uma regulação na seqüência do jogo do espelho", encargo, para nós, de lhe propor algo que possa lhe servir de traço unário à sua disposição para, estabilizando o dispositivo especular, pôr fim ao engolfamento que o ameaça, mas que, sobretudo, ameaça a continuação de seu trabalho de elaboração psíquica e de possível inscrição.

Certo analista, interpelado no mundo dos "sem teto" por uma jovem mãe que maltratava seu filho de dois anos na presença de um pai que ela não autorizava a intervir e que também não se autorizava a fazê-lo, tem a inteligência de começar por brincar com essa criança e se fazer, assim, "adotar" pela mãe; assim fazendo, pôde propor a colocação temporária de seu filho, o que a mãe aceitou com a condição, evidentemente, de que não houvesse um procedimento judiciário. Em outras palavras, consentir em entrar no imaginário mãe-filho era a condição indispensável para poder introduzir simbólico, ao mesmo tempo respeitando o que para ela constituía consigna: terceiro, sim, pai, não!

Afirmaríamos, em continuação a essas poucas vinhetas clínicas, que o social no qual evoluímos preferencialmente convidaria o sujeito a se dirigir ao analista sob o modo de: será que é a mãe que é a detentora da função paterna[39]? Se assim fosse, haveria lugar para seguir os arcanos de um tal dispositivo e identificar, a partir daí, as novas patologias como se originando não tanto de resistência contra a ordem fálica quanto como defesa contra a desordem conseqüente à desinscrição do significante fálico.

O que devemos assim apreender é que, a partir desse novo dispositivo social, iremos assistir e já assistimos à eclosão de uma nova clínica. Esta se mostra tributária de que alguns se aproveitem de nossa sociedade se desembaraçar do pai para se desembaraçar, simultaneamente, do terceiro. Como este, no entanto, é articulado com a instalação da linguagem e da função fálica, seu questionamento tira o ponto de estofo do recalque e promove uma satisfação pulsional que alguns chamam de arcaica, mas que, a partir do ensino de Lacan, podemos identificar em termos de outrosgozos.

O convite à não-realização do simbólico, a sua manutenção no virtual, equivale a preconizar um retorno à imediatez, ao "direto", às palavrasato, a rejeitar a representação. Retorno, como já evocamos, à economia do signo às expensas da do significante; mas também recolocação em jogo do corpo, em detrimento do objeto, pois subtrair-se ao gozo fálico, reconhecido como fora do corpo, põe o corpo em posição de ser o lugar privilegiado desse outrogozar; sem dúvida, podemos ver nesses mecanismos o recrudescimento das colocações em jogo do corpo, como as anorexias, por exemplo. Desconfiança com relação ao sexo, na medida em que é portador do mal-estar incontornável ligado ao desejo. Manutenção na necessidade de reconhecimento imaginário permanente como antídoto em relação a um desabamento subjetivo que um reconhecimento que fosse essencialmente simbólico implicaria. Permanência da relação com o outro como modalidade de evitamento da solidão, no entanto sempre incontornável. Exigência de resposta urgente que deve ser entendida como equivalente incestuoso. Incapacidade de diferir a satisfação pulsional. Privilégio concedido à oralidade como modalidade que poupa do desvio pelo Outro. Labilidade de um sintoma inteiramente tecido numa relação com o Outro e pouca subjetividade. Esses são traços que testemunham quanto a esse funcionamento outro e o atestam.

---

[39] Cf., sobre esse assunto, Ch. Melman, "La mère comme agent du père", em *Bulletin de l'Association freudienne internationale*, nº 73, junho de 1997.

A isso convém acrescentar que alguns se mantêm em posição de não querer escolher em que economia consentem, fazendo desse indecidível o que ocuparia lugar, para eles, de identidade.

Tudo isso poderia parecer excessivo e pessimista, mas basta, por exemplo, ler o livro de Edward Behr, *Une Amérique que fait peur* [Uma América que dá medo], para avaliar os efeitos da supremacia de um simbólico virtual no social[40]. A descrição de um conjunto de fenômenos que podem ser constatados nos Estados Unidos, desde a banalização do crime e do sentimento de insegurança até a proliferação dos casos ditos de personalidade múltipla ou a paixão coletiva pelas questões de incesto, de abuso sexual e de famílias endemoninhadas, as aberrações judiciárias que isso acarreta, o clima de terror engendrado pela definição do tormento sexual como englobando "tudo que é suscetível de chocar aqueles e aquelas que escutam o presumido culpado", tudo isso nos faz entender a deriva engendrada pela desaparição da referência ao terceiro.

Não devemos nos espantar com que, no contexto da *political correctness*, as aberrações ameacem não ter limite, já que o social, em seu voto de transparência e de conformidade com uma apreensão imediata das coisas, confunde simbolização e ratificação imaginária: por isso, nem mesmo constitui limite e promove esse outrogozar cujo parentesco com o incesto e o assassinato identificamos.

A questão que Edward Behr sublinha a propósito do que ele mesmo chama "sintomas" é, decerto, a de sua causa. Para responder a isso, nós o veremos, a justo título, invocar a negação do passado: "Por vezes, estamos histórica e culturalmente em presença de uma verdadeira *tabula rasa*"[41]. Exemplo espantoso de como a espiral da inflação imaginária pode se instalar na ausência de contrapeso da tradição que ateste a referência simbólica.

Essa perda de referência está também em causa, sem dúvida, no recrudescimento, nos nossos meios, de situações de incesto ou de abusos sexuais. Não é errado conceber que o recrudescimento do interesse pelas questões do incesto, à falta de poder dizer se os casos em si são mais numerosos que antes, tenha diretamente relação com o temor da indiferenciação

---

[40] E. Behr, *Une Amérique qui fait peur*, Paris, Plon, 1994.
[41] Ibid., p. 318.

167

geracional, como sustenta, aliás, Antoine Garapon[42]. Em contrapartida, se não é seguro que a desaparição dos limites acarrete um amolecimento da barreira contra o incesto na família, é certo que acarreta um movimento do social que se deve estimar que intervém na família. Quem contradiria uma tal evidência? Apesar da precipitação atual, entretanto, não nos é permitido, por outro lado, esquecer que, se o pai tem a função de garantir a autoridade e a legitimidade no seio da família, qualquer intervenção que venha da sociedade serrará um pouco mais o galho no qual ele estava sentado. Se é, certamente, judicioso lembrar a um pai sua obrigação de interditar-se o gozo sexual de seus filhos, há lugar para se perguntar se é verdadeiramente judicioso que, num voto de restabelecimento moral, uma família seja pulverizada, um pai enviado para a prisão e os outros filhos ainda mais abandonados à falta de um terceiro.

Terminemos evocando o racismo. Aqui, também, o fato de que, em nossa sociedade, a alteridade seja fagocitada pelo mesmo pode agravar a dificuldade de tolerar o outro e, por isso, só restará ao sujeito se refugiar na mesmidade para se prevenir da ferida que representa para ele a irrupção do que é outro. O efeito de universalização implicado pelo discurso da ciência produz "sinistrados pela alteridade", sujeitos para quem a confrontação com a alteridade é uma dor, a não ser que estejam completamente imunizados contra ela. Seguramente, podemos pensar que, no fim das contas, sempre foi assim, que a alteridade sempre foi traumática, e a coisa é verdadeira; mas o que parece atualmente novo é a amplitude da reação que ela suscita, é considerar que esse traumatismo não deveria – e, pois, poderia – ter acontecido; tudo se passa como se tivesse havido não só o apagamento da diferença, mas apagamento do apagamento; e, quando a diferença, entretanto, é encontrada, assistimos seja a um comportamento de esfolado vivo, seja à indiferença absoluta. Se é próprio pensar que "o inferno são os outros", aquilo com que nos confrontamos hoje em dia estaria antes na fórmula: "O inferno é o mesmo"[43].

---

[42] A. Garapon, "Leçons d'un automne belge", em *Esprit*, dezembro de 1996.
[43] O que é evocado muito bem, por exemplo, pelo filme de ficção científica *Body Snatchers*, de A. Ferrara, *remake* de uma versão de Don Siegel. Nele vemos os invasores vindos de alhures substituírem os humanos, tomando suas feições, mas se apresentando como supernormalizados, todos idênticos.

Assim, todo um conjunto de fatos atuais pode ser interpretado como conseqüência da mutação que se produziu em nossa sociedade quando se organizou em torno do discurso da ciência moderna e não mais do discurso da religião. O discurso da ciência não foi durante todo o tempo igual a si mesmo e foi somente nos seus desenvolvimentos recentes, ditos pós-modernos, que assistimos à instalação do que podemos chamar de um simbólico virtual. Este não dispõe das mesmas características da ordem simbólica tal como era atualizada num mundo marcado pela religião. A ordem simbólica, coextensiva à humanidade, preexiste a cada um de nós; não pertence a ninguém, dá lugar ao sujeito ao situá-lo numa genealogia e lhe permite se separar do imaginário da primeira relação de engodo especular; funda a identidade sexuada bem além da anatomia, se define a partir de uma perda da imediatez – metaforizada nos interditos do incesto e do assassinato – e implica o sujeito numa dívida simbólica. É esta que faz a textura do laço social, pois é estar em dívida com relação à linguagem que faz com que pertençamos à mesma família.

Podemos ler nisso a razão pela qual a exclusão adquire hoje as especificidades que conhecemos: os que eram os desfavorecidos de ontem permaneciam no meio circundante da lei simbólica humana fundamental e a presença em seu seio "de seu caráter decepcionante", que valia para todos – ricos ou pobres –, fazia com que, para além de suas diferenças, permanecessem numa certa solidariedade com os favorecidos; eram, em outras palavras, sempre da mesma família; portanto, não verdadeiramente excluídos. Entretanto, num mundo em que o dispositivo de um simbólico apenas virtual tende a apagar a falta comum a todos, em que apenas os ricos têm o *savoir-faire* de seu funcionamento, os desfavorecidos se vêem abandonados pelo social; como judiciosamente dizia um dos membros de uma equipe que se confronta cotidianamente com os "sem teto", "o mundo que os cerca não fala mais deles!". Digamos que estão desinscritos, estão atingidos pelo não-lugar, o que constitui uma exclusão de outra espécie que a simples pobreza e, sem dúvida, o porquê de ela interpelar mais. Ela deveria, também, nos levar a refletir sobre a judiciosidade dos meios colocados em operação para reintegrá-los.

Assim, é sob a férula do simbólico virtual que o laço social se desfaz, que desfia, que se cumpre seu voto de fazer tábua rasa. Se não encontra outras modalidades de confrontação atualizada com a ordem simbólica que lhe façam contrapeso, a virtualização introduzida pelos implícitos do discurso da ciência induz um laço social marcado pela desinscrição da enunciação em proveito exclusivamente dos enunciados, que crê poder se autofundar e que, por isso, traz em si mesmo o germe de um voto totalitário, um laço social que, liberando-se da obrigação mítica do Pai, crê poder liberar-se da lógica do terceiro, um laço social que, ao apagar a diferença dos lugares entre o ao-menos-um e os outros, destitui, simultaneamente, a legitimidade da autoridade, um laço social que, por abandonar sua tarefa de refletir o caráter fundamentalmente decepcionante da ordem simbólica, se mostra dessimbolígeno e que, por esse fato, não constitui mais limite para um imaginário desvairado, favorecendo, assim, a vitimização tanto quanto a inflação das expectativas.

    Nossa análise não pretende ser exaustiva, mas nossa interpretação nos parece dar conta da multiplicidade de facetas que caracteriza as modificações do social de hoje em dia. A esse título, ela dá – esperamos – o fio condutor para apreender os transtornos de nosso mundo ao mesmo tempo que uma chave para não nos contentarmos com uma leitura em termos de déficit, mas para enfocar os requisitos para possibilidades de verdadeira resposta. Eis, também, por que sustentamos que a aparição de "novas doenças da alma" tem uma relação estreita com esse funcionamento social que redobra a mãe ao invés de sustentar a intervenção terceira paterna. Essas patologias só são ditas "novas" porque são apresentações contemporâneas do que desde sempre foi a coluna vertebral da patologia psíquica: evitar ter que assumir as conseqüências do fato de falar, o que os psicanalistas chamam de "se defender da castração". Sua novidade não diz respeito a uma nova estrutura da psique, mas a uma nova possibilidade de contravir as leis da linguagem. Se, até hoje, o sujeito podia aproveitar-se dos avatares de sua história familiar para evitar ter que se submeter a essas leis, o que nos é preciso agora também levar em conta é que o sujeito pode aproveitar-se do que lhe é apresentado no social para não ter que tirar conseqüências.

VI

As leis da linguagem

O leitor talvez possa pensar que tudo o que foi desenvolvido até o momento só serve para provocar nossa desconfiança com relação aos progressos da ciência, se não se está propondo voltar aquém de seus avanços para nos colocar ao abrigo de suas ameaças; e é um fato que uma tal interpretação poderia ainda mais facilmente ser dada porquanto a voz de Cassandra sempre foi própria perante os possíveis prejuízos do progresso tecnológico. Pensemos, por exemplo, nas afirmações de Georges Bernanos em *La France contre les robots* [A França contra os robôs][1], que se atinha com veemência às desvastações causadas por uma sociedade industrial e tecnicista: "Nossa sociedade está morrendo!", lançava ele em 1947, hostilizando "a civilização inumana" dos soviéticos como também a dos americanos, as duas, segundo ele, embarcadas no mesmo "absolutismo da produção".

Entretanto, de modo algum é esse o nosso propósito. Poderíamos, com efeito, aderir muito bem a diversas formulações de Emmanuel Mounier, que, em *La petite peur du XXe siècle* [O pequeno medo do século XX][2], dava a Bernanos a réplica, acusando-o de ter uma reação infantil diante de uma mutação e uma aceleração da história e retorquindo-lhe que "a natureza do homem é o artifício"[3].

Não temos que depreciar nem a religião nem a ciência, mas queremos que sejam avaliadas as modificações profundas introduzidas na paisa-

---

[1] G. Bernanos, *La France contre les robots*, Livre de Poche.
[2] E. Mounier, "La petite peur du XXe siècle, *Œuvres*, tomo V.
[3] Ibid., p. 554.

gem do social pela passagem de uma concepção do mundo organizada em torno da religião para uma concepção do mundo organizada em torno da ciência. Descrevemos esses transtornos em sua ligação com a realidade psíquica do sujeito, ficando particularmente vigilantes quanto aos implícitos veiculados pela sobrevinda do discurso da ciência moderna e mesmo pósmoderna, e mostramos como esta implica o declínio da intervenção paterna em nosso social atual. Não se trata, portanto, de preconizar qualquer retorno ao poder paterno de antanho, mas também não se trata de bancar os avestruzes, desconhecendo os efeitos desse declínio dos pais nos processos de simbolização.

É a ciência que hoje em dia constitui Nome-do-Pai para nosso social, em lugar e posto da religião: para torná-lo evidente para nós, simplesmente perguntemo-nos onde estaríamos no ensino fundamental se não tivéssemos a nossa disposição poder nos referir a "dois e dois são quatro"; o que viria nos colocar de acordo, já que, por outro lado, tudo, hoje em dia, é relativo e não há, espontaneamente, mais nenhuma razão para pensar que a opinião de um vale mais que a opinião do outro? Reconhecer, no entanto, que a ciência pode fazer função de pai simbólico deve andar conjuntamente com reconhecer que ela não pode fazer ofício de pai real, já que este, no final das contas, se sustenta por sua enunciação, não somente por seus enunciados.

Nosso propósito é, pois, afirmar que, se quisermos continuar a tirar benefícios do progresso das ciências, sem, com isso, avaliar os implícitos que seu método veicula, temos que consentir num suplemento de pensamento, ou seja, em reconhecer e tirar as lições da presença, em seus enunciados, da dimensão da enunciação.

Como desenvolvemos, o discurso da ciência é, a exemplo da mãe, espontaneamente incestuoso e, da mesma forma que é preciso, para a mãe, o contrapeso do pai, é preciso que, para os enunciados promovidos, faça contrapeso o que devem à enunciação, à falta de que é o espectro do totalitarismo que está no horizonte.

Não possuímos mais, hoje em dia, o que funcionou durante séculos como mecanismo regulador, a saber, a religião. Em nossa sociedade, Deus está morto e, se a tendência de alguns é, evidentemente, convocar seu auxílio, sua intervenção só se dará, doravante, sobre o fundo de sua desaparição;

ela se arrisca, por isso, a ser tão perigosa quanto justificada, pois é a via aberta ao integrismo e ao fanatismo. Em troca, o que importa é reconhecer que a racionalidade científica não é "toda", que o conjunto de seus enunciados está marcado pela dimensão da enunciação e que esta, mesmo que não haja mais pai para garanti-la, é, entretanto, irredutível, já que é a linguagem que a prescreve.

Com efeito, é o que a ordem simbólica coextensiva à humanidade impõe; as leis da linguagem nos ordenam a ternariedade e, ainda que a intervenção paterna seja a modalidade mais comum de instalá-las, isso não nos autoriza a confundir a importância – no caso, relativa – do pai com a importância – fundamental – do terceiro, tanto quanto não nos autoriza a não avaliar as conseqüências do declínio do pai na instalação da ternariedade.

Isso nos leva, paradoxalmente, a lançar uma ponte entre a posição do teólogo e a do psicanalista: o que o psicanalista partilha com o teólogo é que a especificidade do ser humano implica a referência ao Terceiro, ou à condição ternária. Seja a propósito de nascer ou de morrer, a religião sempre se referiu ao que ultrapassa o indivíduo isoladamente: quando uma criança nasce, é dom do céu e não somente resultado do coito parental; quando um ser humano chega ao fim de seu caminho, não é ele quem decide sobre sua morte. O que assim o cristianismo desde sempre autentificou, mas também, por isso, garantiu, foi a existência de uma "trinariedade definidora" de nossa condição humana.

Para o psicanalista, essa "trinariedade" está inscrita na ordem da linguagem e em nossa condição de ser falante; é específica da dimensão simbólica na qual o sujeito se move[4]. Fazemos assim aparecer a proximidade existente entre psicanálise e teologia, referindo-se as duas a essa irredutível dimensão do ternário, e isso no momento em que, em nossa sociedade tecnocientífica, é incontestavelmente o registro do binário que prevalece, como vimos.

Podemos afirmar que o psicanalista e o teólogo colocam o homem sob a mesma insígnia, a da presença do Terceiro, ainda que não seja pelas

---

[4] Só podemos remeter aqui ao livro de D.-R. Dufour, *Os mistérios da trindade*, Companhia de Freud, Rio de Janeiro, 2000.

mesmas razões, ainda que não seja com as mesmas conseqüências, ainda que não seja nos mesmos contextos.

Não é pelas mesmas razões: um justifica seu recurso à ternariedade pela existência de Deus, o outro, pela Lei da linguagem; um legitima a existência do Terceiro pelo que o habita, o outro, exclusivamente pela existência de um lugar. Não é com as mesmas conseqüências: um pode se garantir por um céu habitado para manter seu rumo, o outro não dispõe de nenhuma garantia a não ser aquela de reconhecer a existência da falta no oco mesmo do que constitui o desejo humano. Não é nos mesmos contextos, pois, se o sentimento religioso parece nascer com a humanidade e a religião cristã datar nossa era, a psicanálise, quanto a ela, só nasce com o contexto do desenvolvimento da ciência moderna e procede exatamente desse voto cientificista sobre o qual Nietzsche disse que implicava "a morte de Deus".

No entanto, as duas posições vão se encontrar quanto a esse ponto incontornável: a presença irredutível do Terceiro, que implicará que não se possa acabar com a alteridade; o Outro nos vem sempre de outro lugar; melhor, ainda, a alteridade se impõe sempre a nós como um dado independente de nosso querer; o Outro sempre nos enceta e nossa reação espontânea é, antes – é preciso reconhecer –, ser-lhe rebelde e tentar exorcizar o intruso.

Para a psicanálise, como para a religião, a prescrição de alteridade anda junto com o reconhecimento do Terceiro, mas, para a primeira, este está inscrito na estrutura mesma de um sujeito unicamente pelo fato de ele falar; é assim que podemos ler o que, a partir de Freud e Lacan, identificamos como o complexo de Édipo.

Tudo isso nos leva, pois, à pergunta: como iremos, no contexto novo que é o nosso – aquele em que é a ciência que prevalece –, voltar a dar lugar a essa ternariedade, garante da alteridade, que a referência ao religioso mantinha espontaneamente, ainda que fosse de maneira abusiva?

DA LEI DA LINGUAGEM ÀS LEIS DA FALA

Na continuação dos ensinamentos destes últimos, sustentamos que é a Lei da linguagem que define o sujeito; porque o sistema da linguagem subverte radicalmente a ordem natural do vivo, "já que rompe uma adaptação ao mundo regulada até então por signos, seguramente não por significantes"[5].

Podemos, num primeiro tempo, convir com o senso comum que, entre sujeitos, o que importa é que se comuniquem, sendo a linguagem, então, considerada como o veículo dessa comunicação, veículo específico do ser humano. Não é possível, no entanto, trazer a linguagem exclusivamente para a função de comunicação. "Para que serve a linguagem", se pergunta Lacan, "se não é feita para significar as coisas expressamente, quero dizer, se, de forma alguma, é essa sua primeira destinação e se a comunicação também não o é? Pois bem, é simples, é simples e é capital: ela faz o sujeito. Isso basta e sobra. Porque, de outro modo, pergunto a vocês, como poderiam justificar a existência no mundo do que se chama um sujeito?"[6]. Assim, o próprio da linguagem é fazer sujeito, quer dizer, no movimento mesmo da fala há o que ela veicula como informação, mas há também o que ela funda pelo fato mesmo de se enunciar.

Podemos afirmar que há, pois, duas vertentes da fala e que, quando o ser falante se serve dessa fala para trocar informações, para se comunicar, também se constitui como tal nessa fala. Quando dizemos que a criança é obrigada a passar pela linguagem, pelo Outro, se quiser dizer-se, é preciso acrescentar que nossa formulação é perigosa, pois supõe que antes da fala havia um sujeito que tinha que se dizer, o que é apenas uma pura suposição, já que, fora da linguagem, não há sujeito. Para a criança, o dilema é: ou se torna sujeito, passando pela linguagem, ou se recusa a isso, não passa pela linguagem, mas não se torna sujeito!

No entanto, se consente em se tornar sujeito, a passagem do contínuo de seu ser ao descontínuo de sua fala inscreverá a perda irremediável de uma parte de seu ser. O indivíduo pensante e falante está, pois, condenado a não mais se dizer a não ser pela metade, nunca chegará a dizer tudo. A partir daí, o que é designado por sujeito em psicanálise é sempre atingido por uma barra: o sujeito humano, longe de ser um sujeito pleno, contínuo, nunca é alcançável a não ser em eclipse e seu ser está, pois, condenado a não ser mais alcançado, mas a somente se fazer "representar".

---

[5] Ch. Melman, *Nouvelles études sur l'hystérie*, Paris, Clims, 1984, p. 9.
[6] J. Lacan, *Petit discours aux psychiatres*, 1966, inédito.

É a linguagem que é a especificidade de um sujeito e não podemos mais, a partir de então, nos contentar em falar de instinto a propósito do mundo humano, pois o instinto pressupõe um objeto de satisfação congruente. Para nós, que habitamos a linguagem, deve-se falar de pulsão, em outras palavras, de uma pressão que necessariamente implica que o objeto que a satisfaz não seja alcançável como tal, já que só o será através da palavras e, pois, profundamente marcado pelo que isso supõe de *desvio*[7].

Inelutavelmente, o desejo do homem se constitui no material da linguagem, ou seja, no material do Outro. Ainda que seja a mãe quem, para a criança, é o primeiro Outro, ela só torna presente para a criança o Outro como lugar da linguagem. Isso deixa entender que o Outro mora no fundo de nós mesmos, que é na relação com esse Outro que nos constituímos como sujeito e que essa passagem obrigatória implica o consentimento no sistema linguageiro.

No entanto, se o fato de consentir na linguagem constitui o sujeito, implica também que entre eu e o outro alguma coisa doravante se interponha, como a presença de um muro, do "muro da linguagem". Maneira de levar em conta que a linguagem é esse terceiro irredutível que é tanto um limite com o qual me choco quanto um meio que permite a troca.

Essa potencialidade de distanciamento introduz um gozo novo, específico do ser humano, que vai implicar que o objeto de satisfação valha mais por sua ausência que por sua presença, ou, ainda, que todo objeto de satisfação só virá com o pano de fundo da indisponibilidade do objeto inteiramente satisfatório. O objeto do desejo humano, na medida em que está enfeudado na linguagem, é, pois, estruturalmente, de natureza significante. Podemos, então, apreender o duplo movimento da linguagem: é ao mesmo tempo o que causa o gozo e o que o detém. É causa de gozo, porque introduz um gozo específico, linguageiro, permitido; é também o que detém o gozo, na medida em que, pela linguagem, é mantida a distância de um gozo absoluto e instintual, o gozo incestuoso, aquele que estaria ali se não fôssemos seres-falantes.

---

[7] S. Leclaire, "Détour", em *Études freudiennes*, nº 25, abril de 1985, pp. 115-22.

As leis da linguagem

De tudo isso podemos deduzir que essa Lei da linguagem recobre muitos imperativos, o que nos vai autorizar, a partir daí, a falar de leis da linguagem no plural e a propor, como definição do que essas leis da linguagem designam, ler muito simplesmente o que Lacan depois capturou no matema "S_1, S_2, $\emptyset$, a", nessas quatro letrinhas, para sustentar que as leis da linguagem implicam: o consentimento numa perda, que se escreve "a", a necessária assunção da divisão subjetiva, ou seja, $\emptyset$, e o reconhecimento da irredutibilidade de dois lugares diferentes de onde falar, "S_1, S_2" – que remete, aliás, tanto à diferença dos sexos quanto à das gerações.

Nossa aptidão para a "tagarelice", para o "papo", supõe, com efeito, uma perda, a da adequação às coisas, que, por se inscrever nessa ordem das palavras – de significantes –, se ordena como uma falta, a do objeto que o significante jamais alcança, obrigado a só alcançar um outro significante. No coração do ser humano, pois, a ausência, a existência de um sujeito que não pode se sustentar a não ser a partir da transformação da perda inaugural implicada pela linguagem numa falta estrutural necessária a sua vida e a seu desejo. Uma outra maneira de dizê-lo seria afirmar que a realidade psíquica nada mais é que a instalação do aparelho que poderá tratar a falta, ou seja, a aptidão para simbolizar.

Em nome de sua aptidão para a linguagem, o sujeito se encontra, por outro lado, profundamente e sempre dividido; não pode se determinar de maneira absoluta, mas, em contrapartida, pode se gabar de uma identidade, que só se fez e só continua a se fazer na assunção dessa divisão. Se, pois, pode ser alguém [*quelqu'un*], isso nunca acontecerá a não ser sobre o fundo de ausência de ser *um*.

Enfim, é desses dois lugares diferentes que ele pode se enunciar. Obrigado a escolher de onde vai sustentar sua fala, de S_1, ou de S_2, do lugar de onde isso comanda ou daquele de onde é comandado. Cada uma dessas posições de onde se enuncia presentifica uma parte da humanidade, mas, por si mesmas, ainda que juntas, também não formam *um*; ao contrário, esse *um* se tornou inacessível, já que está perdido para sempre, e perdido de uma maneira tal que podemos mesmo sustentar que nunca foi; pois, para ser sujeito, foi preciso, primeiro, consentir em ratificar a perda.

No entanto, isso exige ainda alguns esclarecimentos: com efeito, se homem e mulher são "seres-falantes", isso teria como conseqüência que não é sua anatomia que vai esgotar sua posição sexuada. Será, em contrapartida, a escolha da posição que tomarão na linguagem que os fará homem ou mulher; com efeito, ainda que os dois estejam submetidos a esse gozo linguageiro específico do ser-falante, não estarão implicados da mesma maneira; o homem estará "todo" subordinado, uma mulher estará "não-toda" subordinada. É a relação com esse gozo linguageiro – que devemos designar como gozo fálico – que determina as modalidades diferentes segundo as quais o sujeito humano poderá enunciar-se como homem ou como mulher.

Manter sua fala do lugar de ser "todo na linguagem" será a versão masculina do fato de falar que, a partir daí, insistirá, antes, no êxito da operação. Manter sua fala "de ser não-toda na linguagem", ou seja, não esquecer que o gozar próprio do ser-falante não equivale ao da coisa será, antes, a versão feminina e insistirá mais no caráter de rata da mesma operação.

O que assim Lacan recusa, até o extremo, é a predestinação instintual global de um sexo pelo outro. Pelo fato desse gozo linguageiro, a relação que deveria existir entre os dois sexos – e que supomos no reino animal – não existe: incessantemente, há interposição da linguagem; em outras palavras, para retomar sua formulação célebre, "Não há relação sexual!".

Podemos, com efeito, sustentar que o homem toma a vertente positiva desse arrancamento do real que a instalação da função linguageira supõe, ao passo que uma mulher toma, antes, para si, a vertente negativa, ou seja, a de ter que testemunhar o vazio que esse mesmo arrancamento supõe. Falar da posição masculina é ser "todo" na palavra, é nomear, é dizer a palavra para ter o domínio. Falar da posição feminina é ser "não-toda" na palavra, é também dizer a palavra, mas para evocar o que lhe escapa.

No entanto, imediatamente, surge o que constitui a dificuldade maior: a assimetria dessas posições, com relação à tarefa a cumprir e aos meios de que dispõe. A vertente homem é apropriada quanto à função linguageira em si; a vertente mulher é indizível como tal, já que designar o vazio de onde emana a linguagem não é dizível sem anulá-lo. Encontramo-nos, aqui, no nível da linguagem e do gozo dito fálico, com o que Freud já enunciava quando dizia haver apenas uma libido e, assim, atestava a primazia do falo; em outras palavras, tudo se passa como se a linguagem fosse unissexuada e toda a questão fosse saber como é possível identificar dois sexos diferentes a partir da existência de um único semblante.

Como seqüência do que acabamos de afirmar, podemos propor uma leitura da diferença dos sexos com referência à linguagem: podemos, com efeito, entender a fala que o homem dirige a uma mulher como um "é isso!" e a resposta de uma mulher como um "não é isso!". Podemos, evidentemente, considerar que se trata aí de enunciados contraditórios e que não existe, à sua confrontação, nenhuma saída; é, sem dúvida, o que podemos identificar como matriz da cena de casal[8]. Com efeito, uma tal leitura condena ao que comumente chamamos de guerra dos sexos, independentemente, aliás, da anatomia dos parceiros. No entanto, é por não ter avaliado dois elementos: primeiro, que a resposta que vem do lugar do feminino deve ser entendida como uma escapatória, como alternativa a uma formulação masculina "é isso!", como uma resposta diferente da resposta em espelho, que só faria enclausurar as relações na mesmidade. Depois, que o "não é isso!" deve antes ser entendido como uma indicação de que "não é só isso!", ou seja, como uma abertura para a alteridade.

Notemos, aliás, que essa nuance permite diferenciar a posição feminina da posição histérica, equivalendo esta a um "de jeito nenhum é isso!", ao passo que a posição feminina se dirige ao outro significando-lhe um "não é só isso!". Entretanto, preferimos guardar a ambigüidade, pois, precisamente, esse discernimento das duas posições não é habitualmente indicado de imediato; se levarmos em conta a enunciação, podemos muito bem ler nisso que o enunciado a partir da posição feminina não tem o encargo de contestar a validade do enunciado masculino, mas, antes, de lembrar a verdade que esse mesmo enunciado esquece.

Assim, o "não é isso" de uma mulher viria lembrar ao "é isso" masculino que é do vazio que ele se enuncia, que a palavra faz o fracasso da coisa, que ela nunca remete a não ser a uma outra palavra e que a certeza de que o homem pretende se prevalecer não é, então, mais que relativa.

Inversamente, o "é isso" de um homem vem lembrar ao "não é isso" de uma mulher que, mesmo que haja incerteza fundamental, que sempre

---

[8] É todo o tema de uma peça de teatro notável de Nathalie Sarraute, *Pour un oui ou pour un non*, Paris, Gallimard, 1982.

virá tornar caduca qualquer asserção, não é menos verdadeiro que se trata sempre de ter que sustentar sua enunciação, mesmo na ausência de qualquer garantia absoluta.

Podemos, pois, indicar aqui que, com relação a um enunciado macho, o enunciado feminino participa de uma dupla organização: uma que responde em espelho, outra que introduz uma escapatória; todo o jogo deve ser introduzido numa relação que consiste, precisamente, em deixar a este um lugar, o que não seria permitido nem por um enunciado masculino que não suportasse a contradição, nem por um enunciado feminino que não assumisse sua divisão, porque, nesse caso, ou confortaria a posição masculina pelo reenvio do mesmo, ou só contestaria.

O que acabamos de descrever é nossa maneira de dizer que "não há relação sexual" e que essa fórmula lacaniana não deve, pois, ser entendida, de forma alguma, como um fracasso, como por vezes nos é dito para anular seu interesse. Indicar que a estrutura linguageira é tal que condiciona irredutivelmente uma impossibilidade da relação homem-mulher e introduz uma dissimetria incontornável não é somente introduzir a noção de fracasso, mas fixar, doravante, que se trata da condição irredutível que funda a alteridade numa solidariedade incontornável, num "não um sem o outro!", e que, no mesmo movimento, oferece a matriz da saída possível do conflito[9].

Podemos, pois, identificar que são esses lugares diferentes determinados pela estrutura linguageira que situam dois lugares de onde uma fala pode ser enunciada, maneira de aludir à bissexualidade constitutiva do ser humano na linguagem. Esses lugares – S_1 e S_2 – se propõem como modalidades da diferença dos sexos para aqueles e aquelas que habitam a linguagem, assim subsumindo os determinantes anatômicos, com o risco mesmo de subvertê-los. No entanto, também sustentam a diferença das gerações, já que é a partir de S_1 que se mantém a fala de nomeação do pai, do ao-menos-um que não está no mesmo lugar que os outros.

---

[9] Mostramos, em outro lugar, como essa matriz não está inscrita no caso da neurose obsessiva (cf. J.-P. Lebrun, "La violence de l'obsessionel", em *Le Bulletin freudien*, nº 25, 1995.

Tal é a especificidade da retomada, por Lacan, do ensino de Freud: se este colocou a sexualidade no coração do inconsciente do sujeito, o primeiro lembrou que, nesse lugar do sexual, é a questão da linguagem que já está em jogo. O pansexualismo de Freud não é, a partir daí, nada diferente da versão épica desse fato estrutural em que a linguagem no ser humano consiste. Se Freud foi aquele que nos introduziu na questão da falta no registro do ter – já que a primeira forma pela qual encontramos a falta é, para retomar o título de um romance de Hemingway, confrontar-se com a questão "ter ou não ter" –, Lacan mostrou que, antes mesmo de seu encontro no registro do ter, essa questão da falta já se situa no registro do ser, na medida em que, precisamente, um ser-falante se define por essa possibilidade de presentificar o que está ausente e de ausentificar o que está presente.

Assim, isso dá ao interdito do incesto uma dimensão bem mais ampla, contrariamente à significação restrita que comumente lhe damos, já que ele se arrima na impossível congruência entre o mundo das palavras e o mundo das coisas. Assumir o interdito do incesto quer dizer aceitar renunciar à certeza que as coisas dão para consentir na incerteza que as palavras proporcionam; isso significa, também, renunciar ao retorno a si mesmo para consentir na alteridade.

Identifiquemos igualmente que isso põe fim a todo sonho de totalidade, pois não há nenhuma totalização possível: pelo próprio fato de falar, esta está para sempre perdida. Encontramos, aqui, sob uma outra vestimenta, os dois não-tudo de nosso primeiro capítulo: o não-tudo nas coisas que o pai inaugurava e o não-tudo nas palavras que uma mulher ratificava, modalidades pelas quais se instalavam, pois, para o sujeito, as leis da linguagem.

Ao dizer "é isso!", uma fala de homem confirma a renúncia à coisa, mas, por ser um não-todo fundador, está sempre em posição de exceção: situa-se sempre fora; é esse "ao-menos-um" que já encontramos em Freud, na figura de Moisés o egípcio, o ao-menos-um que não é judeu e no qual se funda a judeidade. Ao passo que o não-todo feminino – o "não é só isso!" de uma fala de mulher – corresponde ao "não-tudo nas palavras", e vemos, assim, que, cada vez que falamos, somos portadores dessa dimensão do não-todo, porque enunciado e enunciação não são congruentes.

Assim, encontramos duas modalidades do não-todo: um, masculino, que podemos assimilar a um enunciado de exceção, o do pai, inscrito unicamente pelo fato de falar; outro, que está no coração de cada enunciação e que nos será necessário "elaborar".

Poderíamos, assim, dizer um falso não-todo na medida em que o enunciado de exceção continuasse a deixar pensar que, se o anexássemos, chegaríamos à totalidade; e um verdadeiro não-todo do lado feminino, porque deixa a todos [*chacun*], a "cada um [*chaque un*]" portar a dimensão da incompletude, ao passo que, do lado masculino, essa dimensão só é portada por aquele que está em posição de exceção, pelo ao-menos-um. Isso, evidentemente, terá toda a importância na medida em que o declínio dos pais vem apagar o não-todo da exceção; a partir de uma tal configuração, podemos supor que é ao não-todo portado por cada um que será preciso dar todo o seu lugar.

No entanto, antes de chegar às conseqüências dessas leis da linguagem em nossa organização social, tragamos algumas precisões referentes à distinção, ainda a ser feita, entre leis da fala e leis da linguagem.

O que a expressão "leis da linguagem" arrisca-se a deixar entender é que essas leis existiriam fora da fala e que, assim, seriam, em si, sem limite. Não é inútil, pois, precisar[10] que o que faz barreira é a enunciação de um sujeito. Em si, a Lei da linguagem é evanescente, é somente uma fala enunciada por um outro que pode constituir autoridade e que, a partir dali, permite que a continuação se dê de outro modo. Como é preciso que constatemos, trata-se, ainda, de que o sujeito consinta em aí colocar de sua parte para ratificar essa fala, pois, em si, nada de miraculoso deve ser esperado.

Convenhamos também que essas leis da linguagem são, hoje em dia, maltratadas. A possibilidade enganosa de substituir um engajamento na fala por uma verificação na realidade concreta – como a verificação de paternidade, mas também a transparência televisiva – não tem outro efeito a não ser enfraquecer a força das palavras e empurrar, num movimento concomitante, para a demissão ou para o autoritarismo. Se, por exemplo, numa família recomposta, uma criança objeta à reprimenda de seu padras-

---

[10] Remetemos aqui a um texto de J.P. Hiltenbrand, "Le signifiant phalique implique-t-il la notion de limite ou celle d'ordre?", em *Le Bulletin freudien*, nº 28, 1996.

to que ele não é seu pai e que, por isso, não tem nada a lhe dizer, quantas vezes a evocação de uma semelhante realidade concreta não vem pôr em dificuldade o dito padrasto, a quem, com muita freqüência, não resta mais outra saída a não ser investir-se abusivamente em sua função, ou, frouxamente, abandoná-la.

Nos dois casos, só poderemos confirmar a alteração da função da fala a partir do que nosso ambiente social deve ao discurso da ciência. As conseqüências, no que se refere às leis da fala, são, com efeito, identificáveis:

– em lugar de um consentimento na perda, é a uma recusa de abandono da onipotência que se assiste, ao mesmo tempo que a uma incapacidade de dizer "não!", pois, para dizer "não!" ao outro, é preciso primeiro ter consentido num "não!" que vem do Outro;

– em lugar da assunção da divisão subjetiva, é no voto do *um* totalizante que nos empenhamos e, assim fazendo, mantemos a clivagem que, mesmo sem implicar a negação perversa, leva o sujeito a agir como se tudo fosse possível, ainda que saiba muito bem que o impossível não foi, por isso, expulso;

– em lugar do reconhecimento da disparidade dos lugares, é um apagamento da diferença – a dos sexos, a das gerações e todas aquelas que daí decorrem – que é preconizado, tudo isso levando a uma maneira particular, própria de nosso tempo, de viver a coabitação de lugares diferentes: trata-se, hoje em dia, de evitar a possibilidade do conflito e, assim, preveni-lo, evitando o surgimento de qualquer diferença[11]. Isso será pago, no entanto, com preço pesado; necessidade tirânica do consenso com, conseqüentemente, paralisia das decisões.

Agora, por qual trabalho de suplemento de pensamento poderíamos atenuar essa hesitação? Como poderíamos, num social articulado em torno da ciência, identificar em operação a ternariedade que parece se desfiar? Digamos, de imediato, que de forma nenhuma pensamos dispor da solução, mas que, para isso, cremos ser útil prosseguir o processo de "desafiliação",

---

[11] Explicitamos longamente o funcionamento de grupos que se constituíram com um tal pressuposto; cf., quanto a esse assunto, J.-P. Lebrun, "L'holophrase dans l'institution Autre", *Le Trimestre psychanalytique*, nº 4, 1988, pp. 81-9.

como o nomeia Robert Castel: voltar a dar lugar à enunciação, voltar a inscrever a categoria do impossível e restabelecer a faculdade de julgar.

Os suplementos de pensamento

Voltar a dar lugar à enunciação

Espontaneamente, pois, a produção de enunciados científicos tende a apagar a enunciação e até a apagar que um apagamento ocorreu, isso não impedindo, evidentemente, que a enunciação continue no seu lugar de origem. Como afirma Baudouin Jurdant, sem dúvida é esse movimento que dá conta da tendência da ciência a se divulgar: "Bruno Latour e Steve Woolgar descreveram muito bem esse processo de transformação dos enunciados científicos, que, através de sua retomada nas publicações científicas, se desembaraçam pouco a pouco das marcas da enunciação para se tornarem enunciados factuais, aparentemente ditados pelos fatos. Isso basta para que seja realidade? Não, ainda! [...]. É aqui que intervém a divulgação científica, não mais ao título de avatar de uma ciência pura, mas como parte integrante do dispositivo de produção do saber. É graças a uma alquimia lingüística bem particular que a realidade dos expertos se transmuta em realidade ao pé da letra"[12]. Em outras palavras, nos será preciso fazer um trabalho suplementar para voltar a dar o justo lugar à dupla dimensão que habita o enunciado científico, ainda que este seja organizado para negá-la.

Assinalemos que a própria língua fornece enunciados que não podem obturar essa dupla dimensão de enunciado e enunciação. São precisamente essas fórmulas para as quais se voltaram os lógicos, como o famoso enunciado "eu minto", no paradoxo do mentiroso. Quando digo "eu minto", como enunciado, é verdade que minto, mas se digo "eu minto" como enunciação é, no final das contas, a verdade que eu digo.

Vemos, de imediato, a posição diametralmente oposta entre a psicanálise e a ciência a propósito da enunciação: a ciência só se interessa por

---

[12] B. Jurdant, "La psychanalyse est-elle une épistémologie populaire? Vulgarization scientifique et psychanalyse", *Apertura*, vol. 13, 1996, p. 66.

fazer desaparecer essa dimensão da enunciação, ao passo que a psicanálise não desiste de mostrar que ela foi identificada operando através das vacilações da fala, dos hiatos, dos atos falhos, dos sonhos, das incoerências, das mentiras, das hesitações; pois é levando em conta a dimensão da enunciação que reconhece o lugar do sujeito e foi isso que nos levou a essa definição do psicanalista como um "profissional da enunciação".

O enunciado é o texto; a enunciação é o engendramento do texto em que o sujeito se trai: nessa formulação, medimos bem o peso diferente da enunciação para o lingüista ou para o psicanalista. Como afirma Lucette Fainsilber: "A enunciação é o filho ilegítimo dos lingüistas e dos lógicos; eles têm um pouco de vergonha dela, pois ela altera e perturba a pureza de seus enunciados. Para o analista, a enunciação é um filho do amor. Ele a recolhe muito precisamente nos menores interstícios do discurso do analisante"[13].

Precisemos, pois, que não é somente a enunciação do lingüista – "o pôr em funcionamento a língua por um ato individual de utilização"[14] – que interessa ao psicanalista; por enunciação, também devemos evocar esse sujeito dividido ao qual nos referimos acima: dividido entre as palavras e as coisas, entre corpo e linguagem, entre saber e verdade, em suma, esse sujeito para o qual "é isso ao mesmo tempo que não é isso!", sempre na incerteza quanto a seu ser, entretanto consentindo no risco de tomar posição.

Se o ato do homem da ciência consiste exatamente em sustentar uma enunciação para produzir um enunciado transmissível, esse ato fundador se vê esquecido na segunda geração e, na terceira geração, é o esquecimento

---

[13] L. Fainsilber, "L'Énoncé et l'Énonciation", em *Le Curieux*, nº 4, 1987, p. 55.
[14] É. Benvéniste, *Problèmes de linguistique générale*, Tomo 2, Paris, Gallimard, p. 80. Conhecemos, aliás, todo o debate que os lingüistas atravessaram para saber se o próprio da enunciação não era pura e simplesmente remeter a algo diferente dela mesma, ou seja, se o acontecimento constituído pela enunciação era logo colocado entre parênteses. De encontro a essa concepção, os trabalhos recentes dos lingüistas vão no sentido de um enunciado no qual é refletido o fato de sua enunciação. Digamos, simplesmente, que toda essa questão – na qual não entraremos como tal – apenas reforça a idéia de que existe uma maneira diferente de tratar um enunciado, seja como exclusivamente enunciado, seja como implicando sua enunciação. Cf. F. Recanati, *La Transparence et l'Énonciation*, Paris, Seuil, 1979.

que é esquecido. O que dissemos acima, referente à impossível totalização própria da linguagem (diversamente portada segundo o seja pelo enunciado de exceção – não-todo masculino – ou pela enunciação – não-todo feminino), nos permite entender o que está em jogo em toda essa evolução: a substituição, por um conjunto exclusivamente de enunciados, daquilo que era antes solidariedade "natural" entre enunciado e enunciação. Foi esta que foi espontaneamente perdida na trajetória da ciência; porque, ainda que sempre portada pela posição de exceção do enunciado fundador, é muito rapidamente destinada a ser esquecida. Só podemos encontrar essa solidariedade entre enunciado e enunciação na dimensão de enunciação portada por cada enunciado, por cada um, por todos.

Tudo isso nos leva a constatar o seguinte: é com a condição de se reconhecer portador da responsabilidade da enunciação que cada um encontrará o antídoto para a servidão voluntária aos enunciados. Nenhum dito – mesmo um enunciado científico – existe sem que tenha havido dizer. Nenhum saber, tão consequente e competente quanto seja, dará conta do ato de enunciação; nenhum saber poderá dominar a falha que a enunciação de um sujeito implica. Essa falha não tem necessidade de ser garantida por algo exterior à fala, pois está inscrita no coração da própria fala. O próprio do discurso científico, no entanto, uma vez que se tenha constituído como saber sedimentado – mais ainda quando opera através da tecnologia –, é que se apresenta como um discurso sem falha. É que o "não-todo" que presidiu sua constituição não foi necessariamente transmitido através desse saber sedimentado e nos é preciso, por isso, refazer seu lugar sem cessar.

É na falha desses ditos que o sujeito pode encontrar o apoio que lhe é necessário para sustentar seu próprio dizer e não se deixar tomar pela aparente certeza dos enunciados da ciência.

Não é o que esperamos dos cientistas, quando lhes pedimos serem rigorosos na maneira como difundem seus conhecimentos, não caírem no fascínio desmesurado com relação a suas próprias descobertas, permanecerem tributários do lugar que ocupam e não se crerem autorizados a extrapolar suas afirmações para além dos domínios que os conhecidos por eles? Tudo isso nos leva a dizer que, do lado dos mortais, o mesmo trabalho deve ser obrigatório para não se expor à besteirada da informação abusiva.

Restabelecer a categoria do impossível

Vimos que, em nome da subversão das categorias do real e do simbólico, a ciência moderna veicula espontaneamente uma crença no "tudo é possível" e, simultaneamente, uma pretensão totalizante, chegando à ameaça totalitária. Aqui, também, nos será preciso fazer um trabalho de suplemento de pensamento para nos afastar dessa crença espontânea e reinscrevê-la na categoria da impossibilidade em lugar e posto do que nada mais é que impotência.

Poderíamos avançar que é ao desdobrar a categoria do real – diferenciando o real que a ciência pretende encontrar e o real inerente ao próprio simbólico – que podemos demonstrar que o impossível, longe de ser somente um obstáculo exterior a nós mesmos, está, ao contrário, inscrito em nós pelo fato de falarmos.

Podemos imediatamente indicar que, ao reintroduzir essa categoria do real em seu lugar – um real irredutível ao simbólico, mas ligado a ele –, poderemos tornar caduca a ambição de uma ciência que acossaria o real em suas últimas trincheiras, tentando, por exemplo, reduzi-lo a um puro jogo de símbolos fisioquímicos.

O real deve ser distinguido da realidade, que implica sempre uma reconstrução pelo imaginário, mas é, também, diversamente identificável segundo o ponto de vista que se tomar. Assim, o real, para o homem comum, é a montanha, é o que nem mesmo teve necessidade dos homens para existir. Para o cientista, o real é aquilo de que a ciência tenta dar conta e que, precisamente, em seu movimento de apagar sua origem, ela pode pensar como inteiramente alcançável pelo simbólico de sua escrita. O real, para o psicanalista, designa precisamente o que resiste ao simbólico, que não entra nele, e por uma razão estrutural. Com efeito, o real permanece irredutivelmente rebelde ao simbólico, "impossível de dizer", sempre inacessível e, quando vem dar um estatuto de limite interno ao poder da atividade simbólica, é porque "não se trata do impossível de conhecer, próprio do movimento kantiano, nem mesmo do impossível de concluir, próprio dos lógicos (quando se apóiam em Gödel), mas da incapacidade própria do simbólico de reduzir o furo de que é o autor"[15].

---

[15] Ch. Melman, "Jacques Lacan", em *Nouveau dictionnaire de psychologie*, Paris, Larousse, 1991, p. 422.

Isso coloca uma questão inteiramente fundamental na qual ainda será preciso que nos detenhamos um momento: o simbólico seria o único autor do real evocado pelo psicanalista?

Lacan inaugura seu ensino público, em 1953, por uma conferência que dedica à tripartição Real, Imaginário e Simbólico para dar conta dos registros do ser-falante; manterá isso durante toda a sua obra, até chegar a um fechamento em sua elaboração do nó borromeano, a saber, de um enodamento de três rodelas de barbante de uma tal forma que o corte de uma delas libera as duas outras.

Por simbólico devemos entender essa função complexa que abarca toda a atividade humana e que está enlaçada com a função da linguagem; o Imaginário, quanto a ele, define o registro do engodo e da identificação e deve ser entendido a partir da especificidade da imagem; o Real, enfim, é o registro do que escapa à apreensão pelo Simbólico; é aquilo que não pode ser completamente simbolizado e, a esse título, aquilo com que acabamos sempre por nos chocar como "voltando ao mesmo lugar".

Podemos pensar que a idéia central de Lacan, no início de seu trabalho, foi dar o justo lugar ao registro do Simbólico, em outras palavras, à linguagem, ali onde, habitualmente, até ele, nos mantínhamos – como ainda nos acontece, aliás, fazer – numa partição somente dual, do Real e do Imaginário. E foi ter introduzido essa terceira dimensão como específica do campo no qual o ser humano se situa que lhe permitiu voltar a dar acuidade à descoberta de Freud.

A obra de Jacques Lacan freqüentemente é apresentada como a sucessão de três grandes fases em que o acento seria colocado, sucessivamente, primeiro no Imaginário, depois no Simbólico e, por fim, apenas no Real. Sem dúvida, podemos encontrar com que alimentar uma tal perspectiva: primeiro, em 1936, a descoberta do estádio do espelho[16] como expe-

---

[16] Comunicação feita no XIVe congrès psychanalytique international, em Marienbad, em 3 de agosto de 1936, sob o título *Le Stade du miroir, théorie d'un mouvement structurant et génétique de la constituition de la réalité, conçu en relation avec l'expérience de la doctrine psychanalytique*, versão inédita, mas publicada mais tarde como comunicação no XVIe congrès de psychanalyse em Zurique, em 17 de julho de 1949, sob o título *Le Stade du miroir comme formateur de la fonction du je telle qu'elle nous est révélée dans l'experience psychanalytique*, publicado nos *Écrits*, Paris, Seuil, 1966, pp. 93-100.

riência primordial na qual a criança se apercebe de sua própria imagem no espelho, quando é carregada por sua mãe e esta a autentifica nessa imagem, falando-lhe; a importância concedida depois à linguagem na própria cura psicanalítica, coluna vertebral do relatório que Lacan fez para o congresso da nova Société française de psychanalyse em Roma, em 1953[17]; e, enfim, o prosseguimento mais tardio de seu questionamento em que será mais a categoria do Real que ele tentará posicionar.

Entretanto, como acabamos de evocar, a partir de 1953, Lacan articula os três registros e, por isso, "introduz numa certa orientação de estudo da psicanálise"[18]. Nessa tripartição, a novidade é exatamente o lugar dado ao Simbólico, identificado como específico da atividade humana, já que o que é "definidor" para o ser humano é habitar a linguagem.

A ordem simbólica se mostra, pois, como uma espécie de "ordem das ordens"[19] que organiza a fisiologia do desejo humano ao referi-lo aos determinantes da história de um sujeito. É constituída por elementos discretos, que implicam lugares e permutações, mas que só valem por suas diferenças; Lacan fala, aliás, de autonomia do simbólico para insistir no poder do significante e lhe opõe a inércia do imaginário, constituído, quanto a ele, por sombras e reflexos, configurado segundo o esquema do espelho, no qual é o visual que prevalece, contrariamente ao registro do simbólico, em que é o que se ouve que predomina. Quanto ao Real, é o que não entra nas categorias precedentes, mas que existe por elas, portanto, pelo simbólico, já que é este que é definidor da humanidade.

Eis, precisamente, que encontramos aqui nossa questão colocada acima: é o simbólico que é, sozinho e no final das contas, autor desse real? Se esse fosse o caso, isso nos permitiria não mais ter necessidade de outra coisa que as leis da linguagem para transmitir o que, até o presente, era garantido pelo pai da religião. Se foi com referência ao monoteísmo de nossa civiliza-

---

[17] Congresso que ocorreu em 26 e 27 de setembro de 1953, publicado nos *Écrits*, op. cit., pp. 237-322.
[18] J. Lacan, "Le symbolique, l'imaginaire et le réel", conferência de 8 de julho de 1953, publicada em *Bulletin de l'Association freudienne*, Paris, novembro de 1982, nº 1.
[19] V. Descombes, "L'équivoque du symbolique", *Confrontations*, nº 3, primavera de 1980, p. 89.

ção que foi devolvida ao pai a tarefa de introduzir o sujeito na linguagem, esta poderia, sem dúvida, continuar a se dar sem que essa intervenção paterna tenha, necessariamente, a prevalência que teve antes. Em todo caso, é exatamente a questão colocada por Lacan a propósito dos nós borromeanos; em outras palavras, saber como os três registros, real, imaginário e simbólico, poderiam se manter juntos sem a intervenção de um quarto elo para enodá-los.

Sigamos aqui Philippe Julien, que resume muito bem esse debate: "Assim, durante mais de vinte anos, Lacan vai procurar como esses três substantivos se ordenam entre si. Cada um se torna, a cada vez, o intermediário necessário dos dois outros para chegar, finalmente, a apresentar sua estrita equivalência. De onde a questão: como se mantêm entre si? Qual é sua consistência? Para responder a isso, precisamos primeiro dizer qual é a função desses três nomes. Não são nomes comuns [...], mas nomes próprios de acordo com Frege, quer dizer, nomes que são a significação visada pelo próprio texto freudiano em sua denotação. [...]. Essa passagem do comum ao próprio exige uma ruptura: que o nome se mantenha por ele mesmo e transmita sua *Bedeutung* independentemente daquele que o enuncie, de seu pai. Essa mudança é passagem da fala à letra [...]. A letra é um nome sem pai. Constitui borda; é corte da origem paterna do nome, porque é em si mesma fundadora, sendo, como letra, princípio paterno"[20]. A pertinência dessa questão é determinante, pois, com efeito, como não reconhecer que sujeitos sem pai se construíram, no entanto, de maneira adequada? Como não reconhecer, também, que, ao atingir aquele que tem o encargo de introduzir na linguagem, é essa especificidade da natureza humana como tal – o registro simbólico – que atingimos? Como não ver que, num tal contexto sociocultural, o poder de simbolização se deteriora consideravelmente?

Assumimos aqui o risco de uma outra longa citação, porque nos permite situar adequadamente a questão capital desse debate. Nessa perspectiva, com efeito, só podemos voltar ao que Gilbert Hottois evidencia em sua obra *Le signe et la technique* [O signo e a técnica] para mostrar com precisão

---

[20] P. Julien, "L'origine de la triade lacanienne", *Études freudiennes*, nº 33, abril de 1992, p. 74.

o lugar específico da contribuição da psicanálise: "A ordem simbólica é o espaço dos valores, dos objetivos, das finalidades. No entanto, para além das finalidades locais, determinadas, oferecidas pelos discursos da cultura e da história, para além de todas as visadas limitadas e identificáveis, os sistemas simbólicos, de qualquer amplitude, apresentam como que um furo que o sistema simbólico considerado, nem mesmo a ordem simbólica como um todo teriam êxito em circunscrever. Esse ponto de fuga não se satisfaz com nenhum nome. Todos os signos não seriam suficientes para nomeá-lo. Ele é a marca, na ordem simbólica, de uma instância que o símbolo nunca inscreverá definitivamente e que, em razão dessa impossibilidade mesma, não deixa o símbolo descansar, barra-lhe a rota de uma entropia ou de uma cristalização feliz e definitiva. O furo da ordem simbólica tem sobrenomes cuja variedade inumerável corresponde à medida de sua inomeabilidade fundamental. Seus principais sobrenomes são familiares: Deus, ser, desejo, força, sentido [...]. O furo da ordem simbólica é uma abertura para o fora-símbolo ou o não-simbólico. [...]. É preciso sublinhar esse ponto, pois, em conformidade com a tendência contemporânea de inflação lingüística e de enclausuramento na linguagem, existe a tentação de identificar o furo com uma propriedade estrutural do próprio simbolismo. Em outras palavras, Deus, força, desejo, dinamismo, abismo existiriam somente desde que o homem existe e como efeito de seu ser simbólico. Há nisso uma mistificação. Se a operatividade criadora, se a dinâmica da evolução, se Deus houvesse esperado o Homem e o Símbolo, nem o Homem nem o Símbolo teriam existido. Assimilar o inominável a um efeito da nomeação, da simbolização em geral, constitui uma ilusão típica da situação contemporânea do homem arrancado de sua imanência simbólica pela operatividade técnica. Na realidade, o inominável está fora-símbolo, mas não sem efeito no ser simbólico que somos. O inominável é infinitamente mais antigo que o símbolo. Foi isso que se exprimiu como bio-evolução e produziu o animal simbólico"[21].

É inútil precisar que aqui Hottois se prende, muito precisamente, ao ensino de Lacan: aliás, faz deste um exemplo da referência abusiva à lingua-

---

[21] G. Hottois, *Le signe et la technique*, op. cit., pp. 154-5.

gem[22]. No entanto, se é certo que o ensino de Lacan deu entrada a essa crítica durante seu período de aparentamento com o estruturalismo[23] e quando desejava que a psicanálise fosse uma ciência, também se mostra a nós como inteiramente essencial identificar que se trata, nesse debate, da possibilidade específica da contribuição da psicanálise.

Com efeito, na continuação dos ensinos de Freud e de Lacan, é exatamente a possibilidade de colocar no lugar do furo do simbólico a noção do real, como engendrado pelo próprio simbólico, que autoriza o psicanalista a pensar poder passar sem a referência ao pai sem, com isso, fazer desaparecer a referência ao terceiro. Após um longo percurso que de bom grado partilhamos por muito tempo com ele, a posição de Gilbert Hottois chega apenas a manter precisamente um fora-simbólico transcendental, ao passo que, para o psicanalista, a categoria do real, como resultante da "incapacidade própria do simbólico de reduzir o furo de que é o autor", permite, afinal, não ter que invocar outro terceiro além das próprias leis da linguagem, ao mesmo tempo que reconhecendo o judicioso da intervenção terceira do pai real. Para nós, o terceiro, pois, não se apóia em outra coisa a não ser a própria faculdade linguageira, na medida em que reconheçamos que esse simbólico se origina sempre no real vivo de um sujeito. Esse real não é, pois, o mesmo que aquele do qual o simbólico da ciência crê poder dar conta inteiramente, já que, por definição, é o que escapa ao simbólico. Em troca, é a presença desse real que deve ser reconhecida no seio mesmo do sistema simbólico do discurso da ciência. Esse real não está, por isso, sob a influência do simbólico; antes, é o que, no seio mesmo do mundo humano, subvertido pela presença do simbólico, atesta, do interior, que escapa a nossa apreensão totalizadora.

Reconhecer isso autoriza ficar sem um cão de guarda paterno, ao mesmo tempo que se servindo do que tornou inacessível a congruência com as coisas. Está aí a especificidade da posição da psicanálise, é que ela identificou

---

[22] Cf., a esse propósito, G. Hottois, "La hantise contemporainde du langage – Essai sur la situation du philosophe dans le discours lacanien", em *Confrontations psychiatriques*, nº 19, "Psychiatrie et linguistique", 1981, pp. 163-88.
[23] Ver também, a esse propósito, M. Crommelinck, "Questions au sujet de la psychanalyse", *Le Bulletin freudien*, nº 23-24, 1994.

que o impossível tem seu lugar no seio mesmo da fala e, assim, permite frustrar a desinscrição do impossível que opera no discurso da ciência.

Assim, é dar seu lugar ao real do simbólico que está em questão; só esse trabalho poderá fornecer o antídoto para a deriva do "sem limite" que o discurso da ciência autoriza e que diversos cientistas, hoje em dia, já interrogam.

Restaurar a faculdade de julgar

O que toda essa configuração evidencia é a dificuldade específica em que se encontra o sujeito contemporâneo para poder sustentar sua enunciação própria: primeiro, é privado de apoio do pai e da legitimidade da autoridade da tradição; depois, só pode se referir a saberes, mas estes se tornando, cada vez mais, importantes – a tal ponto que mesmo o experto de hoje em dia só o é num domínio restrito –, fica em dificuldade quando se trata de tomar uma decisão a partir dos conhecimentos; por fim, e sobretudo, o fato de que o saber não esgote a falha de onde se origina torna difícil, para o sujeito, enunciar-se, pois seria sempre a essa falha que seria remetido para sustentar sua enunciação, tendo a coerência dos enunciados apenas momentaneamente afastado-o dessa confrontação.

Quando Hannah Arendt evocava a "banalidade do mal" em Eichmann, não tinha chegado a fazer desta um conceito; entretanto, o fato de que a autora do *Système totaitaire* [Sistema totalitário] relacione a existência do mal e a falta de pensamento permite se perguntar se a atividade de pensar tem ligação com o discernimento do mal. Tal é, com efeito, a questão suplementar que deveria hoje preocupar aqueles que, muito ou pouco, se interessam pelos problemas éticos. É evidente que não existe mais nenhuma regra espontânea adequada, diante de uma situação dada, para fundamentar universalmente nossa conduta; a pretensão do bem que vale para todos deixa não cultivada a necessária implicação do sujeito na constituição de seu julgamento próprio para poder sustentar sua enunciação.

Tal é, exatamente, a razão pela qual falamos de uma continuidade entre os problemas colocados pela ciência nazista e aqueles de nossa sociedade pós-moderna. Devemos, então, nos questionar quanto aos meios de restaurar "a capacidade de julgar". "A faculdade de julgar é a aptidão de que dispõe um ser capaz de início, mesmo quando perdeu suas referências tradicionais", dirá Myriam Revault d'Allones, depois de Hannah Arendt[24]. Lembremos também que, para a autora do *Système totalitaire*, "o julgamento age no particular e seu exercício é requerido quando a atividade de pensar, que se move nas generalidades, sai de sua reclusão e chega a afrontar os fenômenos do mundo comum em sua particularidade"[25]. Precisa ainda, aliás, que se trata da "existência de uma faculdade humana autônoma, que não vem apoiar nem o direito, nem a opinião pública e julga para esclarecer, com toda a espontaneidade, cada ação e cada intenção, quando a situação se apresenta"[26].

Diante do perigo de não mais pensar, só a restauração da faculdade de julgar pode travar o deslizamento na direção do totalitarismo pragmático. Entretanto, o que se mostra aqui fundamental é que, para Hannah Arendt, julgar não é privilégio do "pensador profissional", mas se origina na responsabilidade de cada um; a partir do momento em que o fio da tradição foi rompido, não se pode mais contar com a posição de exceção para poder estabelecer um julgamento; cada um tem que poder sustentar, quanto a si, essa função.

Temos conseqüências a tirar de que Hannah Arendt recusasse ser considerada como uma "filósofa" do político: ela não queria avaliar o trajeto daqueles que, como Platão, haviam depreciado a via da ação para poder pensar. Em contrapartida, aceitava apresentar-se como "uma espécie de fenomenóloga", encontrando, nisso, "aqueles que, há já muito tempo, se esforçam por desmantelar a metafísica assim como a filosofia e suas categorias, como as conhecemos a partir de seu início na Grécia e até hoje"[27]. Acrescenta: "Esse tipo de destruição só é possível se partirmos da hipótese de que o fio da tradição foi rompido e nunca mais se poderá religá-lo. Na

---

[24] M. Revault d'Allones, "Vers une politique de la responsabilité, une lecture de Hannah Arendt", *Esprit*, novembro de 1994, p. 54.
[25] Ibid., p. 49.
[26] H. Arendt, "Responsabilité personnelle et régime dictatorial", em *Penser l'événement*, Paris, Belin, 1989, p. 99.
[27] H. Arendt, *La Vie de l'esprit*, tomo I, p. 237.

perspectiva da história, o que cedeu foi a trindade romana que, durante milênios, uniu religião, autoridade e tradição. A desaparição dessa trindade não anula o passado e o próprio processo de desmantelamento não é destruidor; apenas tira as conclusões de uma perda que é um fato e, a esse título, não mais faz parte da história das idéias, mas de nossa história política, a do mundo".

Jacques Taminiaux, num artigo notável[28], sublinha a que ponto a posição de Hannah Arendt se distingue aqui da de Heidegger. Para este, com efeito, a morte da metafísica significa sua abolição no reino da técnica e assinala, por isso, a colocação do pensamento em perigo, ao passo que para a autora da *Condition de l'homme moderne* [Condição do homem moderno], o pensamento não é fundamentalmente atingido por esse positivismo: "Tão profundamente quanto essa crise atinja nossas maneiras de pensar, nossa capacidade de pensar não está em jogo; somos o que os homens sempre foram: seres pensantes. Entendo por isso, simplesmente, que o homem gosta, talvez necessite pensar mais longe que os limites do saber, tirar mais dessa capacidade que saber e ação"[29].

Essa divergência está muito próxima de nossas preocupações. Hannah Arendt nos deixa entender, com efeito, que o abandono do pensamento não é inelutável, mesmo que tenha sido o fator essencial de uma nova versão do mal; a capacidade de pensar não é expulsa pelo conhecimento; o pensamento profissional não domina o pensamento comum. Isto, como Jacques Taminiaux faz notar, na medida em que respeitemos "o paradoxo do pertencimento e da retirada", em outras palavras, em que reconheçamos ao pensamento sua ancoragem indispensável no mundo comum, em que pensemos "ser do mundo" e não apenas "ser no mundo", em que pertençamos ao mundo comum; e em que, a partir desse pertencimento, nos seja possível nos retirar e, ao nos retirarmos, possamos pensar. Pensar não implica abstrair-se do mundo da ação e do mundo comum, mas, ao contrário, poder sustentar o paradoxo de nele imergir ao mesmo tempo que dele se retirar.

---

[28] "Le paradoxe de l'appartenence et du retrait", em *La fille de Thrace et le penseur professionel, Arendt et Heidegger*, Paris, 1994, pp. 155-75.
[29] Ibid., p. 27.

É quando esse duplo movimento é atingido, quando esse paradoxo é abolido que se perde, para Hannah Arendt, a possibilidade de pensar e que se abre, pois, para essa banalização do mal da qual Eichmann fica como o triste paradigma. "Há na atividade de pensar, tão só se radicalize em sua retirada dos fenômenos, tão só se tome como um saber, tão só se tome por uma visão do invisível, em suma, tão só oblitere a guerra intestina entre pensamento e senso comum em lugar de assegurar o paradoxo, há, então, nessa atividade, tornada metafísica, uma tendência à cegueira diante da distinção bem e mal, uma tendência a ser levada para além do bem e do mal, uma tendência a proibir-se julgar"[30].

Que eco mais adequado podemos encontrar para nossa preocupação de elaborar ferramentas que não se originem somente no conhecimento, que levem em consideração as implicações que o conhecimento científico impõe ao social de nossos dias?

Para poder sustentar um julgamento, não se trata mais de somente contar com a posição de exceção do pensador profissional ou do experto, mas, em troca, da necessidade de que cada um assuma seu julgamento de seu lugar de divisão própria, porque, em todos os casos, quaisquer que sejam as circunstâncias, é sobretudo essa segunda modalidade de funcionamento que assegura hoje, ao sujeito, a possibilidade de sustentar sua enunciação. Assim, um médico se questionava recentemente sobre sua dificuldade de falar com um paciente que ia morrer ou com seus próximos e terminava por confessar que, para fazer isso, se sentia incompetente; qual não foi sua surpresa quando se ouviu responder que para essa tarefa ninguém poderia ser declarado competente, mas que, ao contrário, cada um devia assumir que, apesar de sua incompetência, era, no entanto, praticável. Nesse domínio, toda formação não deve visar complementar o saber, mas, antes, diretamente, suportar sua irredutível incompletude.

Para concluir esse tripé, indiquemos que estamos lidando com a racionalidade científica, com um saber que apaga sua origem e, pois, também, o não-todo de exceção que o funda; é preciso, pois, trabalhar para voltar a dar seu lugar à categoria do não-todo que assim foi excluída

---

[30] Ibid., p. 171.

metodologicamente. Se queremos evitar promover "um mundo sem limite", não podemos somente contar com a transmissão espontânea, como era o caso quando a concepção do mundo estava organizada em torno da religião. Da mesma forma, se, até há pouco tempo, podíamos contar com a própria natureza para velar pelo planeta, hoje em dia não podemos nos contentar mais em confiar nela, pois, sendo dadas as potencialidades espantosas de que dispomos, é tanto para o pior quanto para o melhor que isso pode nos levar.

Voltar a dar seu lugar à enunciação, restabelecer a categoria do impossível e restaurar a faculdade de julgar, três modalidades de elaborar a ausência de totalidade inscrita nas leis da fala: "É da elaboração do nãotodo que se trata de abrir o caminho"[31], nos dizia Lacan, intimando-nos, assim, a produzir – artificialmente, se podemos dizer – o que se encontra no coração mesmo da faculdade linguageira.

Apenas ao dar seu justo lugar à falha, ao real, ao que escapa poderíamos objetar à tendência totalitária a que espontaneamente se presta a ciência. Melhor, seria ao reconhecer o que escapa, deixando-lhe seu justo lugar, porque a idéia mesma de dá-lo já deixaria entender que poderíamos saber de onde vai surgir. Em troca, é quando o discurso da ciência se contenta em avalizar seu funcionamento, em se abandonar a sua pretensão de tudo saber, em ignorar o que lhe escapa que mais nada anda. Assim, só nos juntamos ao filósofo da ética quando dá do cientificismo essa definição límpida: "Logo que a ciência sai de seus limites para aplicar seus métodos e sua racionalidade às realidades que colocou entre parênteses para se constituir, cessa imediatamente de ser ciência para se tornar cientificismo [...]. O cientificismo se opõe ponto por ponto à ciência: ao passo que a ciência põe seus limites e proíbe-se transgredi-los, o cientificismo decreta que não há limites e pretende se pronunciar sobre tudo; ao passo que a ciência reconhece que o real sobre o qual opera é só uma amostra da realidade completa, o cientificismo pretende que a ciência conhece o todo do real e que tudo o que escapa a suas apreensões não é nada; ao passo que a ciência vive na dúvida e no colocar em questão, para avançar penosamente na direção de

---

[31] J. Lacan, *Encore*, op. cit., p. 54.

um futuro dificilmente previsível, o cientificismo nunca duvida, não coloca em questão e sai de sua manga o coringa do progresso para se decretar acabada, o que lhe permite apresentar-se como o saber absoluto. Finalmente, o critério que permite discriminar é muito simples: ou a ciência é ciência e não é toda; ou se pretende toda, se torna cientificismo e cessa de ser ciência"[32]. Certamente, só poderíamos aquiescer a tais afirmações, mas com uma nuance, a de bem identificar que, espontaneamente, a ciência porta em seu seio o germe do cientificismo, até do totalitarismo pragmático, e que "estaríamos errados ao crer que existe uma outra ciência, mais pura, mais autêntica, alhures", como precisa Baudouin Jurdant[33]; com efeito, em nome dos implícitos que veicula, ela se presta muito espontaneamente ao cientificismo; não se trata somente de uma derrapagem própria àquele que nela constitui referência ou que é utilizador dela; naturalmente, será a entropia que arrebatará seu projeto e será um suplemento de pensamento que será necessário para que ela não rebaixe numa impotência o impossível com o qual se confronta.

Visto que a ciência introduziu a subversão que descrevemos, ela se vê obrigada a organizar o que a relação espontânea com o mundo organizava de saída. Assim, em si, não há nenhuma necessidade de vir assegurar a regulação da atmosfera, mas, quando se rejeitam seus dejetos, será preciso fazer a contabilidade dos gases lançados, proteger a pureza dos lençóis freáticos, salvaguardar as espécies, prevenir as populações quanto aos excessos de poluição. Hoje em dia, essas coisas são algumas vezes assumidas, mas, com muita freqüência, *a posteriori*, ao passo que é conveniente, doravante, integrá-las em nossas reflexões e, ao mesmo tempo, considerar que um real sempre nos escapará e que não pode ser concedida uma confiança cega ao progresso dos saberes.

---

[32] D. Folscheid, "La science et la loi", *Éthique*, n° 1, p. 60.
[33] B. Jurdant, "La psychanalyse est-elle une épistémologie populaire?", *Apertura*, n° 13, 1996, p. 68.

A responsabilidade do psicanalista

Isso termina por colocar a questão de saber a quem cabe esse trabalho de elaboração do não-todo. Certamente, não é exclusividade do psicanalista, mas sustentamos que não é, no entanto, da especificidade de seu trabalho identificar a incompletude em cada campo próprio de saber, mas demonstrar neles sua presença irredutível no coração mesmo da fala do sujeito e, *a fortiori*, em suas produções. Quando propusemos, a partir de nossa introdução, "profissional da enunciação" como definição do psicanalista, é porque está aí sua tarefa própria de levar em conta essa dimensão; da mesma forma, quando o identificamos como "médico da civilização científica", é porque, nascido com a ciência moderna, precisamente tem o encargo de levar em conta, com o rigor próprio da ciência, o que esta teve que excluir de seu encaminhamento para se constituir. Com efeito, psicanálise e ciência procedem do mesmo encaminhamento de saber, mas o que as distingue é a relação de seus saberes respectivos com a origem: de um lado, um saber que deve ser cortado de sua enunciação e, do outro, um saber que quer manter o laço com ela; o que nos permitiu definir a ciência como um "Saber sem Verdade" e a psicanálise como um "Saber não sem Verdade"; de um lado, um saber cortado de seu nascimento, do outro, um saber que permanece articulado com sua emergência.

De todo modo, a psicanálise se fundou num voto idêntico ao da ciência; mas, ao se dar como tarefa se encarregar da realidade psíquica do sujeito, não podia se contentar com a dimensão do enunciado, contrariamente ao procedimento da ciência. Por isso, quando se opõe a uma ciência que se manteria apenas pelos enunciados, antecipa e anuncia o que poderia ser uma ciência que não se satisfizesse com se manter exclusivamente pela produção de enunciados, mas que continuaria a testemunhar a origem de que procede. Nisso, encontra as preocupações de diversos cientistas de hoje em dia, para os quais se mostra possível produzir uma ciência que se permitisse pensar sua metodologia, uma ciência que não seria sem ética.

Certamente, num outro registro, o da sociologia das ciências, por exemplo, outros autores, como Bruno Latour, colocam em evidência o trabalho que os cientistas devem realizar para tornar visível o que até então não o era e, assim, tratam o enunciado científico como o resultado de um trabalho[34]. Podemos também, aqui, apreciar toda a importância da hipótese construtivista em ciências[35], hipótese que, ao refutar o modelo de uma verdade como adequação do espírito às coisas, apreende a dimensão da enunciação da ciência e lhe dá, por isso, um estatuto diferente, mas igual ao de outras atividades humanas, sendo a conseqüência disso que a tecnociência não deva mais, agora, ser salva do exterior, pela filosofia, pela ética ou pela religião, mas possa sê-lo a partir do interior, na medida em que reconheça sua dimensão de interlocutividade, por exemplo, pelo viés de ver numa produção científica o resultado de uma negociação.

Isso nos leva, entretanto, a uma última questão: como a psicanálise, sendo dada sua pretensão também científica, vai poder sustentar sua tarefa escapando de constituir um saber do mesmo tipo que aquele que ela denuncia? Que relação com o saber deverá pensar para que possa continuar a se situar como antídoto para os efeitos da subversão do Mestre que a ciência moderna introduziu?

Essa questão se coloca tanto no campo específico da cura, ou seja, do individual, quanto no do social, e já lembramos que o próprio Freud nos aconselhava a não considerá-los tão diferentemente.

Com efeito, na medida em que a prioridade da cura é permitir ao sujeito apoiar-se, sustentar-se, enfim, em sua falta, não devemos esconder que seu método comporta um risco: pois o que o dispositivo da cura induz é também transformar ao máximo a verdade do sintoma de um sujeito em saber. Como, nesse caso, inverter a direção e ousar disso tirar conseqüências para que seja inscrito, no coração mesmo do saber produzido, esse "nada" que doravante presentificará o lugar da verdade para o sujeito?

Qual deve ser a acuidade de nossa vigilância como analista, a que devemos ser particularmente sensíveis para não vir dar força ao que denunciamos quando constatamos os efeitos devastadores da inflação do saber dos expertos? Que modo de presença no social o analista deve privilegiar para não "colaborar" com essa retirada do pai real, primeiro, mas também,

---

[34] Cf. F. Chateauraynaud, "Forces et faiblesses de la nouvelle anthropologie des sciences", *Critique*, junho-julho de 1991.
[35] Cf. G. Fourez, *La construction des sciences. Introduction à la philosophie et à l'éthique des sciences*, Bruxelas, De Boeck-Université, 1988.

no mesmo movimento, com a retirada do sujeito, do gozo e da Verdade prescrita pelo ar de nosso tempo?

Seguidamente ouvimos dizer que o analista deve se contentar em intervir como cidadão, que não pode sair do contexto da cura sem perder sua identidade de analista, ainda que fosse para trazer alguma consideração com relação ao social. Uma tal afirmação nos parece dever ser nuançada pela questão de saber se a especificidade pela qual o psicanalista tem o direito de se considerar como responsável não o autoriza – a menos que o obrigue! – a sair do contexto de seu consultório quando se dá conta de que, no social, essa dimensão é eludida.

Numa entrevista recente, Isabelle Stengers afirmava que "os psicanalistas organizam muitíssimos colóquios em que são escutados 'o' físico, 'o' matemático, 'o' filósofo, mas sempre para meditar sobre a 'especificidade da psicanálise', para encontrar, como numa missa, algo que o psicanalista já sabe. O que ele sabe, a causa que defende não pára, então, de ser confundida com a do humano, como se o destino e o futuro da psicanálise se identificassem com o destino e o futuro da humanidade"[36].

Com efeito, se devemos reconhecer que, como psicanalistas, convocamos seguidamente outras disciplinas para nos confortar em nossa identidade e que, nesse caso, carecemos, evidentemente, da ocasião de uma verdadeira interpelação, convém também não ceder no que é nossa especificidade de analista: a saber, precisamente, a dimensão da enunciação.

Em outras palavras, não há que reprovar os psicanalistas por dispor, na continuação dos ensinamentos de Freud, de ferramentas conceituais que, na abundância dos saberes e dos conhecimentos de hoje, lhe permitem manter-se no gume do que nos faz humanos. Como psicanalistas, não temos que nos calar sobre o que nos ensina nosso trabalho cotidiano, a saber, que é pelas obrigações e pelos limites do simbólico que temos acesso à significação do desejo humano e que são as leis da fala que o fundam.

Em contrapartida, pode-se reprovar os psicanalistas por se tomarem como aqueles que teriam, doravante, o privilégio único de sustentar um tal processo, mas ainda é preciso demonstrar que o que eles podem assim evidenciar pode ser feito com outros conceitos.

---

[36] I. Stengers, entrevista nos *Cahiers de Science*, nº 22, "Freud", 1994.

Está bem aqui uma dificuldade específica, pois é evidente que o psicanalista não pode pretender a exaustividade do humano. Antes dele, por exemplo, há muito tempo, o filósofo se atirou nessa tarefa e acontece, com freqüência, constatar-se uma convergência entre essas duas posições. Entretanto, estes dois pontos de divergência são importantes de serem lembrados: primeiro, que o filósofo pensa a partir de seu pensamento, ao passo que o psicanalista o faz a partir de sua clínica; depois, que é a irrupção da ciência moderna que dá à psicanálise seu estatuto e sua validade: foi desse desenvolvimento que ela nasceu e é no mesmo movimento racional e com o mesmo rigor que tenta dar conta da realidade psíquica de um sujeito.

À racionalidade toda da ciência responde uma racionalidade não-toda da psicanálise e isso de nenhum modo equivale a uma irracionalidade: o que é pretendido pela psicanálise é dar conta do sujeito humano em termos que não sejam evanescentes ou humanistas, o que supõe integrar ao seu saber tanto os determinantes racionais que balizam esse sujeito quanto o lugar vazio em que ele se constitui. Foi essa polaridade que nos fez caracterizar a racionalidade psicanalítica como "não-toda racionalidade".

Vemos claramente, pois, a dificuldade, para a psicanálise, em manter seu lugar justo com relação à ciência: nem do lado de uma pretensão de ser científica, aí ela perde sua alma, nem de uma frouxidão quanto a suas prerrogativas de dar conta com rigor da psique, aí perde seu latim.

Não devemos, a partir de então, nos espantar com o fato de que a dificuldade do psicanalista tenha seu ponto principal entre dois excessos: de uma parte, deslizar para a subjetividade, voltando a uma posição humanista de não-saber e, então, se colocar em oposição histérica ao discurso da ciência, ou, de outra parte, deslizar para uma cientificidade em seus enunciados, o que o levará a afrouxar a especificidade de sua tarefa no fascínio pelo discurso da ciência e pelo poder que ele lhe concede. Não é, pois, sem risco nem sem trabalho que o analista poderá manter sua posição justa, com relação à ética que é a sua.

A visada da psicanálise, ao mesmo tempo que a condição em que se apóia, é a constituição de um saber em si mesmo marcado pelo limite que pretende identificar; isso sobrevém no momento de nossa história em que o novo saber que se constituiu se completa, ao abolir esse limite. Isso não quer dizer que o desejo de saber do cientista seja sem limite, mas que o que ele promove, em nome de seu método, é um saber que, estruturalmente, se apresenta como fora do limite e que é preciso que este seja levado a seu termo para que não engane quanto à ausência de limite.

A especificidade da intervenção do psicanalista não é sair do saber para mostrar seus limites, mas fazer com que esse limite seja portado pelo próprio saber. Nisso, encontra o cientista que tenta reintegrar esse limite em seu próprio aparelho conceitual, sem, doravante, querer lhe escapar, na medida em que deve reconhecer que está no coração do que constitui a humanidade[37].

Assim, pois, afirmamos que existe uma especificidade da intervenção do psicanalista sem que ela seja, por isso, exaustividade, e que acontece o mesmo com sua responsabilidade frente ao campo social.

Nesse sentido, podemos, aliás, evocar a maneira como o próprio Freud assumia essa responsabilidade: em 1926, Theodor Reik foi acusado de exercício ilegal da medicina, o que leva Freud a diretamente tomar o partido dele e escrever um opúsculo que dirige a um interlocutor imaginário para defender a prática da análise por não-médicos. É o texto sobre a *Laïenanalyse* [Análise leiga], que durante muito tempo foi traduzido sob o título *Psychanalyse et médecine* [Psicanálise e medicina] e que, na nova tradução, se intitula *La question de l'analyse profane* [A questão da análise leiga][38]. Freud está sozinho, ou praticamente sozinho, na defesa de uma semelhante posição no movimento analítico e nisso engaja totalmente sua responsabilidade, no sentido em que vai tentar responder sobre o que entende quanto a esse acontecimento social. Por que se opõe a que as análises sejam praticadas exclusivamente pelos médicos? Não só se opõe como, em 11 de maio de 1920, escreve a Ferenczi que é "a última máscara da resistência à psicanálise querer que a psicanálise só seja praticada pelos médicos". Última máscara, diz, "mas a mais perigosa de todas".

Ele vai se manter nessa posição de maneira muito firme, a tal ponto que, perto do fim dos anos trinta, ao passo que corre o rumor nos Estados

---

[37] Ver, por exemplo, quanto a esse assunto, M. Crommelinck, "Question au sujet de la psychanalyse", op. cit., e (com M. Meulders e B. Felz) *Pourquoi la science? Impacts et limites de la recherche*, Paris, Champ Vallon, 1997.
[38] S. Freud, *La Question de l'analyse profane* (1926), Paris, Gallimard, 1985.

Unidos – é o que Jones relata – de que Freud teria radicalmente mudado de posição quanto aos pontos de vista que havia apresentado em seu opúsculo, toma o cuidado de um esclarecimento e, numa carta a um correspondente americano, termina dizendo: "O fato é que nunca repudiei meus pontos de vista e que os sustento ainda com mais força que antes, diante da evidente tendência que os americanos têm de transformar a psicanálise em pau pra toda obra da psiquiatria"[39].

Como Freud justifica sua posição? Retenhamos dois pontos: por um lado, diz que a utilização da análise para um fim terapêutico é apenas uma das aplicações da psicanálise e, por outro, quer estar seguro, nos diz – são afirmações suas, muito claras –, "[de que] se impedirá a terapêutica de matar a ciência".

Não é inútil aproximar essa tomada de posição de uma outra: alguns anos antes, com efeito, um outro avanço teórico faz questão e é curioso constatar que os protagonistas estão distribuídos quase da mesma forma. Freud introduz, em 1920, a pulsão de morte, em 1923, a segunda tópica; aqui, também, está praticamente sozinho na sustentação dessas inovações teóricas.

Nós nos explicamos, em outro lugar[40], sobre o parentesco dessas duas tomadas de posição, mas o que nos importa aqui é ver em operação uma tripla responsabilidade do fundador da psicanálise face ao campo social: responsabilidade clínica, primeiro, já que responde por entender o que é a reação terapêutica negativa na cura; responsabilidade teórica, já que desenvolve a questão da pulsão de morte e da segunda tópica; por fim, responsabilidade política, já que toma diretamente partido nessa questão da análise leiga.

Sem dúvida, isso nos serviu de modelo no que se refere a ter que sustentar nossa responsabilidade de analista no campo social. Clinicamente, ao evocar essa clínica do social cuja existência interpretamos a partir dos efeitos do discurso da ciência; teoricamente, desenvolvendo o conceito de simbólico virtual para dar conta da marcação do social pelo método cientí-

---

[39] Citado por Jones, em *La vie et l'oeuvre de Freud*, tomo II, p. 342.
[40] Cf. J.-P. Lebrun, "Pulsion de mort et analyse profane", em *Le Trimestre psychanalytique*, nº 2, 1994.

fico e pelos implícitos que ela drena consigo; politicamente, na medida em que as conclusões a serem tiradas de tudo isso não são sem conseqüências na organização da cidade nem nas respostas a serem trazidas para os sintomas que nossa sociedade desenvolve.

Para um mundo organizado pelo desabono da função paterna e pela retirada do pai real, o psicanalista, evidentemente, não é capaz de trazer remédio – se é que seja preciso curar disso –, mas sua responsabilidade social é se pôr a trabalhar ali onde pode. Coloca-se, a partir daí, a questão de saber como pode intervir – uma vez que não permaneça mais confinado em seu consultório –, se quiser responder quanto ao que ouve. A posição que ocupa, habitualmente, não é, evidentemente, transponível para o espaço social; entretanto, não é novo que os analistas queiram estender o campo de suas intervenções a patologias que não emanam do contexto da cura – isso se chamou, a seu tempo, de "psicanalistas sem divã" –, mas hoje a questão se coloca diferentemente: trata-se de nos interrogarmos sobre as modalidades possíveis de utilizar o saber da realidade psíquica que se constitui cotidianamente atrás do divã não somente para certas patologias, mas para o próprio social; em outras palavras, não se trataria de visar "psicanalistas sem poltrona", à guisa de requisito para uma clínica psicanalítica do social?

Nesse caso, seria preciso distinguir com o rigor que se impõe o que o psicanalista faz, nos limites da cura e de sua experiência, do que sabe a partir da cura e que pode guiá-lo – ele e outros – no que faz fora dela. Não se trata, aqui, de um convite a extrapolar a partir do divã, mas de tirar conseqüência da poltrona e do que ela permite entender; não se trata de psicanálise aplicada, mas de pensar uma clínica do social a partir da experiência do psicanalista.

Epílogo

Mostramos, ao longo destas páginas, que uma modalidade de "gozar junto" promovida e induzida pelo fato da prevalência, em nosso social, do método científico e dos implícitos por ele veiculados progressivamente substituiu o "gozar junto" que organizava nossa sociedade ocidental em torno do primado da religião.

Uma sociedade organizada em torno da religião não supõe que todos os seus membros tenham fé, mas, antes, se agencia tendo como adágio implícito: "É preciso que a igreja esteja no centro da cidade". Podemos, imediatamente, ver as vantagens e os inconvenientes de uma semelhante posição: estrutura de referência estável e de orientação cômoda, mas pendendo para o centralismo e para o dogmatismo, com o próprio risco da tirania. Em contraponto, uma sociedade organizada em torno da ciência implicaria como máxima "Todas as butiques de saber" – desde que este seja coerente e validado – "são equivalentes", com todos os privilégios e acasos tais como estrutura pluricêntrica, organização democrática, melhor justiça distributiva, mas perda de referências e inclinação para o relativismo eclético.

Poderíamos, evidentemente, considerar que essas duas organizações são apenas exemplos, entre outros tantos possíveis, das diversas configurações que uma sociedade pode tomar, mas o que quisemos afirmar é que podemos tirar partido de interpretar essa transformação de lógica coletiva como se originando na atualização de uma "bissexualidade social".

Da mesma forma, pois, que cada sujeito – no início, bissexuado – deve renunciar a ser todo e, para fazer isso, deve consentir em "escolher" seu campo e, portanto, renunciar a uma posição sexuada em proveito da outra, podemos afirmar que uma sociedade "escolhe" sua modalidade de gozar junto; o termo "escolher" deve ser entendido como uma escolha inconsciente, não como um ato que estaria à inteira disposição do ou dos sujeitos, o que significa que ele deve assumir as conseqüências desse tomar partido. O paralelo pode, evidentemente, ser prosseguido, pois, da mesma maneira que um sujeito pode se ligar à posição feminina para não ter que encontrar o campo dos homens – como, por exemplo, o caso do menino que recusa ser como seu pai porque considera, com ou sem razão, que este violenta a mãe –, uma sociedade pode se organizar segundo uma modalidade igualitária que lhe deixa pensar que, assim fazendo, poderá evitar os impasses com que se vê confrontada numa outra lógica. Assim, por exemplo, um grupo de indivíduos pode se juntar sem a égide de um líder com a esperança de não ser estorvado pela hierarquia que viveu, com ou sem razão, como tirânica. Tal é, com muita freqüência, a fantasia que subtende, por exemplo, o voto autogestionário.

Se, como vimos acima, homens e mulheres não se repartirem em duas metades complementares, mas cada um dos sexos se situar com relação à linguagem, isso vai engendrar uma escolha entre duas posições que não estão identicamente situadas com relação a esta: a posição do homem, dita do "Um", na qual, por estar "todo" na linguagem, arrisca-se sempre passar por uma mestria pela fala, e a posição de uma mulher, dita "do Outro", na qual, por estar "não-toda" na linguagem, arrisca-se sempre passar por uma possibilidade de escapar às obrigações da linguagem. Nos dois casos, entretanto, a castração indica o preço a ser pago para que, do lado do Um como do lado do Outro, o significante do falo conserve sua função de representar a impossibilidade do "tudo nas coisas". Em outras palavras, dos dois lados, confrontação obrigatória com a disparidade e a dissimetria introduzidas pelas leis da linguagem. Não há possibilidade de abolir o que pode se mostrar como uma desigualdade, até mesmo como uma injustiça. Do lado homem como do lado mulher, o limite – a castração – é encontrado, mesmo que não seja da mesma maneira; do lado homem, é "todo" encontrado, do lado mulher, é "não-todo" encontrado, mas, de nenhum lado, ele é "todo-não" encontrado! Isso não impede que, com freqüência, alguns se engajem num lado ou no outro como defesa contra esse limite e

Epílogo

que, com um tal objetivo, o empreendimento só possa, evidentemente, estar votado ao fracasso.

Acontece o mesmo na vida social. Quando esta se organiza no modo masculino, teremos uma sociedade organizada do lado do Um, quer dizer, em torno da presença de uma figura de exceção – de um pai – e o conjunto de seus membros se constituirá em referência a esse lugar de autoridade. É evidente que podemos reconhecer um funcionamento social em torno da religião como organizado segundo uma tal lógica de "gozar junto", a figura de Deus – ou de seu representante terrestre, por exemplo, o Rei – ocupando o lugar de ao-menos-um a partir do qual a vida coletiva se instala.

Na sobrevinda de uma organização social que se refere à ciência, podemos ler a "escolha" de uma lógica social que vai se agenciar no modo feminino da vida de grupo, a saber, do lado do "Outro", passando sem a presença desse ao-menos-um. Assim fazendo, no entanto, se seguir sua tendência, se se abandonar a seus implícitos, se não fizer o trabalho que chamamos de suplemento de pensar, não só será arrastada a passar sem o ao-menos-um, mas, no mesmo movimento, a passar sem o terceiro e desinscrever o significante fálico. Tomamos como prova disso o fato de que, espontaneamente, o discurso da ciência implica a perda da referência, que tem como corolário o apagamento da diferença – podemos ver isso em operação tanto na moda unissex quanto no apagamento das gerações a que assistimos com o álibi dos direitos da criança. Podemos ainda acrescentar o caráter, que se tornou progressivamente incongruente, do termo "chefe", o ao-menos-um a quem é reconhecida autoridade, em proveito do termo "manager", ou "coordenador", sempre encarregado de fazer consenso, ou "especialista", ou "experto", como se fosse possível evitar falar "sob sua própria responsabilidade"*, abrigando-se atrás dos conhecimentos deles.

Entendamo-nos bem, não se trata, aqui, de pretender que uma sociedade organizada em torno da ciência esteja votada ao fracasso, mas de identificar que, ao aderir a seus implícitos, ela se propõe como alternativa suscetível de nos desembaraçar dos acasos da hierarquia social e, sem força que

---

* A expressão em francês é *de son propre chef*. (NT)

faça contrapeso, espontaneamente evoluirá para uma lógica que chegará até a deslegitimar qualquer lugar para a autoridade.

Como não ver na chegada da democracia a atualização política dessa mudança? Lembremos, como longamente evocamos, que a democracia se organiza nos passos das Luzes, que é inaugurada com a Revolução Francesa, que pretende fazer tábua rasa do passado e que consuma esse voto na morte do Rei. A democracia não é feita no primeiro dia, sua evolução continua e, para que se realize para o conjunto dos cidadãos, para as mulheres como para os homens, terá sido preciso mais de um século e meio, já que o sufrágio universal que inclui as mulheres data de depois da Segunda Guerra Mundial. Foi, pois, no mesmo movimento que o saber das ciências tomou o lugar do mestre, que se cumpriu a morte de Deus e de seu representante e que as mulheres entraram verdadeiramente na política.

Tudo isso parece indicar a existência de uma longa evolução que, a partir do nascimento da democracia, reorganiza o laço social segundo uma outra lógica: esta, visando fazer desaparecer a hierarquia, julgada responsável pelas desigualdades, encontra seu fundamento no discurso da ciência e na exclusão do ao-menos-um que lhe é implícito. Poderíamos, aliás, argumentar que o feminismo, ao advogar a igualdade entre mulheres e homens, está na linha direta desse programa e que o *slogan* de maio de 68, "é proibido proibir!", assinala seu acabamento.

Como já indicamos, no entanto, é a outros excessos que a democracia será levada, é às vicissitudes que encontramos no lado de um funcionamento Outro. Se, do lado do Um, é a tendência à tirania, do lado do Outro, vimos que era o totalitarismo. Em outras palavras, duas versões da mesma recusa de renunciar ao todo no social.

Independentemente desses avatares históricos, indiquemos que o que sustentou a esperança de um social organizado em torno da ciência foi, sem dúvida, poder se distanciar das obrigações de um social organizado em torno do religioso, abandonar o jugo do pai da religião a quem se podia atribuir a responsabilidade por manter a injustiça e se apresentar como alternativa aos impasses do Antigo Regime.

Passar para o lado feminino, querer sair do todo-fálico implica elaborar um "não-todo" fálico e não autoriza a encontrar um "todo-não" fálico, a sair das leis da fala.

Epílogo

Ora, foi esse deslizamento que ocorreu e que nos permite interpretar os avatares de nossa sociedade de hoje. Fortalecidos pelos avanços da ciência, organizamos nossa vida coletiva do lado do Outro, esperando poder nos liberar dos limites encontrados numa lógica que funcionasse do lado do Um. Quem, agora, aliás, temperaria um tal voto, já que as explorações da ciência só fazem ultrapassar a cada dia o limite alcançado na véspera? No mesmo movimento, no entanto, é de todo limite que acreditamos poder nos liberar. Ora, é essa liberação que, hoje em dia, ameaça a humanidade de "desespeciação", de saída da "espécie humana"[1], como evoca o quadro de Francis Bacon.

Como Ernst Cassirer já descrevia, nossa prática clínica nos ensina que o ser humano é fundamentalmente um ser simbólico, que suas capacidades de simbolização são tributárias da maneira como, através da aventura edipiana, ele consentiu nas leis da linguagem e que o sustentáculo indispensável nesse trajeto continua a ser o equilíbrio entre intervenção materna e paterna no seio da família – no que diz respeito a nossa sociedade, em todo caso.

Ora, esse equilíbrio é hoje questionado. A subversão das relações do real e do simbólico, o apagamento da enunciação que chega, na geração seguinte, ao apagamento do apagamento, a desinscrição do caráter decepcionante da ordem simbólica, o apagamento da diferença dos lugares, a deslegitimação da autoridade de enunciador em proveito da dos saberes, todas essas características modificaram profundamente a interpelação do sujeito pelo social: doravante, a sociedade mais redobra a posição materna que sustenta a função paterna.

Ela se apresenta, a partir daí, como incestuosa; desabona o exercício da função paterna e colabora, simultaneamente, no declínio do pai. Num movimento de pêndulo, essa erosão do poder paterno não permite mais ao pai sustentar seu lugar de contrapeso necessário à dialética familiar e ratifica, assim, no seio mesmo da família, o que o social promove.

Ao se intensificar esse reforço mútuo, é grande, a partir daí, a tentação, para um sujeito, de aproveitar-se desse dispositivo para escapar às obri-

---

[1] Remetemos, com certeza, à obra de Robert Antelme, *L'espèce humaine*, Gallimard, 1996.

gações implicadas por tornar-se adulto. É num tal contexto que podem perfilar-se novos fenômenos de sociedade e "novas doenças da alma".

Antes que nos contentar em falar de fatos de sociedade, ou seja, em reconhecer nosso embaraço ao mesmo tempo que nossa impotência e nos desresponsabilizarmos, indiquemos que mais vale a resposta do pastor à pastora*. Ao aceitar que esses implícitos nos comandem sob nosso desconhecimento e ao aderir ao voto de "um mundo sem limite", nós nos deixamos engajar em significar a recusa do impossível – entretanto, praticável – da condição humana.

Se os efeitos de um tal funcionamento – sem limite – parecem se tornar problemáticos, não nos deixemos enganar por isso: não é o declínio do pai em si que é devastador, já que sua intervenção era apenas a maneira mais comum e, sem dúvida, a mais eficaz de presentificar, para o sujeito, as leis da linguagem. É, antes, porque as leis da linguagem são abastardas quando a lógica social pretende se fundar somente num saber de enunciados, como, por exemplo, um mapa genético, para estabelecer uma paternidade. Assim fazendo, é o ato simbólico de instituir que é abolido, em proveito de uma transparência dita natural e imediata. O fato de que um pai não disponha mais, hoje em dia, dos apoios da tradição não muda nada no fato de que é sempre às leis da linguagem que estamos submetidos e de que é a elas que devemos continuar a nos referir. Cabe a nós discernir em que o social atual pode abusar de nós ao nos deixar crer que poderíamos nos liberar delas. Cabe a nós inventar como suscitar que continuem a ser levadas em conta na nova configuração social do sujeito pós-moderno. Cabe a nós identificar que mecanismos colaterais já funcionam, mecanismos cujos impulsos, evidentemente, valeria a pena apreender.

A esse título, afirmamos que a enunciação é a categoria fundamental na qual se mantém o sujeito que fala e que, em caso algum, o dizer de um sujeito pode se restringir a seu dito. Pelo fato de que o impossível é parte integrante do registro humano, de que, se cada um dos campos científicos se instala num contraforte que para eles tem lugar de real e de que, se a ciência deve, para ser operante, esquecer esse contraforte, não se trata, por

---

* Ver nota do tradutor à página 139.

isso, de esquecer que ela esquece. Pelo fato de que cada um deva se autorizar num julgamento, de que não pode remeter exclusivamente ao saber dos expertos, não que não deva levá-lo em conta, mas porque deve fazer a experiência, de que, afinal, uma decisão não é simplesmente conseqüência do saber, de que ela termina sempre por implicar um ponto de não-saber e de que essa incerteza, longe de ser um vício, é, ao contrário, o que "deixa a desejar".

Em outras palavras, não podemos nos tornar cúmplices de "um mundo sem limite". Não há necessidade de nos queixarmos da ciência, já que ela nos proporciona consideráveis vantagens. Também não há nenhuma necessidade, entretanto, de desconhecer como o social utiliza seu funcionamento. Nenhuma nostalgia do pai da tradição, já que nossa distância nos permite nos afastarmos de seus abusos. Ao mesmo tempo, no entanto, nenhuma aquiescência quanto ao apagamento da diferença das gerações, que, desde sempre, está inscrita nas leis da fala.

Podemos concluir nos perguntando se nossa análise não nos permite ler e interpretar o estado depressivo que parece caracterizar nossa sociedade contemporânea como o sinal de uma experiência de luto. Quer dizer que, de um lado como de outro, em torno da religião como em torno da ciência, do lado do Um como do lado do Outro, nos encontraríamos, hoje em dia, confrontados com o limite e que, entre esses dois modelos de funcionamento social, ou para além desses dois agenciamentos, nem mesmo poderíamos mais esperar um terceiro que poderia nos tirar desses impasses. O remetimento da organização social às modalidades sexuadas da disparidade introduzida pela linguagem nos permite indicar que não há terceira via, como também não há terceiro sexo, e que a única saída está no justo posicionamento do terceiro, ou seja, da linguagem. Racionalmente, pois, nada de uma nova utopia, mas, antes, uma injunção a seguir as afirmações de F. Scott Fitzgerald, que, em um de seus últimos textos, *La fêlure* [A falha], afirmava: "Deveríamos poder compreender que as coisas são sem esperança e, entretanto, estar decididos a mudá-las"[2].

Aquilo a que, a partir daí, somos convidados não é mais, de modo algum, a uma sociedade do terceiro tipo, mas exatamente a uma sociedade

---

[2] S. Fitzgerald, *La fêlure*, Gallimard, 1963, p. 341.

– pouco importa que ela favoreça a posição do Um ou a do Outro – que testemunharia, em seu funcionamento, o justo lugar dado a essa irredutível dissimetria introduzida pela linguagem. Trata-se de pensar a possibilidade de uma organização coletiva que não seria erigida como defesa contra a castração, que não pensaria poder eliminar a irredutibilidade da diferença, mas que, ao contrário, consentiria em se fundar na falta de relação sexual e que levaria em conta a específica solidão com o outro implicada pelo fato de gozar junto. Levar isso mais adiante equivale a marcar com o leitor um novo encontro.

Companhia de Freud
editora

OBRAS PUBLICADAS

Psicanálise e Tempo
Erik Porge

Psicanálise e Análise
do Discurso
Nina Leite

Letra a Letra
Jean Allouch

Mal-Estar na Procriação
Marie-Magdeleine Chatel

Marguerite ou
"A Aimée" de Lacan
Jean Allouch

Revista Internacional nº 1
A Clínica Lacaniana

A Criança na Clínica Psicanalítica
Angela Vorcaro

A Feminilidade Velada
Philippe Julien

O Discurso Melancólico
Marie-Claude Lambotte

A Etificação da Psicanálise
Jean Allouch

Roubo de Idéias?
Erik Porge

Os Nomes do Pai
em Jacques Lacan
Erik Porge

Revista Internacional nº 2
A Histeria

Anorexia Mental, Ascese, Mística
Éric Bidaud

Hitler – A Tirania e a Psicanálise
Jean-Gérard Bursztein

Littoral
A Criança e o Psicanalista

O Amor ao Avesso
Gérard Pommier

Paixões do Ser
Sandra Dias

A Ficção do Si Mesmo
Ana Maria Medeiros da Costa

As Construções do Universal
Monique David-Ménard

Littoral
Luto de Criança

Trata-se uma Criança – Tomos I e II
*Congresso Internacional de Psicanálise
e suas Conexões – Vários*

O Adolescente e o Psicanalista
Jean-Jacques Rassial

— Alô, Lacan?
— É claro que não.
Jean Allouch

A Crise de Adolescência
Octave Mannoni e outros

O Adolescente na Psicanálise
Raymond Cahn

A Morte e o Imaginário na Adolescência
Silvia Tubert

Invocações
Alain Didier-Weill

Um Percurso em Psicanálise
com Lacan
Taciana de Melo Mafra

A Fantasia da Eleição Divina
Sergio Becker

Lacan e o Espelho Sofiânico de Boehme
Dany-Robert Dufour

O Adolescente e a Modernidade – Tomos I,
II e III
*Congresso Internacional de Psicanálise
e suas Conexões – Vários*

A Hora do Chá na Casa dos Pendlebury
Alain Didier-Weill

W. R. Bion – Novas Leituras
Arnaldo Chuster

Crianças na Psicanálise
Angela Vorcaro

O Sorriso da Gioconda
Catherine Mathelin

As Psicoses
Philippe Julien

O Olhar e a Voz
Paul-Laurent Assoun

Um Jeito de Poeta
Luís Mauro Caetano da Rosa

Estética da Melancolia
Marie-Claude Lambotte

O Desejo do Psicanalista
Diana S. Rabinovich

Os Mistérios da Trindade
Dany-Robert Dufour

A Equação do Sonhos
Gisèle Chaboudez

Abandonarás teu Pai e tua Mãe
Philippe Julien

A Estrutura na Obra Lacaniana
Taciana de Melo Mafra

Elissa Rhaís
Paul Tabet

Ciúmes
Denise Lachaud

Trilhamentos do Feminino
Jerzuí Tomaz

Gostar de Mulheres
Autores diversos

Os Errantes da Carne
Jean-Pierre Winter

As Intervenções do Analista
Isidoro Vegh

Adolescência e Psicose
Edson Saggese

O Sujeito em Estado Limite
Jean-Jacques Rassial

O que Acontece no Ato Analítico?
Roberto Harari

A Clínica da Identificação
Clara Cruglak

A Escritura Psicótica
Marcelo Muniz Freire

Os Discursos e a Cura
Isidoro Vegh

Procuro o Homem da Minha Vida
Daniela Di Segni

A Criança Adotiva
Nazir Hamad

Littoral
O Pai

O Transexualismo
Henry Frignet

Psicose, Perversão, Neurose
Philippe Julien

Como se Chama James Joyce?
Roberto Harari

A Psicanálise: dos Princípios
Ético-estéticos à Clínica
W.R. Bion – Novas Leituras

O Significante, a Letra e o Objeto
Charles Melman

O Complexo de Jocasta
Marie-Christine Laznik

O Homem sem Gravidade
Charles Melman

O Desejo da Escrita em Ítalo Calvino
Rita de Cássia Maia e Silva Costa

O Dia em que Lacan me Adotou
Gérard Haddad

Mulheres de 50
Daniela Di Segni e Hilda V. Levy

A Transferência
Taciana de Melo Mafra

Clínica da Pulsão
Diana S. Rabinovich

Os Discursos na Psicanálise
Aurélio Souza

Littoral
O conhecimento paranóico

Revista Dizer - 14
A medicalização da dor

Neurose Obsessiva
Charles Melman

A Erótica do Luto
Jean Allouch

Um Mundo sem Limite
Jean-Pierre Lebrun

Comer o Livro
Gérard Haddad

Do pai à letra
Hector Yankelevich

A experiência da análise
Norberto Ferreyra

A fadiga crônica
Pura H. Cancina

O desejo contrariado
Robert Lévy